货币政策外溢效应视角下外汇储备的金融稳定需求研究

曹春玉／著

图书在版编目(CIP)数据

货币政策外溢效应视角下外汇储备的金融稳定需求研究/曹春玉著. —上海：立信会计出版社，2020.12
（序伦财经文库）
ISBN 978-7-5429-6659-9

Ⅰ.①货… Ⅱ.①曹… Ⅲ.①外汇储备－研究－中国　Ⅳ.①F822.2

中国版本图书馆 CIP 数据核字(2020)第 252340 号

策划编辑　窦瀚修
责任编辑　彭秋龙
封面设计　南房间

货币政策外溢效应视角下外汇储备的金融稳定需求研究
Huobi Zhengce Waiyi Xiaoying Shijiaoxia Waihui Chubei de Jinrong Wending Xuqiu Yanjiu

出版发行	立信会计出版社			
地　　址	上海市中山西路 2230 号	邮政编码	200235	
电　　话	(021)64411389	传　　真	(021)64411325	
网　　址	www.lixinph.com	电子邮箱	lixinaph2019@126.com	
网上书店	http://lixin.jd.com		http://lxkjcbs.tmall.com	
经　　销	各地新华书店			
印　　刷	江苏凤凰数码印务有限公司			
开　　本	710 毫米×1000 毫米　1/16			
印　　张	16.5			
字　　数	206 千字			
版　　次	2020 年 12 月第 1 版			
印　　次	2020 年 12 月第 1 次			
书　　号	ISBN 978-7-5429-6659-9/F			
定　　价	68.00 元			

如有印订差错，请与本社联系调换

本书受"基于金融开放视角的货币政策与宏观审慎政策的逆周期协调机制研究"项目(项目号 20BJY242)资助。

前　　言

　　开放经济下,主要发达经济体货币政策的外溢效应不可忽视。在经济复苏出现过热势头的背景下,近年来以美国为首的主要发达经济体逐步退出量化宽松货币政策,先后启动货币政策正常化进程。美国联邦储备系统(以下简称"美联储")自2015年12月17日启动新一轮加息以来,截至2018年年末已加息9次,其联邦基金利率已处于2.25%～2.50%的目标区间。此次加息周期适逢我国经济结构调整和产业升级的攻坚阶段。对货币当局而言,应对加息周期、维持金融稳定、保障实体经济稳健发展,适度规模外汇储备不可或缺。与此同时,从本国货币政策外溢效应的角度来看,外汇储备的金融稳定规模需求也与一国货币国际化程度密切相关。自2009年我国人民币国际化启动以来,人民币储备货币功能逐渐显现,人民币储备需求逐步增加,我国的外汇储备规模也面临着向最优规模波动收敛的动态调整过程。因此,从货币政策外溢效应的角度出发,研究外汇储备的金融稳定规模需求,成为国际金融和货币政策领域值得探讨的问题。

　　本书第三章对中国的外汇储备金融稳定需求规模进行了静态测算,第四章则构建从货币政策外溢效应的角度考察外汇储备金融稳定规模需求的理论模型,研究以加息为标志的主要发达经济体货币政策正常化对我国金融经济的整体影响,以及外汇储备金融稳定需求规模的动态调整过程。研究发现,面临临时加息冲击时,政府通过外汇市场干预维持固定汇率安排,从而给予利率政策更大的独立空间,在维持短期金融稳定、平滑产出及消费方面优于其他备选政策组合;面临持续加息冲击时,政府通过外汇市场干预实施管理浮动汇率安排,根据逆经济风向行事原则权衡调整汇率浮动区间,在持续加息周期内固定汇率安排难以有效实施时,将是适应我国资本项目日趋开放和人民币国际化稳步推进时期的可行汇率安排。随着汇率安排的动态权衡,外汇储备金融稳定需求规模也面临着相应的动态调整过程。

在此基础上,第五章实证检验了主要发达经济体货币政策外溢效应与其他经济体外汇储备规模变动的关系。实证结果显示,在特别提款权(special drawing right,SDR)货币篮子内,美元、欧元、英镑和日元的货币政策对其他经济体的外汇储备规模有着明显的外溢效应。因此,针对当前主要发达经济体以加息周期为标志的货币政策外溢效应,其他经济体货币当局应根据具体经济形势,采取宏观审慎措施,确保外汇储备规模供给来源充足,优化外汇储备规模管理,满足外汇储备规模需求。

第六章推导了基于外汇市场干预的非抛补利率平价条件,为外汇储备对金融稳定的作用提供理论解释,提出非国际货币发行经济体的外汇储备有助于维持本外币相对利率的实证检验假设;通过面板数据检验发现,从外汇市场干预角度出发,非国际货币发行经济体的外汇储备规模有助于维持本币与美元、欧元、日元和英镑四种SDR构成货币间的相对利率。基于主要发达经济体货币政策调整周期的现实和当前阶段我国实施的管理浮动汇率安排,适度规模外汇储备有助于缓解外生加息冲击,给予本国货币政策适度独立性,为国内实体经济发展营造较为稳定的货币金融环境。

第七章进一步从本国货币政策外溢角度出发,分别研究了外汇储备规模需求影响因素的结构转型,以及本币国际化带来的本国货币政策外溢效应对一国外汇储备规模需求的优化作用。研究发现,当前金融稳定动机要比传统的交易需求动机更能解释处于动态转

前言

变过程中的外汇储备规模需求;一国货币国际化程度越高,出于金融稳定动机的储备规模需求越小;非国际货币发行经济体的外汇储备规模在1994—2001年经历了从进口交易需求到金融稳定需求的转型;国际货币发行经济体的外汇储备规模则主要由金融稳定因素驱动;在2008年前后,外汇储备规模变动的金融稳定驱动因素更加明显。

基于随着一国货币国际化程度不断提高,外汇储备的金融稳定需求规模向最优规模不断收敛的事实,第八章和第九章分别研究了当前人民币国际化中的两个关键问题,即中国如何通过签订双边货币互换协议选择人民币国际化合作伙伴和人民币储备需求影响因素的实证检验。第八章有关双边货币互换协议签订的影响因素的研究发现:首先,双边贸易投资依存度及贸易投资一体化协议能够增加双边货币互换协议签约概率。基于事实上的贸易依赖能够有效地促进我国与样本国家之间双边货币互换协议的签订,基于事实上的直接投资依赖对双边货币协议的签订也获得了部分实证支持。本书进一步发现,通过自由贸易协定或者双边投资协议,以协议的形式将双边贸易投资关系固定下来形成的贸易投资一体化协议,能够有效地增加双边货币互换协议签约的可能性。其次,样本国家对中国倡导的国际秩序偏好能够增加双边货币互换协议签约概率。笔者通过使用联合国投票记录计算的样本国家与我国之间的理想点距离作为样本国家对中国倡导的国际新秩序的偏好程度的代理变量实证检验发现,样本国家出于对我国倡导的国际新秩序的追随,也能提升两国之间双边货币互换协议签订的概率。最后,政府层面的政治和外交合作推动能够增加双边货币互换协议签约概率。本书通过以上海合作组织身份作为双边政治合作的代理变量实证发现,政治合作能够提升双边货币互换协议签约可能;通过将外交伙伴关系作为外交关系的代理变量实证发现,样本国家与我国通过外交合作确立的各种伙伴关系身份,也能有效提升双边货币互换协议的签约概率。总体而言,双边货币互换协议签约既是贸易投资联系和贸易投资一体化在货币合作方面的自然延伸,也是样本国家与我国政治外交合作的成果之一。

第九章进一步对人民币储备需求的驱动因素进行了实证分析。研究发现,在"一带一路"倡议提出之前,对中国倡导的国际秩序的偏好、双边货币互换协议的签订以及美元汇率贬值构成了境外央行或货币当局人民币储备需求的主要驱动因素;"一带一路"倡议提出后,对中国海外直接投资流入的依赖成为人民币储备需求的主要驱动因素,同时境外央行或货币当局的人民币储备需求也与其资本市场开放程度有关。此外,一国经济规模、对中国进口依存度及中国经济基本面等驱动因素也得到了实证数据的部分支持。中国应适应人民币储备需求驱动因素的转变,动态调整相关措施并推进人民币国际化进程。

最后,针对以上研究发现,第十章从我国外汇储备金融稳定规模需求管理的角度出发,在总结研究结论的基础上提出了相关政策建议。

曹春玉

2020 年 12 月

目　　录

第一章　导论 …………………………………………………… 1
　　第一节　选题背景和研究意义 ………………………………… 1
　　第二节　研究目标 ……………………………………………… 3
　　第三节　研究思路 ……………………………………………… 5
　　第四节　研究方法 ……………………………………………… 7
　　第五节　研究内容 ……………………………………………… 8
　　第六节　研究主要贡献与不足 ………………………………… 10

第二章　文献综述 ……………………………………………… 12
　　第一节　外汇储备的金融稳定需求的研究 …………………… 12
　　第二节　发达经济体货币政策外溢效应与外汇储备规模
　　　　　　需求的理论研究 …………………………………… 25
　　第三节　发达经济体货币政策外溢效应与外汇储备规模
　　　　　　需求的实证研究 …………………………………… 27
　　第四节　外汇储备维持金融稳定机制方面的研究 …………… 28
　　第五节　本国货币政策外溢效应与外汇储备规模需求的
　　　　　　研究 …………………………………………………… 30
　　第六节　货币国际化方面的研究 ……………………………… 33
　　第七节　已有研究评述与本书研究视角 ……………………… 39

第三章　货币政策外溢效应与外汇储备金融稳定需求概述 …… 41
　　第一节　主要发达经济体货币政策外溢效应概述 …………… 41

第二节 我国外汇储备规模概述 …………………………… 43

第三节 货币国际化程度与外汇储备规模需求 …………… 50

第四章 发达经济体货币政策外溢效应与外汇储备金融稳定需求：一个理论框架 …… 53

第一节 引言 ……………………………………………… 53

第二节 理论模型 ………………………………………… 56

第三节 参数校准估计和数值模拟分析 …………………… 62

第四节 参数敏感性分析和利率规则设定的稳健性检验 …… 75

第五节 福利损失分析 …………………………………… 76

第六节 本章小结 ………………………………………… 79

第五章 发达经济体货币政策外溢效应与外汇储备规模需求：基于SDR构成货币发行经济体的实证检验 …… 81

第一节 引言 ……………………………………………… 81

第二节 实证检验假设 …………………………………… 83

第三节 发达经济体货币政策对其他经济体外汇储备规模外溢效应的实证检验 …… 85

第四节 本章小结 ………………………………………… 102

第六章 外汇储备维持金融稳定的理论机制和实证检验 …… 104

第一节 引言 ……………………………………………… 104

第二节 理论解释和实证检验假设 ……………………… 106

第三节 非国际货币发行经济体外汇储备维持金融稳定作用机制的实证检验 …… 108

第四节 本章小结 ………………………………………… 121

第七章 本国货币政策外溢效应与外汇储备规模需求：理论模型与实证检验 …… 122

第一节 引言 ……………………………………………… 122

第二节 理论模型与实证检验假设 ……………………… 124

第三节　非国际货币发行经济体转型中的外汇储备规模
　　　　　　需求 ………………………………………………… 126
　　第四节　货币国际化程度与外汇储备规模的实证检验 …… 141
　　第五节　本章小结 …………………………………………… 151

第八章　中国如何选择人民币国际化合作伙伴：双边货币互换
　　　　协议影响因素的实证检验 ………………………………… 153
　　第一节　引言 ………………………………………………… 153
　　第二节　实证检验假设 ……………………………………… 157
　　第三节　实证方案和数据说明 ……………………………… 159
　　第四节　实证结果分析 ……………………………………… 170
　　第五节　本章小结 …………………………………………… 184

第九章　人民币储备需求的驱动因素：基于"一带一路"倡议的
　　　　实证检验 …………………………………………………… 186
　　第一节　引言 ………………………………………………… 186
　　第二节　实证检验假设 ……………………………………… 189
　　第三节　实证方案和数据说明 ……………………………… 191
　　第四节　实证结果分析 ……………………………………… 203
　　第五节　本章小结 …………………………………………… 226

第十章　研究结论与政策建议 ……………………………………… 228

参考文献 ……………………………………………………………… 232

后记 …………………………………………………………………… 250

主要科研成果 ………………………………………………………… 252

第一章 导 论

第一节 选题背景和研究意义

开放经济下,汇率安排及相应的外汇储备规模需求是考察一国对外经济金融状况的重要指标。外汇储备规模变动反映一国国际收支的运行状况,汇率形成机制的不断完善则有助于达成一国经济的对外均衡,实现货币政策目标。随着金融全球化的不断发展,外汇储备的功能重心逐步从满足贸易支付需求、债务支付需求转变为提高本币信心、防御潜在金融风险、维护一国金融稳定的需求。

外汇储备的金融稳定需求是指超出正常进口交易需求的、为应对或预防经济金融不利事件引发的外汇储备规模需求。外汇储备规模与金融稳定目标之间存在非线性关系,一国出于金融稳定动机的外汇储备规模同样存在适度性要求。在金融一体化高度发展的今天,各国政府出于进口交易需求的外汇储备规模越来越小,为应对不测事件而持有的外汇储备规模日趋增加。从金融稳定角度出发,外汇储备可以看作是宏观经济的稳定器,充足的外汇储备不仅可以防范和应对金融危机或减轻宏观经济的波动,而且能够增强公众对金融稳定的信心。防范和应对金融危机或者金融潜在动荡的储备需求,应是决定外汇储备需求规模调整的首要因素。

当前主要发达经济体逐步退出量化宽松阶段,先后进入以加息为标志的货币政策正常化阶段。随着金融全球化的不断发展,主要发达经济体的货币政策外溢效应对新兴市场经济体的金融体系和实体经济部门的影响不断增强。外汇储备是金融稳定的缓冲资产。无论是发达经济体、新兴市场经济体还是发展中经济体的外汇储备,近年来都呈现稳步增加的趋势。与此同时,我国外汇储备的供给来源压力初显,从中短期来看,外汇储备来源不容乐观。而人民币国际化带来的货币政策外溢效应,使得人民币作为储备货币的功能不断显现,人民币储备需求不断增加,从长期来看,这有利于优化我国外汇储备规模需求。在当前经济形势下,如何有效应对主要发达经济体货币政策外溢效应带来的外生不利冲击,协调货币政策与汇率安排,相应调整储备规模,是货币当局需要重点关注的问题。

适度外汇储备规模需求在支持对外支付、维持汇率稳定、防范应对金融危机冲击以及稳定本国经济发展的信心方面均发挥重要作用。对我国而言,继续完善人民币汇率市场化形成机制,需要协调开放经济下货币政策和汇率安排的合意组合以及外汇储备需求规模的动态调整。因此,外汇储备的金融稳定规模需求及调整对一国货币政策的制定具有十分重要的意义。

随着我国资本市场的进一步开放和人民币国际化进程的稳步推进,我国进一步融入国际金融市场,短期资本流动使得未预期外部冲击威胁加大,货币当局需要采取更加主动的姿态调控汇率,应对外部失衡。外汇储备作为金融稳定的缓冲资产,对干预外汇市场、稳定汇率预期及防范金融风险不可或缺。如何有效应对主要发达经济体货币政策外溢效应,加强外汇储备规模需求管理,维护金融稳定,从而保障实体经济的稳健发展,已经成为货币当局需要重点关注的问题。因此,本书基于金融稳定的视角,研究主要发达经济体及本币国际化带来的货币政策外溢效应与一国外汇储备规模需求的理论框架和经验证据,对当前经济形势下货币当局的外汇储备规模需求管理有着重要的理论意义和现实意义。

本书的理论意义在于:一是将外汇储备的金融稳定需求纳入宏观

经济模型,考察发达经济体货币政策外溢效应对以中国为代表的新兴市场经济体的整体影响和外汇储备规模需求的动态调整过程,不同于已有外汇储备最优规模的局部均衡模型,这是对有关外汇储备规模决定理论的研究的完善和补充;二是通过外汇市场局部均衡模型考察货币国际化、金融稳定需求对外汇储备规模需求的影响,为决定外汇储备规模的理论研究提供了新的研究视角。

本书的现实意义在于:一是研究主要发达经济体货币政策外溢效应对新兴市场经济体金融体系和实体经济的影响,有利于货币当局根据不同情景,权衡决定货币政策和汇率安排的合意组合,从而优化外汇储备的规模需求管理;二是实证检验发达经济体货币政策外溢效应对其他经济体外汇储备规模的影响,为货币当局从货币政策外溢效应出发,优化外汇储备规模需求管理提供经验证据和数据基础;三是从本国货币政策外溢效应的角度,研究本币国际化程度对外汇储备规模的优化作用,以及外汇储备需求因素从进口交易需求到金融稳定需求的结构转型,有利于为货币当局从人民币国际化角度出发,基于金融稳定需求优化外汇储备规模管理提供经验证据和有针对性的政策建议。

第二节 研 究 目 标

本书基于全球主要发达经济体货币政策正常化引发的流动性收紧背景,以及人民币国际化进程持续推进的现实,从外汇储备规模需求管理角度入手,为以中国为代表的新兴市场经济体的外汇储备金融稳定规模需求管理寻求理论解释,对发达经济体的货币政策外溢效应与其他经济体外汇储备规模变动、外汇储备规模需求驱动因素由进口交易需求向金融稳定需求的结构转型、本币国际化对一国外汇储备规模需求的优化作用进行实证检验,以期为我国货币当局外汇储备的规模需求管理提供政策建议和决策参考。本书的研究目标细分为以下几个方面。

一是对中国的外汇储备金融稳定规模进行静态测算,然后通过将外汇储备的金融稳定规模需求纳入包含金融加速器机制的 DSGE (dynamic stochastic general equilibrium,DSGE)模型框架,结合近年来全球货币政策正常化引发的加息周期、人民币国际化进程稳步推进和我国资本项目逐步开放的特征,研究开放经济下发达经济体当前以加息周期为标志的货币政策正常化对以中国为代表的新兴市场经济体的汇率、通胀、利率等金融指标及投资、产出和消费等实体经济变量的影响,以及外汇储备金融稳定规模需求的动态调整过程。具体而言,本书考察开放经济下一国央行、商业银行、代表性家庭和企业面临外部加息冲击的动态反馈,比较分析利率规则和汇率安排的不同组合下,汇率变动及相应的储备需求规模调整,探讨货币政策和汇率安排的合意组合,并结合中国数据进行参数校准估计、数值模拟和福利损失比较,考察中国现实基础上的外汇储备金融稳定规模需求对外生加息周期冲击的动态反馈机制;通过 DSGE 理论框架,考察传统利率规则和汇率安排的不同组合在面对外生不利冲击的经济整体反应,有利于从全局的角度出发,考察外汇储备金融稳定需求规模在一国货币政策和汇率安排不同组合下的动态调整过程,厘清当前经济形势下,以加息为标志的发达经济体货币政策外溢效应对新兴市场经济体金融体系和实体经济的传导机制,为货币当局的货币政策权衡提供理论依据。

二是根据前文理论框架,提出相关研究假设,实证检验发达经济体货币政策的外溢效应与其他经济体外汇储备规模变动的关系,以及其他经济体通过外汇储备维持金融稳定的作用机制,为货币当局外汇储备的规模管理和动态调整提供经验证据和数据基础。

三是立足于人民币国际化进程稳步推进的现实,从新兴市场经济体本币国际化带来的货币政策外溢效应出发,构建货币国际化视角下的银行挤兑情形的外汇市场均衡模型,提出货币国际化程度与一国外汇储备规模需求变动关系的实证检验假设,实证检验外汇储备需求因素从传统进口交易需求到金融稳定需求的结构转型,以及一国货币国际化程度与外汇储备需求规模变动的关系。具体而言,本书将样本分为国际货币发行经济体及非国际货币发行经济体,比较外汇储备进口交易需求与金融稳定需求模型的解释力度,以及外汇储备规模需求驱动因素从传统交易需求到金融稳定需求的结构转型,并针对国际货币发行经济体的货币国际化程度与其外汇储备规模的关系进行实证检验。本书从理论上和实证上研究一国货币国际化程度与外汇储备需求规模的关系,以及外汇储备需求驱动因素从传统交易需求到金融稳定需求的结构转型,从而为货币当局从人民币国际化角度考虑我国外汇储备的规模调整及优化外汇储备规模需求管理提供理论解释和经验证据。

四是基于外汇储备金融稳定模型中随着一国货币国际化程度不断提高,外汇储备的金融稳定规模需求向最优规模不断收敛的事实,从人民币国际化视角出发优化我国外汇储备金融稳定规模需求管理,研究了当前人民币国际化进程中的两个关键问题,即中国如何通过签订双边货币互换协议选择人民币国际化合作伙伴和何种因素驱动人民币储备需求。人民币国际化的稳步推进,有利于我国持续优化汇率安排和外汇储备规模需求管理,增加应对外部金融冲击的灵活性和主动性。

第三节 研究思路

全球主要发达经济体以加息周期为标志的货币政策正常化周期为新兴市场经济体带来短期资本回流的压力。为了维持流动性充裕,不少新兴市场经济体和发展中国家被动跟进加息周期,为本国实体经济发展带来经济紧缩压力。货币当局如果能在短期内动用外汇储备干预市场,适度稳定本币币值,则有利于增强货币政策的独立性和有效性,为本国实体经济发展提供适度宽松的金融环境,助推实体经济发展和产业结构调整升级,从而有助于实现本国经济新旧动能的顺利转换。在此情境下,外汇储备的金融稳定规模需求必不可少。因此,本书拟从外汇储备的金融稳定需求出发,首先,在对中国外汇储备金融稳定需求规模进行静态测算的基础上,研究主要发达经济体货币政策外溢效应对以中国为代表的新兴市场经济体的整体影响,并实证检验主要发达经济体货币政策外溢效应对新兴市场经济体外汇储备规模的影响及其他经济体通过外汇储备维持金融稳定的作用机制;其次,研究本币国际化带来的货币政策外溢效应对本国外汇储备规模的优化作用,以及外汇储备从传统交易需求到金融稳定需求的结构转型;最后,研究人民币国际化的影响因素,以期为我国货币当局提供关于主要发达经济体货币政策外溢效应的应对措施、外汇储备的规模需求管理及人民币国际化理论解释、经验证据和有针对性的政策建议。

本书的研究主线是在发达经济体当前以加息周期为标志的全球货币政策正常化周期背景下,从外汇储备规模需求管理角度出发,以发达经济体货币政策的外溢效应对其他经济体外汇储备规模的影响和货币国际化带来的本国货币政策外溢效应对本国外汇储备规模的影响为研究对象,研究发达经济体货币政策外溢效应对其他经济体外汇储备规模的影响的理论机制和经验证据,以及货币国际化程度对本国外汇储备需求规模的优化作用。具体而言:第一,对中国外汇储备金融稳定规模进行测算,然后通过理论模型探讨发达经济体当前以加息周期为标志的货币政策外溢效应在不同汇率安排下对新兴市场经济体外汇储备规模需求的影响机制,为发达经济体货币政策的外溢效应对其他经济体金融稳定的影响机制及其外汇储备规模需求的动态调整作出理论解释;第二,实证检验发达经济体货币政策外溢效应对其他经济体的外汇储备规模的影响和外汇储备维持金融稳定的作用机制;第三,进一步确认本币国际化程度对一国外汇储备规模的优化作用,以及外汇储备需求影响因素从传统的进口交易需求到金融稳定需求的结构转型;第四,实证检验双边货币互换协议影响因素和人民币储备需求的驱动因素。

简略的研究思路如图 1-1 所示。

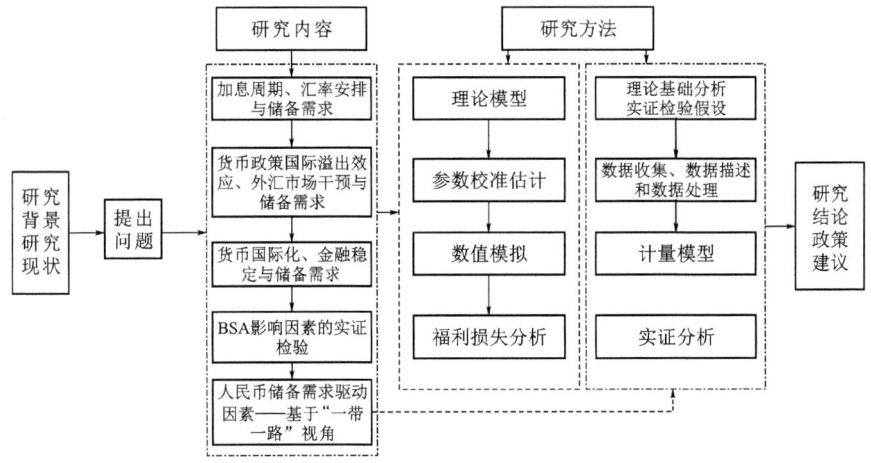

图 1-1　研究思路

第四节　研　究　方　法

本书将理论建模和实证分析相结合,采用的主要研究方法如下。

一、文献归纳分析

本书通过对国内外相关文献的比较,了解外汇储备规模需求研究领域的进展、前沿和拓展方向,把握外汇储备规模需求研究现状,理解开放经济下货币政策中外汇储备需求规模调整的经济运行机制,为进一步的拓展研究奠定基础。

二、DSGE 建模与贝叶斯估计

本书使用动态随机一般均衡(DSGE)模型,对加息周期下传统利率规则和汇率安排的不同组合的政策模拟和传导机制进行研究。DSGE

建模是当前构建宏观经济学理论模型的通用方法,其政策模拟通过引入理性预期避免卢卡斯批判,从而更具现实意义;通过脉冲响应函数可以了解外生冲击对整个经济体系的动态影响机制;模型中所有的经济个体都根据自身偏好作出最优决策,通过个体最优达到经济整体最优状态;模型具备一定的微观基础,尤其是新凯恩斯主义动态随机一般均衡(new keynesian dynamic stochastic general equilibrium, NK-DSGE)模型引入价格黏性,使模型更能贴合经济运行现实。

结合DSGE框架,本书同时采用贝叶斯方法对DSGE模型参数进行估计,并根据中国经济运行数据对有关参数进行校准,使模型的数值模拟针对中国具体情况更具参考价值。

三、面板计量分析

本书采用面板数据实证检验主要发达经济体货币政策外溢效应与其他经济体外汇储备规模变动的关系,本币国际化与外汇储备规模变动、外汇储备需求驱动因素的结构转型以及外汇储备维持金融稳定的作用机制,使用动态面板回归、联立方程回归及似不相关回归做替代性估计方法的稳健性检验。

第五节 研 究 内 容

本书各章主要内容如下。

第一章是导论,包括选题背景和研究意义、研究目标、研究思路、研究方法、研究内容及主要贡献与不足等部分。

第二章是文献综述,在对外汇储备金融稳定需求的文献和参考资料进行总结回顾后,对已有研究进行综合评述并引入本书研究视角。

第三章分别从主要发达经济体货币政策外溢效应、我国外汇储备规模变动及货币国际化程度与外汇储备规模需求三个方面进行概述,同时测算了中国的外汇储备金融稳定需求规模。

第四章是本书的理论基础,通过将外汇储备的金融稳定需求纳入包含金融加速器机制的DSGE模型框架,研究开放经济下发达经济体当前以加息为标志的货币政策的外溢效应对其他经济体金融稳定和实体经济的不同影响机制、相应的汇率安排及外汇储备规模的动态调整过程,为以下章节有关货币政策外溢效应与外汇储备规模变动关系的实证检验奠定理论基础。

第五章在第四章的理论基础上进一步提出发达经济体货币政策外溢效应与其他经济体外汇储备规模变动的实证检验假设,通过面板数据实证检验发达经济体货币政策外溢效应对其他经济体外汇储备规模的影响。

第六章在第四章的理论基础上进一步推导基于外汇市场干预效率调节的非抛补利率平价条件,为外汇储备对金融稳定的作用提供理论解释,提出非国际货币发行经济体的外汇储备有助于维持本外币相对利率的实证检验假设,并通过面板数据进行实证检验。

第七章在第六章确认了外汇储备规模对缓解加息压力积极性作用,以及拓展Obstfeld等(2010)[1]货币危机与外汇储备需求模型的基础上,提出货币国际化、金融稳定与储备需求的实证检验假设,并将研究样本进一步分为国际货币发行经济体与非国际货币发行经济体,实证检验外汇储备需求影响因素从进口交易需求向金融稳定需求的结构转型,并基于国际货币发行经济体样本和金融稳定需求模型,实证检验本币国际化程度对一国外汇储备规模需求的影响。

基于一国货币国际化程度不断提高,外汇储备的金融稳定需求规模向最优规模不断收敛的事实,第八章和第九章分别研究了当前人民币国际化中两个关键问题,即中国如何通过签订双边货币互换协议选择货币国际化合作伙伴和人民币储备需求影响因素的实证检验。

第十章基于以上研究发现,从我国外汇储备金融稳定规模需求管理的角度出发,在总结研究结论的基础上,提出了相关政策建议。

第六节 研究主要贡献与不足

本书的主要贡献如下。

一是在理论模型方面,本书从发达经济体货币政策外溢效应角度出发,以外汇储备的金融稳定需求为切入点,使用 DSGE 模型的理论框架,研究发达经济体货币政策正常化引发的外生加息冲击下,一国外汇储备在利率规则和汇率安排不同组合下的规模需求决定及动态调整,这与以往的研究外汇储备最优或适度规模的常用理论模型方法(如比率分析法、成本收益分析法及缓冲存货分析法)并不相同,而是把代表性家庭等经济参与者的效用或收益最大化问题植入 DSGE 模型的整体框架,从兼具微观基础和宏观架构的角度,全面考察外生加息冲击时不同利率规则和汇率安排的双工具货币政策组合下,一国外汇储备金融稳定需求的动态调整问题;在货币国际化与外汇储备规模需求部分拓展 Obstfeld 等(2010)[1]的货币危机与储备需求模型,为实证检验货币国际化程度与外汇储备规模变动构建理论基础。

二是在整体架构设定方面,以往有关外汇储备规模需求的研究多数集中在外汇储备过度积累的原因和问题,本书根据经济发展的新情况,在控制外汇储备其他需求影响因素的基础上,重点考察外汇储备的金融稳定规模需求,并在包含金融加速器机制的 DSGE 框架内,考察开放经济下发达经济体货币政策的外溢效应对本国的金融体系和实体经济的影响,以及利率规则和汇率安排不同组合下的外汇储备需求的动态调整,力求理论模型最大限度地贴合经济实际,并辅以中国外汇储备金融稳定需求规模的静态测算、外汇储备规模影响因素从传统进口交易需求到金融稳定需求的结构转型实证检验、发达经济体货币政策外溢效应、本币国际化带来的本国货币政策外溢效应与外汇储备规模变动关系的实证检验,拓展了现有研究视野。本书从静态测算到理论建模,从理论建模到数值模拟,从数值模拟到实证检验,较全面地分析研究了外汇储备金融稳定需求动态调整的理论机制、外汇储备规模需求影响因素从传统交易需求到金融稳定需求的结构转型、发达经济体货币政策外溢效应及本币国际化对一国外汇储备规模的影响以及人民币国际化的影响和驱动因素。

受限于样本数据及作者能力,本书仍然存在许多不足之处,下一步的研究拓展方向为:一是将外汇储备的传统交易需求与金融稳定需求动机同时纳入DSGE模型,并考虑人民币汇率形成机制的逆周期安排,使模型能够更进一步拟合我国经济实际运行特征;二是进一步将央行的宏观审慎政策框架纳入模型,考察其对外汇储备金融稳定规模需求的影响;三是进一步将发达经济体货币政策正常化的缩表因素考虑在内,对发达经济体缩表的货币政策外溢效应对新兴市场经济体的外汇储备规模变动的影响做进一步的实证检验。

第二章 文献综述

第一节 外汇储备的金融稳定需求的研究

凯恩斯扩展了外汇储备研究的视野(Keynes, 1913[2], 1930[3])。他指出在面临经济波动时,一国持有超额外汇储备对应对信贷紧缩等不利冲击至关重要。他在外汇储备规模需求影响因素中引入了对外经济因素,认为外汇储备规模估计应把外源因素导致外汇储备耗竭的概率考虑在内,这些因素包括但不限于外国资金的撤回、出口收入的突然下降等方面。凯恩斯的提法可以看作外汇储备的金融稳定需求研究的起点。

各国及国际监管机构从各个角度对金融稳定的内涵进行解释。美联储的Ferguson(2003)[4]认为,定义金融稳定的对立面——金融不稳定,可能对理解金融稳定的概念更有帮助。他将金融不稳定定义为三种状态:一是资产价格大幅背离基本面价值,二是市场职能和信贷供应严重扭曲,三是总消费大幅偏离总产出能力。欧央行的Duisenberg(2001)[5]认为,金融稳定是指金融体系内各关键要素能够顺利运行。欧央行的Padoa-Schioppa(2003)[6]认为,金融稳定是指金融体系能够促进储蓄向投资的顺利转化且能有效应对各种外生冲击。英国金融服务局的Foot(2003)[7]认为,金融稳定要满足以下条件:一是货币稳定,二是就业率接近自然就业水平,三是金融机构及金融市场具备正常运营的信心,四是实物或金融资产相对价格变动不会影响条件一和条件二。国际清算银行金融稳定研究所的Crockett(1996)[8]

也通过定义金融不稳定来解释金融稳定。他认为,金融不稳定是指金融资产价格波动或者金融机构无法履行约定职责导致经济无法正常运行的情况。

学界也对金融稳定的内涵进行解释。Mishkin(2000)[9]认为,金融稳定即金融体系能够持续向生产性投资机会提供融资服务的一种状态。Schinasi(2004)[10]认为,金融稳定可以定义为一种稳健运行的能够提升经济绩效且消除内部金融失衡的状态。此外,也有学者从金融稳定的构成要素等角度给出解释(Houben等,2004[11])。段小茜(2007)[12]从金融制度角度定义了金融稳定。总体来说,金融稳定即金融体系具备完备的金融制度等基础设施,能够有效促进储蓄向投资转化以及金融体系各种职能稳健运行的状态。

由于金融稳定属于公共产品,因此金融稳定通常是各国央行或货币当局以及国际监管机构的重要目标。Padoa-Schioppa(2003)[6]认为,各国央行在维持金融稳定方面应当承担首要职责,其持有的外汇储备具有外币流动性,成为面临外生冲击时可以立即动用的金融稳定资产。Masson(1999)[13]认为,外汇储备相对于短期外债是否充足为是否存在金融危机的重要预警信号。Dominguez(2011)[14]实证发现,金融危机发生前外汇储备规模高的经济体,金融危机发生后,其GDP也高。IMF(2018)[15]认为,外债持续增加但缺乏充足的外汇储备缓冲的国家,其金融不稳定风险较高。国内学者也对外汇储备对金融稳定的积极作用给予肯定(张元萍和孙刚,2003[16];唐旭和张伟,2002[17])。随着金融全球化的发展,金融稳定需求逐渐成为考察外汇储备需求的首要决定因素。

金融危机是威胁金融稳定的主要因素。Reinhart和Rogoff(2011)[18]将金融危机按照危机最初爆发领域分为三类:一是货币危机,定义为年度通胀率提升20%或者汇率年度贬值15%的情况;二是主权债务危机,定义为在外债债权方的法定还款期内违约,其中包括赖账、将债务重组为更加不利的还款条件等;三是银行危机,定义为引发银行倒闭、合并及被公共部门或一个以上金融机构兼并的银行挤兑事件,或无银行挤兑事件发生时也会相继引发其他金融机构发生类似情况的倒闭、合并、并购或针对重要性金融机构开展大规模救助等标志性事件。

下文将从货币危机、银行危机、主权债务危机及其他视角对外汇储备的金融稳定需求的已有文献进行整理。

一、货币危机和外汇储备需求

本币币值稳定是金融稳定的关键指标。外汇储备在货币危机模型中扮演中心角色。为避免外生冲击导致本国固定汇率制崩溃引发货币动荡,央行或货币当局可用充足的外汇储备稳定市场信心或直接实行紧缩性货币政策。

第一代货币危机模型(Krugman,1979[19])中,持续的外汇储备损失导致固定汇率平价变动甚至汇率自由浮动。持有较大规模外汇储备可以延缓货币危机发生,并提供时间缓冲让国内政策与汇率承诺相协调。第二代货币危机模型(Obstfeld,1996[20])强调了公众预期作用。储备不足将导致公众预期汇率贬值,相应抬升固定汇率维持成本。政府不完善的金融体制引发投机者对固定汇率的投机攻击,导致储备短缺,最终成为货币危机原因之一。第三代货币危机模型认为,产生货币危机的原因在于一国金融体系、企业体系及政治体系的脆弱性(Krugman,1998[21],2000[22];Corsetti,1998[23];Chang 和 Velasco,1998[24])。一方面,高储备规模让投资者预期政府随时准备对货币危机进行干预,引发投资者道德风险,从而过度借贷;另一方面,高额外汇储备减少了政府货币错配,降低了本币大规模贬值时期政府整体财务报表的脆弱性。外汇储备的最优规模模型表明,外汇储备在应对货币危机时,可以起到缓冲作用,降低货币危机发生的成本(Aizenman 和 Marion,2004[25];Rancière 和 Jeanne,2006[26])。第四代货币危机理论是在已有的三代成熟货币危机模型上建立的(Eggertsson 和 Krugman,2012[27];Krugman,2014[28];Aghion 等,2000[29],2001[30],2004[31])。该理论认为,本国企业体系的外债通过资产负债表效应引发经济紧缩乃至发生经济危机。

有关外汇储备与货币危机的关系,Kato 等(2018)[32]通过理论模型表明,在央行货币政策目标中加入预防性外汇储备需求规模,可以有效避免货币危机发生,而当预防性外汇储备规模较低或为零时,货币危机则容易发生。Steiner(2013)[33]实证发现,货币危机导致外汇储备增加。关于通过卖储备和降汇率来管理汇率预期方面,Sachs 等(1996)[34]认为,即使存在实际汇率高估及银行体系受到冲击等基本面因素恶化情况,一国充足的外汇储备仍然有助于防范国际收支危机和货币危机。Kaminsky(1998)[35]在回顾已有研究的基础上认为,外汇储备是主要的货币危机指标,高水平的外汇储备能显著降低货币危机发生的可能性。Frankel 和 Saravelos(2012)[36]回顾了 80 多篇有关货币危机预警系统的文献,认为央行外汇储备规模较小是最可靠的预警指标。Lee 和 Gregorio(2003)[37]及 Aizenman 等(2012)[38]发现,外汇储备能有效降低货币危机成本。Hutchison 和 Noy(2002)[39]认为,新兴市场经济体一旦发生货币危机,将会造成比发展中国家更严重的后果。Gupta 等(2007)[40]发现,短期债务/外汇储备这一比率在货币危机期间对产出增加有影响。Fratzscher(2009)[41]和 Obstfeld 等(2009)[42]指出,在 2008—2010 年金融危机期间外汇储备较少的国家汇率贬值幅度较大。Bussière 和 Mulder(1999)[43]的估计结果甚至表明,高外汇流动性(外汇储备/短期外债)可以抵消薄弱经济基本面的影响和减少危机传染。Frankel 等(2012)[44]发现,较高的短期外债/外汇储备比率与扩张性货币政策结合是导致金融危机最有可能发生的因素。通过对 1880—1913 年与 1972—1997 年这两个时期货币危机的原因进行比较,Bordo 等(2010)[45]发现,相对广义货币供应量而言,充足的外汇储备规模减小了危机发生概率。李杰(2016)[46]认为,中国积累外汇储备的目的应该是防范货币危机。

利用外汇储备预防货币危机的手段主要包括外汇市场干预。央行应该建立一个关于货币危机的预警系统(Kaminsky 和 Reinhart,1999[47]),区别日常操作和危机干预,以便选好外汇市场干预的时点。

外汇市场干预应将适度汇率贬值和卖出储备相结合(Dominguez,1993[48];Li,2012[49])。

已有学者就外汇储备与本币币值的关系进行研究。一国的通货膨胀率可以用来衡量本币的对内价值变动,而汇率则表明了其对外价值变动。有关外汇储备需求与本币对内、对外价值变动的关系,Heller(1976)[50]和Khan(1979)[51]一致发现,外汇储备的增加与通货膨胀之间存在正相关关系。

也有学者就外汇储备的冲销干预效果进行了研究。Kehoe(1989)[52]实证发现,货币冲销不能导致价格下降。Calvo(1998)[53]和Kumhof(2004)[54]认为,货币冲销将提升国内利率,扩大国内外利差,引发本国金融资产价格上升与外资流入,从而导致本国重复发行货币。上述结果在国内的研究也得到了印证。人民币汇率形成机制弹性不足时,外汇储备囤积引起的外汇占款将带来货币超发,引发国内物价上涨,降低货币政策的独立性(李扬,1997[55];裴骏峰,2015[56])。李超和周诚君(2008)[57]通过2000—2007年时间序列数据实证发现,中国货币流动性过多与外汇储备累积之间存在双向因果关系。也有研究认为,货币冲销对物价有平抑作用,但对产出具有不利的影响(曲强等,2009[58])。

综上所述,有关货币危机与储备需求的理论模型都与当时的经济运行特征密不可分,四代货币危机模型分别从外汇储备不足、公众预期变化、金融体系脆弱性和企业的资产负债表效应(金融加速器效应)方面来解释货币危机的引发机制。面临发达经济体当前以加息为标志的货币政策外溢效应,再加上金融加速器机制的作用,以及公众预期不确定性、实体经济体系的脆弱性等诸多影响因素,现有的有关货币危机的局部均衡模型难以充分描述发达经济体货币政策外溢效应对其他经济体外汇储备规模的影响机制。本书拟将加息冲击和储备规模需求调整纳入DSGE模型,研究金融加速器效应下外生加息冲击对一国金融体系、实体经济的整体影响及不同利率规则和汇率安排下外汇储备规模的动态调整过程。

二、银行危机和外汇储备需求

银行体系的稳健运行是金融稳定的中心环节。与货币危机不同，银行危机往往独立于央行外汇储备水平。Chang 和 Velasco(1998)[24]通过新兴市场经济体金融危机模型表明，国内金融自由化和国外短期资本流入会凸显本国银行流动性不足问题，加剧银行面对外部冲击的脆弱性，改变公众预期。如果银行倒闭，将会加剧外部冲击效应，带来信贷紧缩，此时投资项目清算成本昂贵，导致实际产出下降和资产价格暴跌。固定汇率制下，当央行充当最后借款人时，银行挤兑就演化为货币挤兑。Furceri 和 Zdzienicka(2012)[59]实证发现，银行危机的严重程度与政府持有大规模对外债务且债务持续增长有关。

有关外汇储备需求对银行危机的影响方面，Obstfeld 等(2009)[42]认为，保护国内银行部门是央行外汇储备需求的首要决定因素。发生银行危机时，外汇储备可以在不增加外债的前提下迅速救助银行系统，阻止银行危机向主权债务危机转化，Furceri 和 Zdzienicka(2012)[59]、Reinhart 和 Rogoff(2011)[18]及 Schularick(2012)[60]等的实证研究证实了上述推断。

类似的，外汇储备也能够阻止货币危机向银行危机蔓延。如果储备规模不足，央行可能会在汇率稳定的基础上选择通胀手段来支持挣扎中的银行部门(Obstfeld，1994[61]；Calvo，1997[62])。如果央行采用通胀融资，本币在长期内呈现贬值趋势。超额外汇储备此时变成可立即使用的政策工具，央行可以救助银行系统，同时维持汇率稳定。在其他条件不变的情况下，卖储备带来本币汇率升值，提供了与固定汇率制度兼容的本币流动性(Dominguez 等，2013[63]；Dreher 和 Vaubel，2009[64])。如果银行债务主要是外币债务，外汇储备作为外币流动性的保证，对救助银行不可或缺。Shrestha(2013)[65]通过研究受 1997年亚洲金融危机影响的泰国、韩国、马来西亚、菲律宾和印度尼西亚等国家银行系统自危机以来的资产负债表变动发现，外汇储备积累对流动性资产和银行存款有稳健的正面性影响。Obstfeld 等(2010)[1]发现,央行外汇储备规模为广义货币供应量提供信用背书,可以减少内部和外部双重资本流动枯竭(即银行挤兑结合资本外逃)的可能性。外汇储备规模需求除了贸易需求或负担短期债务之外,还应将银行体系规模考虑在内。Obstfeld等(2010)[1]构建基于金融稳定性和金融开放程度的模型,模拟银行挤兑场景,并通过实证检验发现,国内金融体系负债规模、金融开放程度、通过债务市场获取外汇的能力以及汇率政策均为外汇储备规模的重要预测因素。

关于银行危机,Nier等(2011)[66]通过拉美国家样本实证发现,央行对银行系统的财政援助与外汇储备增加有关,这一规则的例外是中央银行利用储备抵消货币扩张的情况。以2008年全球金融危机中的巴西为例,其央行作为最后贷款人,先后向银行部门和私人企业提供外汇储备。已有研究证实不同类型的金融危机存在"传染"可能性。Reinhart(2002)[67]发现,货币危机往往在债务危机之前(Dreher,2006[68]),银行危机后往往是货币危机(Glick和Hutchison,2001[69];Kaminsky等,1999[47]),而充足外汇储备有助于阻碍危机的相互传导。

也有学者认为,针对突发的银行系统危机,采取直接措施降低外部资本枯竭时的金融系统脆弱性,如智利强制存款或对短期资本流入征税,对降低国内银行系统的脆弱性更能立竿见影。但外汇储备起到的保险作用也不可或缺(Rodrick,2006[70])。Aizenman(2011)[71]提出庇古税税收补贴计划,从资本管制的税收控制角度,研究囤积外汇储备作为应对去杠杆时自我保险手段的效力和成本,认为可通过对外部借款征税来支持外汇储备实现对金融系统的保险功能。他通过模型表明最佳借贷税减少了外部负债,并促使借款人出自预防性动机囤积外汇储备。

综上所述,现有研究多集中在银行危机爆发的影响因素及外汇储备需求对缓解银行危机的成效方面,对银行危机发生时外汇储备在危机救助时的作用传导机制和外汇储备规模的动态调整机制缺乏深入的理论分析和实证检验。

三、主权债务危机和外汇储备需求

主权债务危机是引发一国金融动荡的重要外部冲击。外汇储备可用来偿还主权债务。通常情况下,主权债务违约概率与外汇储备/外债或外汇储备/进口比例呈负向变动关系。主权债务危机发生时,央行须为政府偿还外债,如果外汇储备不足,则政府只能借助通胀手段,将央行的国内资产部分替代为储备(央行资产负债表内的资产互换),以此增加国内流动性。与货币危机和银行危机一致,主权债务危机可能会使央行重新审视外汇储备成本收益,为防范和应对危机积累外汇储备。

有关外汇储备需求与主权债务危机关系方面,Ben-Bassat 和 Gottlieb(1992)[72]构建主权债务国最优储备预防性需求模型,强调应把主权债务潜在违约成本作为外汇储备最优规模的主要决定因素。Aizenman 和 Marion(2003)[73]实证发现,1997 年亚洲金融危机后,各国主权债务高和主权债务风险增加导致外汇储备的预防性需求增加。但对于那些高贴现率、政治不稳定或政治腐败的国家,其外汇储备预防性需求仍然不高。也有研究认为,一些国家利用高额储备来弥补薄弱基本面,利用外汇储备的信号效应提升本国在国际金融市场的评级和信誉(Li 和 Rajan,2005[74])。Summers(2007)[75]、Mendoza(2010)[76]及 Bordo 等(2010)[45]发现,短期外债是一国囤积外汇储备的动机之一。Rancière 和 Jeanne(2006)[26]通过理论模型表明,外汇储备通过平滑国内实体经济波动以应对资本突然停止流入,但外汇储备回报率低于国家长期债务的利率。外汇储备不足将(相对于进口或短期外债)增加债务危机的可能性(Herz 和 Tong,2008[77];Manasse 和 Roubini,2009[78])。Yeyati(2008)[79]研究发现,外汇储备充足会大幅降低主权风险溢价(反映主权违约概率)。Alfaro 和 Kanczuk(2009)[80]研究发现,新兴市场国家与其积累外汇储备,不如减少外部债务。国内学者研究发现,外债余额是中国外汇储备规模的重要影响因素之一(卞咏梅,2009[81];周艳,2012[82];王静,2013[83])。

综上所述,较高外债水平是一国囤积外汇储备维持金融稳定原因之一,外债规模是一国货币当局外汇储备规模需求管理的重要考虑因素。

四、金融危机和外汇储备需求其他研究

关于金融危机与储备需求的关系,Durdu 等(2009)[84]较早将外汇储备规模纳入 DSGE 模型进行研究。他将外汇储备抽象为代表性家庭持有外币形式的储蓄,并通过两部门开放经济的 DSGE 模型研究引起外汇储备预防性需求变动的关键因素,发现资金突然停止及收入稳定增加会导致外汇资产大幅度增长且产出变动不能解释储备的激增。外汇储备预防性需求的货币政策及动态调整视角方面,Bar-Ilan 和 Lederman(2007)[85]基于一个决定货币政策和外汇储备水平的模型发现,严格的货币政策将建立预防性储备,使未来的货币政策能够更好地稳定通货膨胀和产出,降低金融危机发生的可能性。Aizenman 和 Hutchison(2012)[86]认为,新兴经济体虽然在危机前积累大量储备,但在危机时仍然倾向于用汇率贬值来缓解绝大部分外汇市场压力冲击,而非损耗储备维持汇率稳定。只有约一半的新兴经济体将储备规模变动作为汇率调整机制的一部分。新兴市场经济体应对金融危机的调整机制表明,它们受制于储备损失恐慌而非浮动汇率恐慌(Aizenman 和 Sun,2012[87])。危机之后的全球经济衰退表明,新兴市场经济体用汇率贬值获得的个体小范围的竞争力,并不能拉动全球经济走出衰退趋势。Rose 和 Spiegel(2011)[88]发现,国民收入较高、信贷市场较为宽松的国家遭受危机更严重,而经常账户盈余的国家较好地避免了经济下行。国内学者也对金融危机和外汇储备的联系做了研究。李巍和张志超(2009)[89]通过拓展 Obstfled 等(2010)[1]银行挤兑模型发现,金融不稳定与外汇储备占广义货币发行量比例呈现正向关系。Kim(2017)[90]通过建模表明,资本突然停滞时,一国经济基本面越薄弱、外汇储备降低,资本突然停滞的概率越大、危机造成的产出减少成本越大和国家风险厌恶程度越大,则该国最优外汇储备规模越大。

在有关应对资金流动突然停止或者剧烈波动的储备需求研究中,越来越多的文献认为,缓解国际资本流入突然停止以及资本大量外逃对本国经济的强烈冲击才是新兴市场经济体持有外汇储备的重要原因(Durdu 等,2009[84];Rancière 和 Jeanne,2006[26])。已有研究认为,外汇储备首先是应对资本账户自由化带来的资本流入突然停止、资本外逃带来的资本逆向流动和金融波动等风险的预防性缓冲存货。一些国家持有外汇储备的主要动机是应对资本突然停止或者外流等突发情况(Aizenman 和 Marion,2004[25])。Aizenman 和 Lee (2007)[91]实证发现,预防性动机有效解释了部分国家的外汇储备规模。

有关外汇储备合理规模与金融危机需求,已有学者提出,一国外汇储备规模与广义货币供应量的比率(Reserves/M2)是金融危机预测指标之一,若该比率较高,可增强公众对本币的信心(Kaminsky 和 Reinhart,1996[92];Pattillo 和 Berg,2000[93];Calvo,1997[62];Wijnholds 和 Kapteyn,2001[94])。Ranciere 和 Jeanne(2006)[26]及 Zettelmeyer(2008)[95]等通过构建最优外汇储备模型认为,国家消费影响一国最优外汇储备金融稳定规模。Aizenman 和 Lee(2007)[91]发现,中国的高外汇储备规模有效缓解了 1997 年亚洲金融危机冲击。Aizenman 等(2015)[96]实证发现,外汇储备的积累因素随着全球经济发展而变化。金融危机导致各国外汇储备积累发生结构性变化和政策调整,如动态审慎性管理、前瞻性资本管控、成立金融稳定委员会和主权财富基金等。主权财富基金的引入使外汇储备不再是唯一主要的金融缓冲手段。有效的审慎政策会降低对外债务和热钱流入,从而降低主权财富基金由于自我保险需要带来的积累需求。研究认为,金融危机后,中国外汇储备大规模下降,是应对全球需求萎缩的出口战略调整、海外直接投资的自由化和对主权财富基金的重视。

Dominguez(2012)[97]实证发现,许多新兴经济体为应对金融危机积极减少了外汇储备,且危机前积累超额储备的国家更易于为应对金融危机出售储备资产。危机发生之前外汇储备规模较大,则危机后该国经济增长较快。Ghosh等(2014)[98]发现,新兴经济体和环太平洋国家①超出预防审慎动机需求快速积累外汇储备。在20世纪80年代,储备积累为了应对经常账户冲击;20世纪90年代则是应对资本账户冲击;而2000年以来外汇储备规模激增并不能完全由人为调低汇率扩大出口等重商主义原因解释,其原因之一是资本流出限制导致公共部门持有本来可以由私营部分持有的外国资产。总体而言,环太平洋国家倾向于持有更多外汇储备应对经常账户冲击,持有更少外汇储备应对资本账户冲击。Steiner(2013)[99]认为,央行积累外汇储备是资本管控的替代品,外汇储备变动是管理净资本流入的方式之一。外汇储备使得央行在传统不可能三角的情况下,在自由的财政政策和货币政策之间留有回旋余地。面板数据分析证实,储备积累是央行恐惧资本流动的结果。Alberola等(2016)[100]通过对1991—2010年度63个国家的季度面板数据实证研究发现,在全球金融压力时期,外汇储备应对国际资本流动的缓冲和稳定作用更显著。

综上所述,现有研究确认了外汇储备对抗金融危机的有效性,但缺乏整体的框架系统研究外汇储备与金融危机的关系。因此,本书拟在现有研究的基础上,将传统货币政策中的利率规则加上通过外汇市场干预实施的汇率安排等政策组合嵌入基于金融加速器的DSGE模型框架,并结合我国数据进行参数校准估计,结合人民币国际化稳步推进和资本项目逐步开放的特征及以美国为首的发达经济体进入加息和流动性收紧周期的事实,考察以加息为标志的发达经济体货币政策外溢效应对我国外汇储备、通货膨胀、利率及实体经济变量的影响,

---

① 文中界定环太平洋国家为中国、印度尼西亚、韩国、马来西亚、菲律宾、泰国和越南。

及央行、商业银行、代表性家庭面临金融压力导致的外部冲击时的动态反馈机制,从而为我国货币政策协调和外汇储备规模需求管理提供理论解释和政策建议。

五、外汇储备需求其他视角

(一) 外汇储备的交易需求

外汇储备的交易需求是指外汇储备用于国际贸易目的,即一国支付进口贸易所产生的储备需求。从商品交易需求的角度研究外汇储备规模由来已久。在国际金融市场尚不发达,经常项目占据国际收支主要地位时,外汇储备的商品交易需求占据主要地位。Triffin(1960)[101]认为,最优外汇储备规模占进口额比例应为40%左右,且最低为20%。

Heller(1966)[102]用成本收益分析法研究外汇储备最优规模。他认为,政府持有外汇储备可以取代降低支出和调整国民收入等方法来弥补对外收支失衡。他认为外汇储备持有收益即节约的国民收入调整成本,而外汇储备持有成本则是现有投资收益与其用于实体经济投入的预期收益的差额。Heller认为,边际成本和边际收益相等时,外汇储备水平达到最优。Frenkel和Jovanovich(1981)[103]追随Heller模型基本思想,认为央行外汇储备持有动机是应对国际收支波动,并通过构建连续时间的存货控制模型表明,外汇储备最优规模是当宏观调节成本与持有储备的机会成本达到均衡时的储备规模。

进入21世纪以来,学者们的研究角度从最优规模转向用重商主义视角下的外汇储备规模需求解释一些经济运行现实(Dooley等,2005[104];Aizenman和Crichton,2008[105])。Aizenman和Lee(2008)[106]将重商主义动机区分为金融重商主义和货币重商主义。Delatte和Fouquau(2012)[107]通过时变参数面板数据实证发现,重商主义因素更能解释外汇储备积累的原因。Aizenman等(2012)[38]通过总结拉美国家应对1970—2007年商品贸易条件冲击的方式发现,储备的积极管理不仅在短期内有效降低商品贸易条件冲击,而且在长期内降低实际有效汇率波动。Bonatti和Fracasso(2013)[108]构建两国两期模型,解释中美政府推行不同但互补的政策目标导致双方互相依存但并不平衡的关系。出于重商主义动机的储备积累政策成功服务了中国政府GDP快速增长和劳动力自由流动的目标,而且与美国提高家庭消费的政策目标相互兼容。一旦中国政策目标由GDP最大化改成提高家庭生活标准,可能会引发两国达到新的平衡。Aizenman等(2014)[109]认为,对中国情况而言,经常账户盈余降低意味着中国经济的结构性变化和调整。中国的再平衡过程伴随着外汇储备在GDP中的占比下降和对外直接投资(Overseas Direct Investment,ODI)的增加。中国的ODI流出缓解了储备积累压力。

国内研究方面,童锦治等(2012)[110]研究表明,降低较高价格弹性产品的出口退税率能够减少长期均衡时的外汇储备规模。刘澜飚和张靖佳(2012)[111]研究发现,中国央行外汇储备规模及投资策略对危机时期的反应不足。

综上所述,有关外汇储备的交易需求,多数关注国际商品交易引发的外汇储备需求,并选取新的视角对重商主义进行解读。本书将在实证研究部分,比较外汇储备的传统进口交易需求和金融稳定需求的解释力度,检验外汇储备需求因素从传统进口交易需求到金融稳定需求的结构转型。

(二)外汇储备需求其他角度

Aizenman和Marion(2004)[25]认为,发展中国家外汇储备的需求更多出于政治或者经济层面的考虑,而非仅仅由效率标准确定最优储备需求规模。决策者的机会主义行为可能性及政治腐败都会减少外汇储备规模需求。金融发展异质性的观点认为(Aizenman和Lee,2008[106]),近年来外汇储备的规模调整可能意味着全球金融架构的重新整合,应从金融发展异质性的角度重新考虑一国外汇储备规模囤积需求。Dominguez(2009)[112]认为,对于资本市场不发达的国家,政府外汇储备积累代替了私人资本的流出。政府作为金融中介机构,将国内储蓄转用于国际资本市场。Aizenman等(2011)[113]认为,作为国际储备清偿力之一,货币互换协议只适用于贸易和金融联系较深的国家,只能作为外汇储备的有限替代品。如果一国与别国有充分的货币互换安排或者地区储备汇总安排,其外汇储备的预防性动机需求可能会降低。Pontines 和 Li(2011)[114],Cheung 和 Sengupta(2011)[115]通过对亚洲地区和拉美经济的实证研究发现,外汇储备的积累存在很强的"赶超邻居"效应。Sula(2011)[116]研究发现,一国已有外汇储备规模也是影响其储备需求的重要决定因素。Qian 和 Steiner(2014)[117]认为,较高储备降低汇率风险和外部股权投资的风险溢价,从而更能吸引外部股权投资。亦有学者从流动性视角解释新兴经济体持续持有低利率美国国债的动机。随着国际资本市场一体化,不断减少的金融摩擦增加了美国国债的流动性溢价,从而降低了美国国债利率。而美国国债的高流动性又吸引新兴经济体均衡状态时的更多持有量,由此形成新兴经济体持续持有低利率的美国国债(Jung 和 Pyun,2016)[118]。

国内研究方面,姜波克和任飞(2013)[119]认为,最优外汇储备规模是实现内外双重均衡时的储备规模,或者是外部失衡可维持前提下经济持续增长所对应的储备规模。王永茂(2012)[120]实证发现,金融开放度和金融深化度对外汇储备规模具有正向作用。

综上所述,外汇储备需求除了交易需求和金融稳定需求等视角外,还有历史依赖性、金融异质性、政治性因素、赶超效应等与经济体自身特征相关的因素。这表明外汇储备需求的原因是多维的,在某些情况下可能会超出进口交易需求及金融稳定需求等驱动因素。

因此,从外汇储备需求规模角度进行实证研究时,本书将会慎重考量外汇储备需求中的特殊因素,在探讨储备需求的主要影响因素时,根据具体情况将其作为控制变量引入计量模型,以期最大限度地避免遗漏变量问题导致的估计偏误。

第二节 发达经济体货币政策外溢效应与外汇储备规模需求的理论研究

开放环境下货币政策的外溢效应不容轻视。此时,货币当局面临着在货币政策独立、固定汇率安排与资本自由流动之间权衡的"三难"局面(Mundell,1963[121])。Padoa-Schioppa(1982)[122]进一步认为,自由贸易、资本流动、固定或管理汇率和货币政策独立性难以同时满足。Rey(2015)[123]则认为,资本的自由流动与一国货币政策的有效性不可兼得,而与其采取何种汇率制度无关。各国货币政策实践多数是在拥有货币政策自主权的前提下对汇率固定程度及资本项目开放程度进行的不同组合(Obstfeld 和 Taylor,2004[124];Obstfeld 等,2005[125])。

Kaminsky 等(1999)[47]证实国内金融紧张和货币危机两者高度相关,汇率固定的国家遭受金融危机程度更深,原因主要是货币当局为维持汇率固定,通常按照增强危机的方向调整利率。Durdu 等(2009)[84]通过构建理论模型,研究发现资金突然停滞会导致本国外汇资产大幅度增长且产出变动不能解释储备的激增。Chang 等(2015)[126]认为,包括资本管制、管理汇率和冲销干预措施在内的中国货币政策限制了外部冲击后本国维持宏观经济稳定的货币政策选择。Benes 等(2015)[127]认为,外汇市场干预能够隔离国际金融冲击,但不利贸易条件冲击时,外汇市场干预则阻碍了汇率的自动调整机制。Obstfeld(2014)[128]认为,发达经济体通过利率平价条件、外币信贷和金融周期等渠道影响新兴市场国家货币政策,其中实施浮动汇率的新兴市场经济体的央行为避免汇率升值影响本国出口竞争力,往往也会干预外汇市场,致使美国等发达经济体的货币政策向该国传导。

国内学者也就开放经济下汇率安排及储备需求等方面做了研究。梅冬州和龚六堂(2011)[129]将 Bernanke(1999)[130]模型拓展为小国开放经济架构,认为管理浮动汇率制度是新兴市场国家最合适的选择。张勇(2015)[131]认为在需求约束型发展阶段,汇率干预对我国需求扩张起到关键作用,但也导致了热钱大量流入和外汇储备过度积累。王爱俭和邓黎桥(2016)[132]研究发现,基于规则的干预相较于任意干预对汇率的调整过程更稳健。李力等(2016)[133]发现,货币政策应该考虑跨境资本流动以缓解国内经济波动,并且纳入短期资本流动后的利率规则能更好地拟合我国利率操作的历史轨迹。陆磊和杨骏（2016）[134]认为，金融系统稳定、金融创新和零道德风险是金融稳定的新"不可能三角"。唐琳等（2016）[135]发现，灵活的浮动汇率制能吸收部分冲击，汇率传导机制要发挥稳定器的作用离不开中国开放经济环境的支持。傅广敏（2017）[136]发现，美元临时加息会导致我国通胀率下降、股价下跌和汇率贬值，但汇率贬值不一定会引起出口增加。国内学者针对我国金融加速器效应也进行了研究。其中，袁申国等（2011）[137]研究发现，固定汇率下金融加速器效应强于浮动汇率。

综上所述，已有研究多集中在开放经济下，一国汇率制度选择及传统的货币政策"三难"问题，货币政策多使用单一利率规则钉住多重目标，缺乏对金融体系和实体经济影响及不同汇率安排下外汇储备需求规模的讨论。若研究者能将汇率安排和外汇储备需求纳入宏观经济模型，结合新兴市场经济体的利率规则和通过外汇市场干预实施汇率安排的双工具组合，则对外汇储备在面对外生金融压力时的金融稳定功能和货币政策的传导机制将会有更深入的理论阐释。本书从这一角度入手，将传统利率规则和基于外汇市场干预实施的汇率安排纳入包含金融加速器机制的 DSGE 模型，以期为发达经济体当前以加息周期为标志的货币政策外溢效应对其他经济体的金融和实体经济传导机制和外汇储备的金融稳定机制提供理论解释，从而为外生加息冲击下货币当局利率规则和汇率安排的合意组合选择及外汇储备的金融稳定规模需求的动态调整提供理论解释和有针对性的政策建议。

第三节 发达经济体货币政策外溢效应与外汇储备规模需求的实证研究

国内外已有文献就发达经济体的货币政策外溢效应与其他经济体的外汇储备需求进行研究，并证实了外汇储备对发达经济体货币政策外溢效应的缓解能力。Aizenman 等（2017）[138]认为，当中心经济体国家实施扩张性货币政策时，边缘国家可通过宏观审慎政策或者更高外汇储备规模来应对中心经济体货币政策的外溢效应。李少昆(2017)[139]认为,美国货币政策对全球发展中经济体外汇储备存在明显的外溢效应,联邦基金有效利率的上升将降低发展中经济体的外汇储备规模。也有研究认为,发达经济体的货币政策外溢效应使得发展中国家和新兴市场经济体的货币政策陷入被动。McKinnon和Liu(2013)[140]认为,美元接近零利率的量化宽松周期,使得具有较高利率的新兴市场经济体被动接受大规模热钱涌入,为了维持固定汇率安排而不得不被动增加外汇储备规模,从而失去货币政策独立性,通货膨胀也随之抬头。Taylor(2013)[141]认为,为应对外国央行超低利率的利率效应,一国货币当局最常使用的措施是资本管制和货币市场干预。

综上所述,有关全球货币政策正常化的外溢效应、应对加息压力进行外汇市场干预与一国外汇储备规模的变动关系多为实证研究,从理论机制方面进行阐述的研究不多。因此,首先,本书实证检验SDR货币篮子内美元、欧元、日元及英镑的货币政策外溢效应与其他经济体外汇储备规模的变动关系;其次,进一步从货币当局外汇市场干预角度出发,实证检验其他经济体为应对发达经济体的货币政策外溢效应,通过外汇储备维持一国金融稳定缓解被动加息压力的作用机制。

第四节　外汇储备维持金融稳定机制方面的研究

国内外已有文献就国际货币发行经济体的货币政策外溢效应、非国际货币发行经济体外汇市场干预与储备规模方面进行了研究。

在有关货币政策外溢效应与外汇储备规模方面,已有研究确认了国际货币发行经济体的货币政策对其他非国际货币发行经济体外汇储备规模存在外溢效应。李少昆(2017)[139]实证检验发现,美国联邦基金有效利率的上升,降低了发展中经济体的外汇储备规模。McKinnon和Liu(2013)[140]认为,主要发达经济体的货币政策外溢效应使得发展中国家和新兴市场经济体的货币政策陷入被动。美元接近零利率的量化宽松周期,使得具有较高利率的新兴市场经济体被动地接受大规模热钱涌入，为了维持固定汇率安排而不得不被动增加外汇储备规模，从而失去货币政策独立性，导致通货膨胀。

有关应对外生冲击，通过外汇市场干预维持汇率目标或者目标浮动区间，维持国内金融稳定方面，研究证实了外汇储备对国际货币发行经济体货币政策外溢效应的缓解能力。Aizenman等（2017）[138]认为，当中心经济体实施扩张性货币政策时，边缘经济体可通过宏观审慎政策或者更高储备规模需求来应对国际货币政策的外溢效应。Benes等（2015）[127]认为，外汇市场干预能够隔离国际金融冲击。Obstfeld（2014）[128]认为，主导型经济体通过利率平价条件、外币信贷和金融周期等渠道影响新兴市场国家货币政策，其中实施浮动汇率的新兴市场经济体央行为避免汇率升值影响本国出口竞争力，往往也会干预外汇市场，致使美国货币政策向该国传导。外汇储备预防货币危机的手段主要是外汇市场干预。央行应该建立货币危机预警系统（Kaminsky和Reinhart，1996[92]），区别日常操作和危机干预，选好外汇市场干预的时点。外汇市场干预应是适度汇率贬值和减少外汇储备相结合的操作（Dominguez，2012[97]）。外汇市场压力指数的编制是考虑了本币的贬值幅度和外汇储备的下降幅度之后的加权平均值（Li，2012[49]），合理的外汇市场干预需要在两者中抉择合适的权重组合。

此外，学者们也就国际资本流动与外汇储备需求方面进行了研究，研究确认了外汇储备对资本流动冲击的缓冲作用，新兴市场经济体持有外汇储备的首要原因是应对资本流入的突然停止和资本大量外逃（Durdu等，2009[84]；Rancière和Jeanne，2006[26]；Aizenman和Marion，2004[25]）。也有研究认为，外汇储备积累是国际资本自由流动的结果，是管理净资本流入的一种方式（Steiner，2013[99]）。Alberola等（2016）[100]则证实了外汇储备作为资本流动稳定器的作用，尤其在全球金融压力时外汇储备的作用更显著。Ghosh等（2014）[98]发现，以环太平洋国家（RIM）为代表的新兴市场经济体倾向于持有更多储备应对经常账户冲击，持有更少储备应对资本账户冲击。Kim（2017）[90]通过建模发现，当资本流入突然停滞时，一国经济基本面越薄弱,外汇储备降低资本突然停止的概率越大,危机造成的产出减少成本越大和国家风险厌恶程度越大,则该国外汇储备最优规模越大。

综上所述,现有研究多为针对单个国家货币政策外溢效应与其他经济体的外汇储备规模变动进行研究(Aizenman 等,2017[138];李少昆,2017[139])。有关通过外汇市场干预维持本外币相对利率,从而维持国内金融稳定方面,多为理论研究,较少实证研究。与已有文献相比,本书着重探讨了经外汇市场干预修正的非抛补利率平价条件,进而实证检验了非国际货币发行经济体通过外汇储备维持金融稳定的作用机制,以期为货币当局通过动用外汇储备应对主要发达经济体的货币政策外溢效应寻求理论解释和经验证据。

第五节 本国货币政策外溢效应与外汇储备规模需求的研究

随着全球经济不断发展,国际资本流动等金融活动逐渐取代国际贸易中的商品流动占据全球经济活动的主体地位,金融全球化方兴未艾。外汇储备的囤积动机也逐渐由早期的满足进口交易需求转向预防性审慎需求。有关金融稳定与外汇储备规模需求的研究由来已久。Keynes(1930)[3]从外汇储备应对外部危机方面,拓展了外汇储备的研究视野。他指出,在面临经济波动时,一国持有超额外汇储备对避免信贷紧缩等不利冲击至关重要。他在外汇储备规模需求影响因素中引入了对外经济因素,认为外汇储备规模估计应把外源因素导致外汇储备耗竭的概率考虑在内,这些因素包括但不限于外国资金的撤回、出口收入的突然下降等方面。凯恩斯的提法可以看作外汇储备金融稳定需求研究的起点。

1997 年亚洲金融危机和 2008 年全球金融危机的爆发使得金融危机与外汇储备规模需求的研究成为学者们更为关注的问题。这些研究集中关注了金融危机前后外汇储备规模对新兴市场经济体和发展中国家金融经济的稳定性作用（Aizenman 和 Lee，2008[106]；Dominguez，2012[97]；Aizenman 等，2015[96]）。此外，学者也同时构建理论模型探讨外汇储备对金融危机的预防作用（Bar-Ilan 和 Lederman，2007[85]；Kato 等，2018[32]）。

已有研究确认了外汇储备对金融稳定的促进作用（李巍和张志超，2009[89]；Obstfeld 等，2010[1]）。Aizenman 等（2017）[138]首次提出将金融稳定引入货币政策的权衡，即在开放经济下一国货币政策同时面临着固定汇率、资本自由流动、独立货币政策和金融稳定之间的"四难"问题。

外汇储备金融稳定需求规模与货币政策的外溢效应息息相关，货币政策的外溢效应主要通过利率变动引发短期资本流动，从而对一国金融稳定造成潜在威胁。有关货币政策的外溢效应、资本流动与储备需求方面，研究确认了货币政策外溢效应显著影响外汇储备规模（McKinnon 和 Liu，2013[140]；Steiner，2013[99]），而新兴市场经济体囤积外汇储备的动机之一是应对短期国际资本流动的突发情况（Aizenman 和 Marion，2004[25]；Durdu 等，2009[84]；Rancière 和 Jeanne，2006[26]；Taylor，2013[141]；Ghosh 等，2014[98]；Alberola 等，2016[100]；Kim，2017[90]）。Aizenman 等（2017）[138]指出，针对中心经济体的货币政策外溢效应，边缘经济体可以在采用宏观审慎政策和囤积外汇储备规模之间审慎权衡。

自 Greenspan-Guidotti 规则①提出以来，主权国家债务与一国外汇储备需求成为研究热点之一。目前，Greenspan-Guidotti 规则被广为接受，已成为新兴市场经济体判断其外汇储备相对主权债务是否充足的主流标准。有关外部债务与储备需求方面，已有研究从延长主权债务期限、降低主权债务利差及降低一国主权债务危机风险等角度确认

---

① 该规则认为，新兴市场经济体应持有支付外部债务1年摊销还款额度的相应的外汇储备规模，即一国外汇储备应该覆盖短期外债（1年或1年内到期需归还的外部债务），这意味着储备规模对短期债务的比率为1。之所以如此设定，原因是各国应有足够的外汇储备抵制短期外资的大规模撤出。

了外汇储备规模对主权债务的积极性作用（Cheung 和 Wong，2008[142]；Qian 和 Steiner，2017[143]；Gumus，2016[144]；Hernandez，2017[145]）。

有关货币国际化带来的货币政策外溢效应与外汇储备需求方面，研究者确认了外汇储备规模对一国货币国际化程度的促进作用，如Aizenman 等（2012）[38]认为，储备的积极管理不仅在短期内有效降低了商品贸易条件冲击，而且在长期内影响了实际有效汇率调整，降低了实际有效汇率的波动，而一国货币对外币值稳定是其国际化的重要条件。是否发行国际货币，也影响一国的汇率及汇率制度安排（龚刚等，2012[146]），从而相应影响一国外汇储备的规模需求。关于货币国际化程度对一国外汇储备规模的影响则莫衷一是。有研究认为，货币国际化程度与一国外汇储备规模呈现先增后减的关系，货币国际化前期，充足的外汇储备为有效控制宏观风险提供支持；而货币国际化后期，本币的国际货币职能开始替代外汇储备，并使最优规模下降（祝国平等，2014[147]）。也有研究认为，外汇储备与货币国际化程度存在负向关系（Zhang，2016[148]），如日本银行外汇储备规模占比与日元国际化程度呈现负向变动关系（Zhang 等，2016[149]；白钦先和张志文，2011[150]）。

综上所述，关于金融稳定与外汇储备规模需求的研究对象集中在发展中国家和新兴市场经济体国家，尤其是两次金融危机前后这方面的研究比较多；相对而言，针对发达国家外汇储备的金融稳定功能研究很少。对货币国际化程度与外汇储备规模需求的关系的研究，除了祝国平（2014）[147]采取资本市场开放程度作为货币国际化程度代理变量，从而分别针对发展中国家和发达国家样本进行实证检验外，关于货币国际化程度的研究多集中于国际货币发行经济体的个案研究，鲜少有面板数据的实证检验。目前就货币国际化与外汇储备规模调整方面的系统研究还不多，货币国际化可以成为外汇储备金融稳定需求管理的战略调整方向之一。本书在现有研究的基础上，构建包含货币国际化因素的银行挤兑场景下外汇供求均衡模型，从理论上确认外汇储备需求与货币国际化程度的负向关系,然后在控制影响外汇储备需求的其他因素的基础上,分别实证检验国际货币发行经济体和非国际货币发行经济体的外汇储备需求因素从传统交易需求到金融稳定需求的结构转型,并在此基础上实证检验货币国际化程度与外汇储备规模的关系。

第六节 货币国际化方面的研究

国内外学者从多个角度针对货币国际化进行了研究,其中,Strange(1971)[151]对国际货币的政治经济学因素进行了开创性研究。她根据支持货币国际使用的因素的性质将国际货币分为征服货币(master currency)、顶级货币(top currency)、协商货币(negotiated currency)及中性货币(neutral currency)四种,认为经济和政治力量同时决定了一国货币的国际化程度。征服货币和协商货币主要靠发行国政治力量驱动其国际化进程,顶级货币和中性货币则主要靠使用该货币的经济力量驱动其国际化进程。

2008年全球金融危机之后,关于美元能否继续维持国际货币体系主流地位的争论使得关于国际货币的政治经济学研究持续升温。Helleiner 和 Kirshner(2012)[152]认为,政治因素既可以通过影响货币持有信心、流动性和交易网络等经济因素对货币国际化产生间接影响,也可以直接对货币国际化程度产生影响。Chey(2012)[153]认为,货币国际化的政治因素包括一国经济主体对货币国际化的偏好、金融自由化和本国的国际政治力量作用等。决定货币国际化的经济因素则包括对样本国家货币的信心、流动性和交易网络等方面。Eichengreen 等(2017)[154]利用第一次世界大战前各国国际储备货币构成数据研究发现,政治和经济因素同样影响外汇储备构成,处于同一军事联盟的盟国倾向于增加其联盟成员国拥有的国际化货币币种。安全性、流动性、网络效应及贸易金融联系等方面的经济因素影响外汇储备币种构成;战略、外交及军事力量等方面的政治因素同样影响储备货币币种选择。Chey(2014)[155]认为,政治因素是影响人民币国际化的主要力量。McNally(2015)[156]分析了中国的政治经济制度,认为中国制度开辟了新的途径,中国作为全球政治经济中的一个重要组成部分,也可以逐步培育国际货币。Liao 和 Mcdowell (2016)[157]实证研究发现,国家关于国际秩序的偏好影响了对人民币的投资决策。当各国关于国际秩序的偏好由美国模式偏向中国模式时,其货币当局在实施多元化储备战略时就会纳入人民币资产。因此,纳入人民币储备既是经济选择也是政治行动,这种选择是世界经济秩序由美国主导的全球影响力向中国倡导的新秩序逐渐转化过程中在货币维度上的投影。20 世纪 70 年代的日元、80 年代的德国马克以及 21 世纪初的欧元都曾有望挑战美元在国际货币体系中的主导地位,但最终并未成功。除了经济方面的不足外,从政治角度来看,这三种货币所代表的国际秩序与美元相同,与美元形成完美的替代品,因此难以吸引倾向于选择不同国际秩序的国家。而人民币代表的国际秩序与当前美国主导的国际秩序不同,因此从政治角度来看,人民币对倾向于新的国际秩序的国家地区来说,是不同于美元的储备货币选择。

部分学者对货币国际化的历史经验教训、人民币国际化进程当前存在的问题、障碍及对策进行了研究。Chitu 等(2014)[158]研究发现,美元早在 1929 年超过了英镑,成为主流货币。其中,美国金融市场的发展是美元战胜英镑的主要因素。从以英镑到以美元为主导的国际货币体系变动、从单极到多极的国际货币金融体系的转变表明,不应过分夸大现有国际货币的在位优势。Eichengreen 等(2016)[159]实证发现,布雷顿森林体系后的惯性和政策可信度对国际储备货币选择的影响变得更加强大,而网络效应似乎已经减弱。Dobson 和 Masson(2009)[160]认为,中国金融体系必须经历根本性改革之后,人民币才有可能成为重要的区域或世界货币。Eichengreen 和 Kawai(2014)[161]认为,高度的人民币国际化需要加深资本账户开放,即金融市场自由化、利率市场化、有效金融监管和相应的汇率灵活性,以便中国货币当局可享受货币政策自主权。研究同时强调了体制改革的重要性,如增加中国人民银行独立性,提高政策制定的透明度和有效问责制度,这样才能使人民币成为真正的国际储备货币。Chen(2018)[162]认为,货币国际化不仅取决于市场力量,还需要在关键时刻采取强有力的国家主导行动。由于人民币国际化较为激进的时间表和周期性,该项目的成功引发了中国银行体系固有的系统性风险。作为主要国际货币的负责任发行国,中国必须对国内金融体制进行宏观审慎监管,并且注意避免治外法权和体制输出。李巍(2016)[163]认为,国际货币的使用不仅仅是一种自然的市场现象,还有赖于坚实的国际政治基础。强大的货币伙伴网络和有利的国际制度体系,是国际货币形成稳固地位的两大国际政治基础。人民币作为后发货币,如果想要成功国际化,除了经济因素外,还需要通过政府外交力量争取更多的货币合作伙伴和创建支持人民币国际使用的国际制度体系,以夯实人民币崛起的国际政治基础。

部分学者对人民币国际化的可行性路径及前景预期进行了探讨。陈雨露(2015)[164]认为,人民币将借助"一带一路"在国际市场上获得更大发展空间,在大宗商品贸易、基础设施融资、产业园区建设、跨境电子商务等方面拥有更多的使用机会。潘功胜(2015)[165]认为,"一带一路"的实施将会激发人民币国际化使用的市场诉求,人民币国际化使用的领域和范围将得到进一步拓展。姜晶晶和孙科(2015)[166]认为,各币种能否成为外汇储备货币,除与宏观经济基础因素相关外,使用惯性及网络外部性也是关键影响因素。人民币要"走出去",除要夯实内部宏观基础外,还需把握外部契机。陆磊和李宏瑾(2016)[167]认为,货币国际化和储备货币地位的提高意味着更大的对外风险敞口和国际经济责任。人民币纳入SDR既是增强国际货币体系稳定性和韧性的重要举措,更是人民币国际化新的起点,对中国的金融改革开放提出了更高要求。Cui(2013)[168]认为,人民币国际化通过承担国际货币功能和扩大在全球金融系统使用两种途径来展开。人民币国际化的途径可以遵循从跨境贸易清算到区域性货币再到国际性货币的发展过程。人民币国际化经历着从结算货币、标价货币到储备货币的演变。

当前人民币国际化面临的挑战包括人民币流出与流入不对等、国内金融市场流动性有待加强、人民币汇率灵活程度不足、人民币可兑换性需要加强及资本账户有待进一步自由化等方面。Eichengreen(2011)[169]认为,美元国际化经验表明,货币国际化遵循在双边贸易结算中使用、在私人金融交易中使用及各国央行作为外汇储备持有三个阶段。他认为,由于中国当前资本账户仍处于渐进的开放进程,人民币国际化第二阶段将会面临更具渗透性的资本管控。中国建立具备深度和流动性的资本市场,则需要放开汇率浮动区间,以适应资本项目可兑换的过渡过程,并适应资本流量的规模及波动性的增加。Helleiner和Malkin(2012)[170]从国内部门团体利益诉求的角度,研究中美货币竞争的可能性。研究预计国内部门游说不会使美国政府担起大力捍卫美元地位的国际角色,从而不会对中国政府全面国际化人民币造成压力。未来的国际货币体系不会发生美国和中国之间日益激进的货币竞争。Lee(2014)[171]研究了亚洲货币在全球储备体系中的作用,并认为人民币具备成为新的国际储备货币的潜力。储备货币币种变更通常意味着经济或者政治力量的再平衡过程。Kwon(2015)[172]认为,世界第二大经济体的地位和超过3.9万亿美元的外汇储备可以极大地增强中国的货币力量。Spantig(2015)[173]认为,中欧之间更密切的政策协调被认为是在当前不对称的世界货币体系中对美元占优势地位的制衡因素。这将激励美国逐步收缩过度货币扩张。Aizenman(2015)[174]预计人民币商业国际化加速,但人民币金融国际化的收益被高估。目前中国经济由出口增长战略调整为海外直接投资战略,出口中国基建服务、中国金融服务、中国劳动力和中国高附加值资本品也是当前人民币国际化的组成部分之一。Eichengreen和Kawai(2014)[161]认为,人民币国际化可以分成人民币贸易结算、人民币标价投资、人民币债券发行以及人民币货币互换和直接交易等领域。

部分学者针对人民币国际化进程现状选取数据进行了实证研究。Batten和Szilagyi(2016)[175]利用全球银行间金融电信协会(SWIFT)

提供的跨境汇总数据发现,近年来人民币交易量明显增加,但仍集中在主要金融中心。中国企业在国际市场上占比越来越大,这些交易的规模促使研究人员重新评估人民币国际化的可能步伐以及作为替代锚货币的使用。Cheung 和 Yiu(2017)[176]使用国际清算银行 3 年期中央银行调查报告的外汇交易数据发现,离岸人民币交易活动受到东道国经济特点和该国与中国贸易联系的影响。Kawai 和 Pontines(2016)[177]研究发现,当前人民币并未削弱美元作为东亚地区主要货币的地位。Ito(2017)[178]提出并可用于人民币的货币国际化程度的量化分析框架,并得出未来人民币在亚洲乃至全球金融市场的份额将会增加。

也有部分学者通过理论模型对货币国际化进程的影响因素进行探讨。Devereux 和 Shi(2013)[179]通过模型表明,当多个币种之间交易技术成本高昂时,各国可以使用全球接受的货币作为交易媒介(即媒介货币),这在促进国际贸易的同时,还可以节约使用资源。Germain 和 Schwartz(2017)[180]认为,当前关于人民币国际化的争论忽略了人民币国际化的国内要求和国外要求,并通过理论模型表明本币国际化需要承担国内成本。Gupta 和 Goyal(2017)[181]构建货币国际化理论模型表明,国际化货币选择也有政治方面的影响因素,资本账户开放和货币稳定需与储备货币发行国贸易份额增长相适应。

部分学者针对人民币国际化从成本收益方面进行了探讨。Frankel(2012)[182]认为,拥有国际货币的好处是便利本国居民,增加本国银行等金融机构业务机会,享受铸币收益、政治权力及国家声望等。拥有国际货币的不利之处在于本国货币需求波动加大、本币平均需求增加及相应的国际责任负担等。Chey(2014)[155]认为,中国预计从人民币国际化中获得的主要潜在经济利益包括国际铸币税、国际收支逆差的增加与本国货币融资的能力的增强,并随之扩大了本国宏观经济的灵活性,降低货币错配风险。Helleiner 和 Malkin(2012)[170]研究认为,发行国际货币的好处是面值租金(Denomination Rents),降低本国居民交易成本,激励本国私营部门支持本币国际化。Hentov 和

Hoguet(2015)[183]认为,人民币国际化带来的好处是可以使用本币进行国内外融资、享受铸币税、降低交易成本、使用本币购入进口品,同时可以增强政策灵活性,借机发展金融市场、促进消费以及增强本国地缘政治声望。人民币国际化带来的成本是本币升值、出口竞争力下降、汇率波动增强、影响货币政策实施及对国际货币体系安排承担更多责任。

具体到双边货币互换协议的影响因素方面,国内外学者也进行了有关研究。Aizenman 和 Pasricha(2010)[184]指出,美联储提供双边货币互换的新兴市场国家选择标准是与美国的金融和贸易联系、高度的金融开放度和相对良好的主权信用历史。Garcia-Herrero 和 Xia(2015)[185]实证分析了中国选择人民币 BSA 合作伙伴的关键决定因素,其中重力模型中的引力因素占主导地位,地理位置距离中国更近及经济规模更大,则与中国签订 BSA 的可能性更大。此外,更密切的贸易联系也对中国选择 BSA 合作伙伴产生了积极影响。体制优势的作用并不显著,尽管中国似乎偏好具有主权违约历史和金融市场封闭的国家。Liao 和 Mcdowell(2015)[186]认为,中国与多个国家签订的 BSA 为国际流动性冲击提供金融隔离,并降低当地企业跨境交易的交易成本。实证分析发现,事实上的贸易相互依赖及通过优惠贸易协定(PTAs)和双边投资协定(BITs)在法律上的经济一体化增加了中国与合作伙伴之间 BSA 合作的可能性。BSA 是这些现有协议的自然延伸,它们代表了进一步减少跨境贸易和直接投资障碍的国家层面的正式合作。Eichengreen 和 Lombardi(2017)[187]认为,人民币会像欧元成为欧元区主导型货币一样成为亚洲区域主导型货币。中国政府关于签订自由贸易区(FTA)、双边投资协议(BIT)以及双边货币互换协议(BSA)的努力,将会使得人民币国际化进程由贸易结算货币逐步向投资货币及各国央行储备资产不断发展。Lin 等(2016)[188]发现,经济因素、政治考虑和体制特征,其中包括贸易集中度、经济规模、战略伙伴关系、自由贸易协议、腐败与稳定程度等因素影响双边互换协议的签订,双边货币互换协议规模主要取决于贸易集中度、经济规模和是否签订自由贸易协议。

综上所述,目前有关政治经济学因素对我国BSA签订影响因素的理论与实证研究并不多,目前对人民币储备需求的驱动因素方面,无论是理论研究还是实证研究都较少。因此,本书首先选择选择政治、经济及地理方面的解释变量,实证考察分析国际秩序偏好、政治外交合作、贸易投资联系、贸易投资一体化等因素对中国签订BSA的影响,以期为我国货币当局BSA的进一步推进提供数据基础和有针对性的政策建议。与已有文献相比,本书关注了政治经济学因素和政治外交合作因素对我国双边货币互换协议的影响,是对已有研究角度的完善和补充。本书选择反映国际政治经济力量的主要因素,实证考察分析国际秩序偏好、传统进口交易需求、央行储备资产投资最优组合需求、出于经济依赖的工具考量需求、金融稳定需求等因素对人民币储备需求的影响。与人民币国际化已有研究相比,本书具有如下特征:一是关注了人民币储备需求的驱动因素,目前关于这方面的研究还较少;二是从政治、经济、地理因素等多角度进行研究,是对现有人民币储备需求研究的完善和有益补充。

第七节 已有研究评述与本书研究视角

综上所述,已有关于外汇储备规模需求方面的研究,多数集中在外汇储备规模是否适度、外汇储备规模与主权债务及短期资本流动的关系等方面;在外汇储备与金融稳定方面,已有研究多数关注金融危机前后外汇储备规模对新兴市场经济体和发展中国家金融经济的稳定性作用。从货币政策外溢效应考察外汇储备金融稳定规模需求的研究还不多,已有研究缺乏从货币政策外溢效应的角度对外汇储备金融稳定规模需求影响因素的综合考察。

在梳理已有文献的基础上,本书认为,外汇储备的金融稳定需求主要是指能够满足应对或者预防经济金融不利事件的储备规模需求。外汇储备的金融稳定需求的内涵包括以下内容:一是外汇储备的金融稳定需求具有区间性,外汇储备金融稳定需求应是在一个合理的区间内波动和调整的储备规模。二是外汇储备的金融稳定需求具有时变性,外汇储备的金融稳定需求随着经济时势不同而变动。三是外汇储备的金融稳定需求随势而变,根据不同外生冲击类型,其需求规模也有不同。四是外汇储备的金融稳定需求具有非线性。外汇储备规模过多,会带来巨大的持有成本和风险敞口;外汇储备规模不足,则不利于满足各种经济金融不利冲击下的出于金融稳定目标的储备需求。外汇储备的金融稳定需求应当是能够以最小成本达成金融稳定目标的储备规模需求。五是外汇储备的金融稳定需求与其他角度的储备需求具有动态转换的特征。经济平稳时期的外汇储备规模主要是为了满足常规国际交易需求,而金融动荡时期的外汇储备规模则主要是出于金融稳定目的。外汇储备的金融稳定需求规模的维持应该是一个动态调整的过程。

因此,本书以外汇储备的金融稳定规模需求为切入点,分别基于发达经济体货币政策外溢效应与新兴市场经济体本币国际化带来的货币政策外溢效应的视角,考察以中国为代表的新兴市场经济体外汇储备金融稳定规模需求的动态调整过程以及外汇储备金融稳定需求的结构转型。第三章在对货币政策外溢效应与外汇储备规模需求进行概述之后,根据 IMF 因子度量法对中国外汇储备的金融稳定规模进行了测算。第四章对发达经济体货币政策外溢效应对其他经济体外汇储备金融稳定需求的影响进行了理论建模。第五章对发达经济体货币政策外溢效应对其他经济体外汇储备规模的影响进行了实证检验。第六章对外汇储备维持金融稳定的作用机制进行了理论分析和实证检验。第七章则是从本国货币政策外溢效应对一国外汇储备规模的优化作用出发,基于金融稳定视角,对货币国际化程度对一国外汇储备规模需求的影响进行了理论解释,同时实证检验了外汇储备规模影响因素从传统交易需求到金融稳定需求的结构转型以及货币国际化程度对一国外汇储备规模需求的优化作用。第八章和第九章分别就人民币国际化进程中的两个关键问题进行研究,实证检验了双边货币互换协议和人民币作为国际储备的需求的驱动和影响因素。

第三章　货币政策外溢效应与外汇储备金融稳定需求概述

第一节　主要发达经济体货币政策外溢效应概述

随着金融全球化的不断加深,全球主要发达经济体货币政策的外溢效应不断增强。以美联储加息为标志的主要发达经济体的货币政策外溢效应为新兴市场经济体和发展中国家带来金融风险。从历史上看,美联储的加息周期往往伴随区域性或者全球性金融危机,如图3-1所示。从1997年亚洲金融危机开始,全球及区域性金融危机频繁爆发,如2008—2009年全球金融危机,2010—2012年欧洲主权债务危机,2013年美联储"削减恐慌"(Taper Tantrum)[①],2015年年末到2016年年初人民币贬值压力,以及2018年阿根廷比索、土耳其里拉、巴西雷亚尔、印度卢比及俄罗斯卢布等新兴经济体货币出现贬值等。当前正值主要发达经济体退出量化宽松阶段启动加息周期。美元等国际货币流动性回撤,短期资本外流,导致新兴市场经济体外汇储备外源枯竭;本国居民出于安全性考虑将本币资产转换为美元资产,引发外汇储备内源不足。加息周期引发的金融压力和外汇储备规模需求,成为新兴市场经济体货币当局亟须考虑和解决的问题。

主要发达经济体的加息政策主要通过短期利率上调推升长期利

---

① 2013年5月,时任美联储主席Ben S. Bernanke暗示美联储即将削减债券购买量,全球债券市场陷入恐慌,政府债券遭受重创。市场曾用"削减恐慌"来形容美联储2013年暗示考虑放缓扩充资产负债表速度的举动。

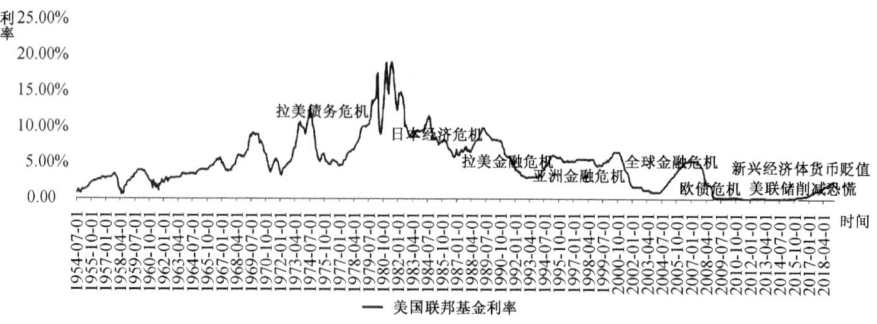

图 3-1 美联储加息周期与金融危机

数据来源：Federal Reserve Bank of St. Louis。

率，进而导致实体经济融资成本上升、家庭偿债压力增加，从而弱化投资能力和消费意愿。全球经济复苏可能会由于主要发达经济体加息过于激进而承压（中国人民银行，2018[189]）。主要发达经济体的货币政策外溢效应对新兴市场经济体的负面影响更加显著。发达经济体加息导致新兴市场经济体和发达经济体之间的相对利率降低，资金回流发达经济体，进而对新兴市场经济体产生负面溢出效应。外债规模越大、经济基本面越薄弱的新兴市场经济体受到主要发达经济体货币政策外溢效应的负面影响越大。

IMF（2018）[15]认为，新兴市场经济体近年来经济基本面有所改善，但仍易受到发达经济体货币政策正常化的溢出影响。随着美国利率上升、美元升值以及贸易紧张局势加剧，一些新兴市场经济体出现证券投资净流出现象。因此，针对当前主要发达经济体进入货币政策正常化周期，以及美元为首的主要国际货币仍有利率上升空间的现实，对以美元加息为首的加息周期的货币政策外溢效应，货币当局仍然需要在强化宏观审慎监管和货币政策的双支柱政策，以及确保适度充足的外汇储备规模之间审慎权衡，最大限度缓解主要发达经济体货币政策外溢效应的负面影响。

由图 3-2 可以看出，自 2008 年全球金融危机发生以来，中美一直保持了一定程度的利差，这有利于中国吸引短期资本流入。随着 2015 年年末美联储启动加息进程，中美利率联动效应明显增强。从

2018年开始,中国跟随美国加息的步骤出现放缓趋势。2018年下半年,货币当局已通过放松货币政策来抵消外部压力以及金融监管收紧的影响,中国金融状况保持基本稳定。长期来看,中美利差有明显的收窄趋势。

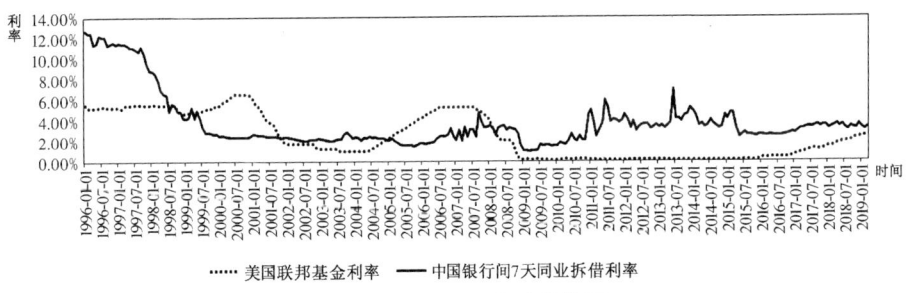

图 3-2 中美利差变动趋势图

数据来源:FRED/CEIC。

第二节 我国外汇储备规模概述

一、全球外汇储备规模变动趋势

外汇储备作为一国金融稳定资产,其全球规模呈现稳步增加趋势,如图 3-3 所示。随着金融全球化的发展,全球经济体的跨境联系增强,短期资本流动频繁和波动性增加,经济不确定性也随之增加。作为短期内有效应对金融波动的金融稳定资产,近年来,全球外汇储备规模呈现出新兴市场经济体和发展中经济体大幅增加,发达经济体也有所增加的特征。

二、我国外汇储备规模的历史回顾

图 3-4 显示了 1950—2018 年我国储备规模和年度增长率的变动趋势。总体来看,随着经济不断发展,我国的外汇储备规模也经历了一个从极度短缺到稳步增长,再到近年来向最优规模波动收敛的动态调整过程。1950—1978 年,外汇储备规模很小,其均值不足 2 亿美元。

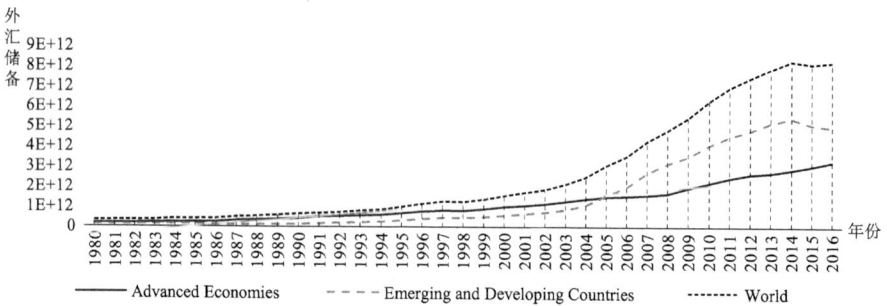

图3-3 1980—2016年全球外汇储备规模走势(金额单位：SDR)

数据来源：IMF IFS。

从1978年改革开放到1993年人民币汇率形成机制改革之前,我国外汇储备规模呈现波动性变化,年均值不足100亿美元。从1994年人民币汇率形成机制改革到2014年,中国的外汇储备规模进入稳步增长阶段。1996年中国的外汇储备规模首次超过1 000亿美元,为1 050.29亿美元;2006年首次超过10 000亿美元,为10 663.44亿美元。1994—2016年,中国的外汇储备规模年均增速为38.39%。2009年,中国外汇储备规模首次超过2万亿美元,为23 991.52亿美元。2011年年底,中国的外汇储备规模首次超过3万亿美元,为31 811.48亿美元,占全球外汇储备总规模的30.3%。2014年年末,中国的外汇储备规模达到历史新高点,为38 430.18亿美元。

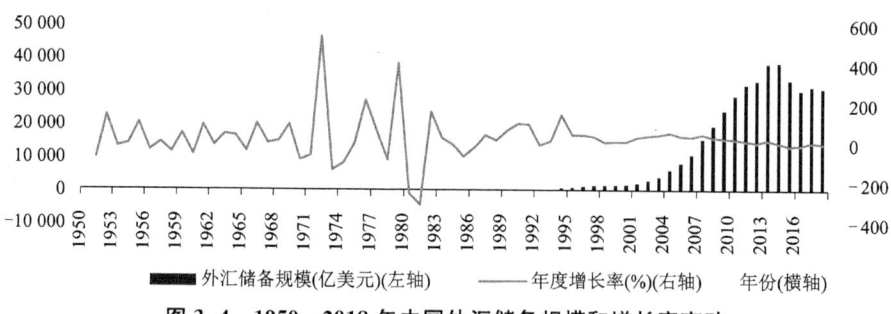

图3-4 1950—2018年中国外汇储备规模和增长率变动

数据来源：中国人民银行及国家外汇管理局官网。

观察中国外汇储备规模的历史变动可以发现两个特点。第一个特点是外汇储备规模的变动与人民币汇率形成机制的改革密不可分。

自改革开放以来,人民币汇率形成机制经历了不断完善的曲折前进的过程。相应的,外汇储备规模也经历从短缺到增长到向最优规模持续收敛的调整过程。可以看出,随着人民币汇率形成机制的改革,外汇储备规模也经历了以下几个阶段的变化过程。

第一个阶段是 1949—1993 年。这一期间人民币汇率形成机制处于由计划经济转向市场经济的探索阶段,人民币汇率与外汇储备规模的联动性不强。外汇储备规模较小,处于比较短缺的阶段。第二个阶段是 1994—2005 年,这一阶段对外贸易与外商直接投资大幅增加,外汇储备大规模增长。第三个阶段是 2005—2014 年,除了 2008—2010 年全球金融危机期间出于金融稳定目的实施固定汇率安排之外,我国继续实施管理浮动汇率安排。在此阶段,中国经济稳健发展和国际收支"双顺差",储备规模以递减速度持续增长,人民币汇率变动与外汇储备规模相关性逐渐增强。第四个阶段是 2015 年至今,外汇储备规模波动中向最优规模收敛。在此阶段,我国实施管理浮动汇率安排,并在 2015 年 8 月调整人民币对美元汇率中间价报价机制,同时根据具体经济形势,适时适度采取逆周期因子调节。截至 2018 年年末,外汇储备规模达 3.07 万亿美元,同比减少 672.37 亿美元。内部原因是国内经济处于新旧动能转换阶段,外部原因是受到以美联储加息为代表的全球货币政策正常化周期带来的货币政策外溢效应的影响。

第二个特点是金融危机明显降低外汇储备规模增速,如图 3-5 所示。1994—2014 年涵盖 1997 年亚洲金融危机、2008 年全球金融危机、2010—2012 年欧洲主权债务危机和 2013 年美联储削减恐慌等区域或全球金融危机时段,每次金融危机发生后,外汇储备规模增速均明显下降,但外汇储备规模仍然维持了增长趋势。从增速数据来看,在 1997 年亚洲金融危机期间,中国外汇储备规模年均增速由约 40% 下降到约 5%。在 2008 年全球金融危机期间,中国外汇储备规模年均增速由约 36% 下降到约 20%。在 2010—2012 年欧洲主权债务危机期间,中国外汇储备规模年均增速由约 25% 下降到约 8%。2013 年美联储削减恐慌则使中国外汇储备年均增速由约 8% 下降到不足 1%。但在金融危机期间,中国外汇储备规模仍然保持了增长。从 2014 年年初到 2016 年年初,中国外汇储备规模连续两年下降。

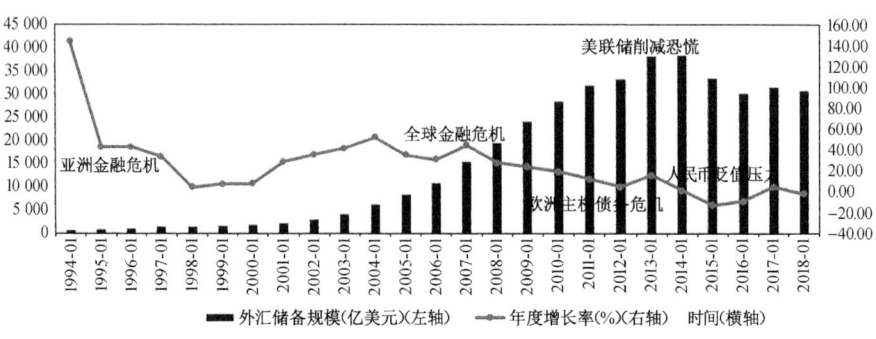

图 3-5　金融危机与我国外汇储备规模变动

数据来源:国家外汇管理局。

值得注意的是,2015 年年末开始的美元加息压力下,人民币出现贬值压力,我国外汇市场跨境资本流动规模加大,外汇储备发挥了平抑外汇市场波动和维持金融稳定的重要作用。从 2015 年 8 月中国人民银行宣布调整人民币对美元汇率中间价报价机制到 2015 年年末,为应对美元加息预期带来的人民币汇率贬值压力,中国人民银行启动自 1997 年亚洲金融危机后的首次大规模外汇市场干预,稳定人民币汇率。2015 年全年,我国外汇储备下降 5 127 亿美元,自 2015 年 8 月份人民币汇率形成机制改革以来到 2015 年年末,中国外汇储备减少 3 200 亿美元,其中,12 月下降 1 079 亿美元。

从以上分析可以看出,为应对外生金融压力,货币当局可以立即动用的金融稳定资产,外汇储备规模通过外汇市场干预稳定汇率目标或者目标浮动区间,发挥了平抑外汇市场波动和促进金融稳定的主要作用。

三、我国外汇储备规模供给压力初显

随着主要发达经济体先后进入货币政策正常化周期,新兴市场经济体为稳定本币汇率和缓解资本外流压力,外汇储备的规模需求不断增加。与不断增加的外汇储备规模需求相对应,我国外汇储备供给来源压力初显。自1978年至今,我国的外汇储备规模经历了快速增长后向最优规模波动收敛的过程。截至2018年年末,我国外汇储备为3.07万亿美元[①]。

对于实行固定汇率或者管理浮动汇率安排,长期采取出口导向型战略的新兴市场经济体而言,外汇储备的来源首先是出口导向型战略带来的贸易顺差在结售汇安排下最终由央行持有;其次是长期以来的吸引外资政策带来的外商直接投资(foreign direct investment,FDI);最后是短期资本流入。从图3-6可以看出,出口结汇长期以来成为我国外汇储备的主要来源。然而自2008年全球金融危机后,我国贸易顺差明显下滑,到2011年出现后危机时代的贸易顺差最低点,只有1 819.03亿美元;2015年转好后,2016年再次下降。这可能是由于2015年年末美元启动加息周期,全球经济进入紧缩周期,从而在2016年的贸易顺差中有所反映。由于长期政策鼓励和配套措施的激励作用,自我国改革开放以来,FDI的稳定流入成为外汇储备的另一个来源。但2008年后,FDI呈现下降趋势,2016年FDI首次为负值,为-416.75亿美元,这表明了人民币贬值预期下资本出现外流趋势。外汇储备的第三个来源是短期资本流动。图3-6直接使用我国国际收支平衡表中的净误差与遗漏项作为短期资本流动的代理变量。1997年亚洲金融危机后短期资本一直呈现流入状态。2008年后,短期资本流动呈现波动流出状态。2016年全年短期资本流出达到历史高点2 227.08亿美元。因此,从中短期来看,我国外汇储备供给来源不容乐观。从外汇储备的需求角度来看,无论是逐年增加的进口需求还是出于防范金融风险的预防性审慎动机的金融稳定需求,在当前的管理浮动汇率安排下,无一不需要外汇储备的充足规模作为保障经济金融稳定运行的强力后盾。因此,如何加强外汇储备规模管理,满足金融稳定需求,已经成为当前经济形势下十分重要的研究课题。

---

① 数据来自中国人民银行《2018年第四季度中国货币政策执行报告》。

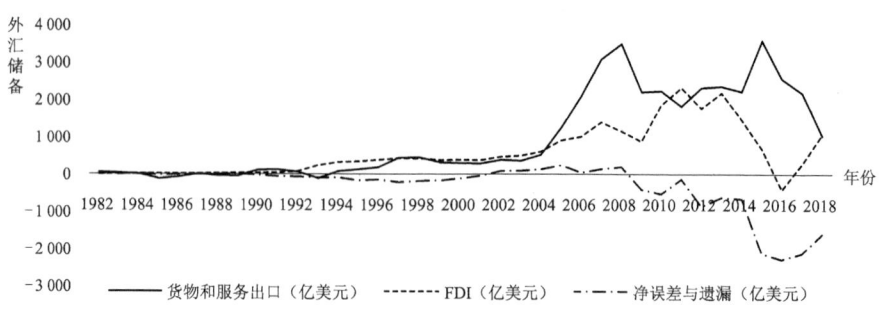

图 3-6　我国外汇储备主要来源走势

数据来源：国家外汇管理局官网。

四、我国外汇储备规模与中美相对利率变动

图 3-7 显示了中国外汇储备规模与中美相对利率（美国联邦基金利率与中国银行间 7 天同业拆借利率之差）变动趋势。以 2008 年全球金融危机发生时点为分界点，外汇储备规模和中美相对利率的联动性发生明显变化。2008 年全球金融危机发生前，外汇储备规模与中美相对利率的联动性较差；2008 年全球金融危机发生后，外汇储备规模与中美相对利率的联动性明显增强，且呈现明显的同向变动趋势。外汇储备在维持中美相对利率、缓解资本外流方面，发挥了重要作用。

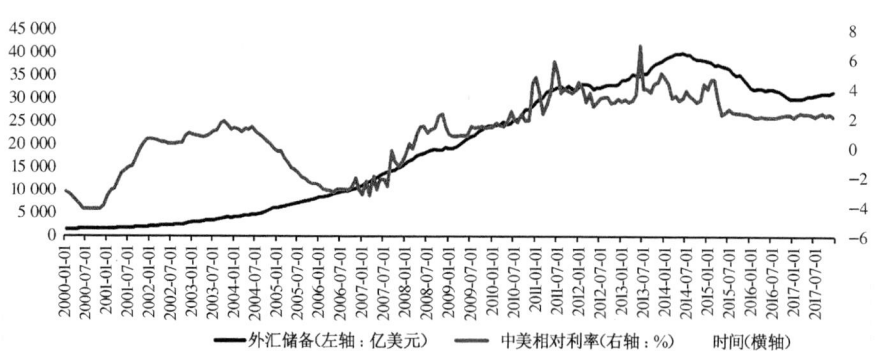

图 3-7　外汇储备规模与中美相对利率变动趋势

数据来源：国家外汇管理局、CEIC、FRED。

五、我国外汇储备金融稳定需求规模的静态测算

本书参考 IMF(2015)[190]对我国外汇储备的金融稳定需求规模进行了测算。选取的因子有短期外债、短期资本流动、进出口贸易总额和广义货币发行量四个因子,参考 IMF 因子度量法设定的权重分别如表 3-1 所示。本书测算出不同汇率安排下中国外汇储备的金融稳定需求规模与外汇储备实际规模对比如图 3-8 所示。在 1997 年亚洲金融危机发生之前,我国外汇储备实际规模与外汇储备金融稳定需求规模差距不明显。1997 年亚洲金融危机发生之后,中国外汇储备规模显著增长,出于金融稳定目标的外汇储备规模也呈现出逐年增长的趋势,且两者的同向变动有所增强。2015 年美元启动加息周期之后,中国外汇储备规模与管理浮动汇率安排下外汇储备的金融稳定规模呈现出趋同变动趋势。由于自由浮动汇率安排下无需外汇储备干预外汇市场,自由浮动汇率安排下外汇储备的金融稳定规模需求明显小于固定汇率安排。以 2017 年为例,管理浮动汇率安排下中国的外汇储备金融稳定规模为 2.98 万亿美元,浮动汇率安排下则为 1.97 万亿美元。考虑到我国当前实施的管理浮动汇率制度安排,2.98 万亿美元是较为合适的外汇储备金融稳定规模估计值。这也是外汇储备规模跌至 3 万亿美元以下时,面对发达经济体货币政策外溢效应的压力,中国人民银行开始使用调整基准利率、采取适度资本管控、加入逆周期调节因子调整人民币中间价形成机制等措施,缓解外汇储备金融稳定规模需求的原因。

表 3-1　中国外汇储备金融稳定需求规模的测算因子及权重

项目	短期外债	短期资本流动	进出口贸易	广义货币发行量
管理浮动汇率安排权重	0.3	0.15	0.05	0.08
自由浮动汇率安排权重	0.3	0.1	0.025	0.05

货币政策外溢效应视角下外汇储备的金融稳定需求研究

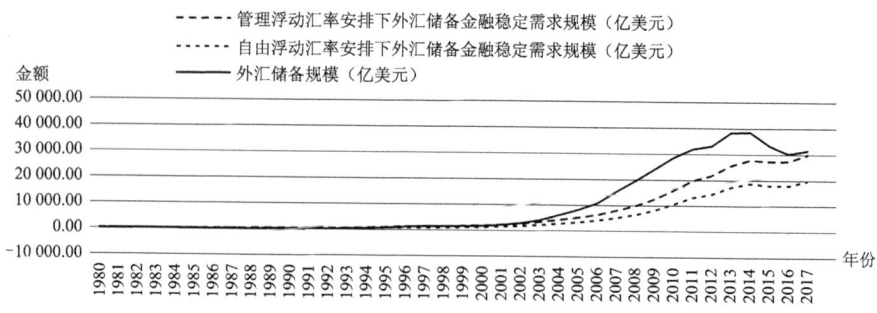

图 3-8 中国外汇储备金融稳定需求规模与外汇储备实际规模

第三节 货币国际化程度与外汇储备规模需求

一、货币国际化程度优化外汇储备规模的国际经验

图 3-9 和图 3-10 分别显示了美元和日元国际化程度与外汇储备规模的变动趋势。由此可以发现，从承担储备货币功能角度（某国际货币外汇储备金额占全球已分配外汇储备总金额的比例）考察的货币国际化程度与外汇储备规模维持了明显的负向关系。这表明货币国际化带来的货币政策外溢效应有利于缓解外汇储备的规模需求。

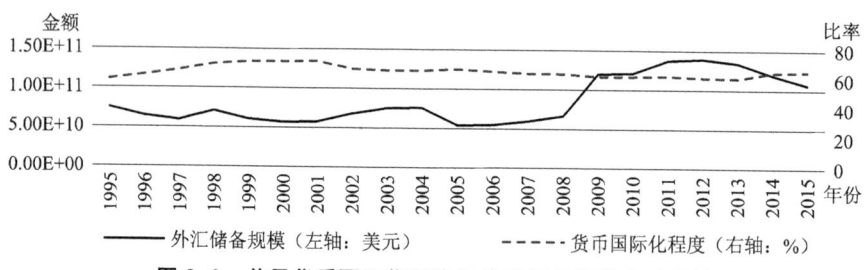

图 3-9 美元货币国际化程度与外汇储备规模变动趋势

数据来源：IMF IFS。

二、人民币储备货币功能逐步显现

针对以美国为首的主要发达经济体货币政策外溢效应不断增强，

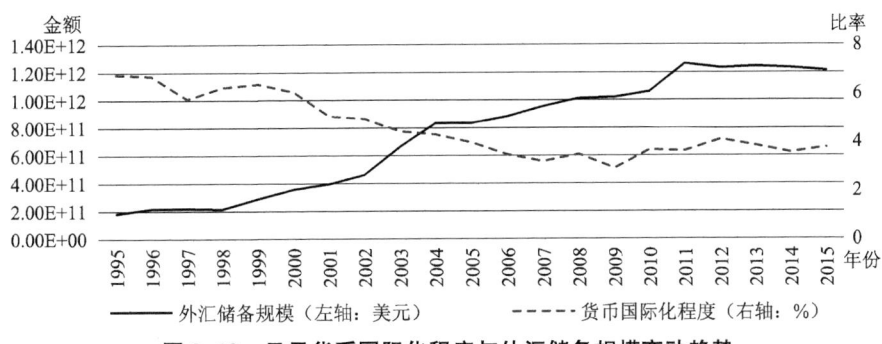

图 3-10 日元货币国际化程度与外汇储备规模变动趋势

数据来源：IMF IFS。

人民币在双边贸易投资结算中使用范围不断扩大的事实，自 2009 年以来，按照党中央、国务院的决策部署，我国开始以贸易投资便利化、自由化为重点，建立健全便利人民币跨境和国际使用的政策框架和基础设施，从而促进本币国际使用的人民币国际化进程。通过人民币国际化，我国货币政策外溢效应增强，我国货币政策的独立性和自主性也随之增加。2016 年 10 月 1 日，人民币正式纳入国际货币基金组织 SDR 货币篮子。自 2018 年以来，人民币跨境使用政策进一步优化，相关基础设施继续完善，人民币国际化取得新进展。近年来，人民币在跨境贸易结算和直接投资中的使用份额逐年扩大，投融资货币功能持续深化，储备货币功能逐渐显现。2018 年 3 月 26 日，以人民币计价结算的原油期货正式挂牌交易，这有助于推动人民币成为大宗商品计价结算货币，促进人民币在全球贸易中的使用。

随着人民币国际化进程稳步推进，人民币储备货币功能逐步显现，人民币储备需求不断增加。自 2009 年我国推行人民币国际化以来，人民币储备货币功能逐渐显现。2016 年人民币正式纳入 IMF 的 SDR 货币篮子。根据 IMF 数据，2017 年第 4 季度末，人民币外汇储备规模增至 1 228 亿美元，在整体已分配外汇储备中占比 1.23%，2016 年第 4 季度末则为 1.08%。

从一国货币迈出国际化的第一步到逐步成为国际储备货币是一个循序渐进的过程。人民币承担国际储备货币功能也经历了逐步发展的过程。挪威最早在2006年纳入人民币储备。此后直到2010年,包括白俄罗斯、中国香港和马来西亚等国家和地区的货币当局开始投资人民币储备资产。截至2018年第1季度末,共有60多个国家和地区将人民币纳入外汇储备[①],如图3-11所示。随着人民币储备功能的逐步显现,人民币储备需求的不断增加,我国的外汇储备金融稳定规模需求也面临着向最优规模波动收敛的优化和调整过程。

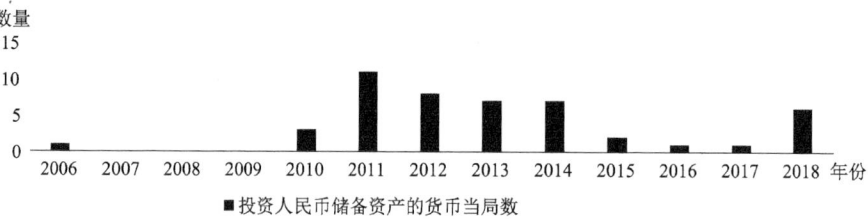

图3-11　2006—2018年第1季度末新增投资人民币储备资产的货币当局数

数据来源:货币当局公开新闻信息。

---

① 数据来自中国人民银行《2018年第一季度中国货币政策执行报告》及媒体信息。

第四章 发达经济体货币政策外溢效应与外汇储备金融稳定需求：一个理论框架

第一节 引　言

第三章对发达经济体货币政策外溢效应、货币国际化带来的本国货币政策外溢效应与我国外汇储备规模进行了回顾，并对中国的外汇储备金融稳定需求规模进行了静态测算。本章通过一个宏观经济动态随机一般均衡模型，考察发达经济体货币政策外溢效应对以中国为代表的新兴市场经济体的金融体系和实体经济的整体影响，并对发达经济体货币政策外溢效应下中国的外汇储备金融稳定需求规模的动态调整进行数值模拟。

随着金融全球化的不断发展，开放经济下货币政策的外溢效应不容轻视。当前主要发达经济体逐步退出量化宽松阶段，先后进入以加息为标志的货币政策正常化时期。由于发达经济体在全球经济中占主导地位，其货币政策对其他经济体存在很强的外溢效应。当主要发达经济体进入加息周期时，由于短期资本抽离回流，其他经济体货币就会面临贬值压力甚至出现较大幅度贬值，新兴市场经济体及发展中国家受到的影响尤为明显。从历史来看，美元加息周期往往引发区域性或全球性金融危机。1982年拉美债务危机、1994年墨西哥金融危机、1997年亚洲金融危机、1998年俄罗斯金融危机、1999年巴西金融危机及2008年全球金融危机，无一不与美元加息周期密切相关。

面对美元加息周期,我国正处于新常态下的经济结构调整关键时期,央行既面临着开放经济下货币政策协调的"三难"问题,又面临着当前经济背景下货币政策在促进国际收支均衡和维持金融稳定保障实体经济发展之间动态权衡的"两难"问题。适逢央行 2015 年 8 月 11 日宣布调整人民币对美元汇率中间价报价机制后(以下简称"811 汇改"),人民币贬值预期凸显的时刻,美联储于 2015 年 12 月 17 日启动新一轮加息周期并首次上调其联邦基金利率 25 个基点。为应对人民币贬值预期,中国人民银行采取自 1997 年亚洲金融危机后的首度大规模外汇市场干预,稳定人民币汇率。2015 年,我国外汇储备规模下降 5 127 亿美元,仅"811 汇改"以来到 12 月末,外汇储备减少 3 200 亿美元,其中 12 月降幅达 1 079 亿美元①。以上事实表明,在人民币遭遇贬值预期时,面对预期外的临时性外生加息冲击,维持汇率相对稳定需要适度外汇储备规模需求。然而自本轮美元加息以来,受全球流动性收紧预期的影响,我国外汇储备来源压力凸显,新一轮加息周期对储备规模需求形成巨大挑战。因此,中国人民银行根据加息时我国经济具体运行情况灵活运用利率政策和汇率安排的组合及时做出政策应对。为应对 2016 年 12 月 16 日美联储加息,中国人民银行调高中期借贷便利(Medium-term Lending Facility,MLF)利率 10 个基点;为应对 2017 年 3 月 15 日加息,中国人民银行调高资金公开操作利率 10 个基点;为应对 2017 年 6 月 15 日加息,中国人民银行在美联储加息前上调人民币兑美元中间价,同时在维持公开市场利率不变的情况下,向公开市场净投放流动性 900 亿元。可以看出,随着美元加息的合理预期逐步形成,中国人民银行的利率政策和汇率安排的政策组合应对也更趋合理,面对加息冲击,其货币政策操作的前瞻性和主动性也不断增加。

因此,应对美联储加息周期和流动性收紧计划,选择适当的利率规则和汇率安排的政策组合并相机调整,在短期内稳定汇率目标或目

---

① 数据来自国家外汇管理局官网。

标浮动区间,维持金融稳定,从而在中长期内促进实体经济发展和产业结构调整升级,就显得尤为重要。而外汇储备作为应对金融压力时的"战争基金①"(Keynes,1913[2]),则是一国货币当局必不可少的金融稳定资产。协调利率规则与汇率安排,在实体经济和金融稳定、国内经济发展和国际收支平衡之间进行动态权衡,合理规划储备需求,稳定汇率目标或目标浮动区间,使货币当局能够有较大的权衡空间,能够在保持汇率相对稳定的同时,尽量维持利率政策的回旋余地,且在短期内不对实体经济造成较大的不利影响,为实体经济发展创造良好金融环境,成为有必要进一步研究的重要问题。

本章的主要贡献如下:一是有别于现有研究(梅冬州和龚六堂,2011[129])使用单一利率规则的货币政策设定,本章结合我国货币政策和汇率安排实际情况,将货币政策设定为钉住通胀目标、产出缺口和汇率目标的利率规则,及将汇率规则设定为基于外汇市场干预实施固定汇率安排或管理浮动汇率安排等两种政策规则,通过变换参数比较利率规则和汇率安排的不同组合下以外生加息冲击为标志的发达经济体货币政策外溢效应对我国金融稳定和实体经济的影响及政策权衡;二是本章将不同政策规则组合纳入包含金融加速器机制的 NK-DSGE 框架内,通过为经济主体信贷关系建模使得模型较大程度拟合经济周期中的资产负债表效应;三是从当前以加息周期为标志的主要发达经济体的货币政策外溢效应出发,分别研究比较短期临时性加息冲击和长期持续性加息冲击下金融经济整体的反馈机制区别,从而为货币当局的政策权衡和外汇储备的规模需求管理提供有针对性的建议。

本章后续内容如下:第二节是理论模型,第三节是参数校准估计和数值模拟分析,第四节是参数敏感性分析和利率规则设定的稳健性检验,第五节是福利损失分析,第六节是本章小结。

---

① Keynes 认为,一国持有储备是为了将其作为战争基金,以确保该国能对短期对外债务未预料到的或暂时性的波动不致过度敏感。

第二节 理 论 模 型

模型的研究对象包括家庭、企业体系、央行、商业银行、对外部门及政府。根据我国经济运行特征,在结售汇制度下,企业出口换汇可售给商业银行再由其转售央行,央行积累外汇储备 F 的同时发行流通中货币,即外汇占款。为抵消市场整体流动性变化,央行进行公开市场业务操作,以商业银行为交易对手卖出央行债券 O。假定商业银行通过国外融资 B[①] 和家庭存款 D 维持运营,并根据央行政策利率调整商业存贷款利率向企业和家庭发放贷款 L_e、L_h 和吸收存款 D。从资产负债表的角度来看,央行资产为外币价格表示的外汇储备 F,负债为本币价格表示的债券 O;商业银行资产为债券 O 和贷款 L,负债为家庭存款 D 和外币价格表示的国外融资 B;家庭资产为银行存款 D 及利息收入、央行现金流转移 CF^{CB} 以及商业银行及企业的利润转移之和 Π,负债为商业银行发放的贷款 L_h 及利息支出;企业体系整体资产为企业净值 N,负债为商业银行贷款 L_e 及利息支出。本国整体外部负债为 $B-F$,资金运营关系是 $L-D=S \cdot (B-F)$,其中 S 是直接标价法下的名义汇率。各主要经济主体简化资产负债表见表 4-1。

表 4-1 各主要经济主体简化资产负债表

中央银行		商业银行		家庭		企业	
资产	负债	资产	负债	资产	负债	资产	负债
F	O	O L	B D	$(1+j_D)D$ CF^{CB} Π	$(1+j)L_h$	N	$(1+j)L_e$

(一) 家庭

家庭提供劳动 H_t 和进行消费 C_t,从银行获得贷款 $L_{h,t}$ 并将储蓄

[①] 根据国家外汇管理局《2017 年国际收支报告》,银行部门外债余额增长是我国外债总规模增长主因。2017 年年末银行部门外债余额较上年年末上升 40%,占外债总规模增长的 82%。

以银行存款 D_t 形式持有。其最优化问题表示为(4-1)式及其跨期预算约束(4-2)式。其中，P_t 是价格，W_t 是名义工资，j_t 和 $j_{D,t}$ 是商业银行贷款利率和存款利率，Π_t 是家庭从商业银行和企业获得的投资利润，CF_t^{CB} 是央行对家庭的现金流转移，T_t 是政府征收的定额税。$\Psi_D(D_t/P_t)$ 和 $\Psi_L(L_{h,t}/P_t)$①是为模型稳态考虑参考 Schmitt-Grohé 和 Uribe(2003)[191]加入的家庭存贷款调整成本函数。消费 C_t 由用于国内消费的非贸易品 $C_{n,t}^H$ 和进口消费品 C_t^F 通过(4-3)式组成，ω_n 是用于消费的非贸易品权重参数。本国消费品价格指数的计算公式为(4-4)式，其中 $P_{n,t}^H$ 和 P_t^F 分别是本国产非贸易品价格和进口品本国价格。CPI通胀率 π_t 的计算公式为(4-5)式。

$$\max E_t\left\{\sum_0^\infty \beta^t[\ln(C_t)-\psi_H\cdot H_t^{1+\phi}/(1+\phi)]\right\} \quad (4\text{-}1)$$

$$\begin{aligned}P_tC_t-L_{h,t}=&-j_{t-1}L_{h,t-1}+W_tH_t+CF_t^{CB}+\Pi_t\\&+j_{D,t-1}D_{t-1}-D_t-T_t-P_t\Psi_L(L_{h,t}/P_t)\\&-P_t\Psi_D(D_t/P_t)\end{aligned} \quad (4\text{-}2)$$

$$C_t=(\omega_n)^{-\omega_n}(1-\omega_n)^{-(1-\omega_n)}(C_{n,t}^H)^{\omega_n}(C_t^F)^{1-\omega_n} \quad (4\text{-}3)$$

$$P_t=(P_{n,t}^H)^{\omega_n}(P_t^F)^{1-\omega_n} \quad (4\text{-}4)$$

$$\begin{aligned}\pi_t&=\omega_n[\log(P_{n,t}^H)-\log(P_{n,t-1}^H)]+(1-\omega_n)[\log(P_t^F)\\&\quad-\log(P_{t-1}^F)]\\&=\omega_n\pi_{n,t}^H+(1-\omega_n)\pi_t^F\end{aligned} \quad (4\text{-}5)$$

(二) 企业

企业体系包括资本品生产商、中间品生产商和零售商。资本品生产商生产资本并以可变价格出售；中间品生产商根据企业净值多少决定外部融资难易的金融加速器机制融资生产中间品并将其转售零售

---

① $\Psi_D(D_t/P_t)=-spread*D_t/P_t+1/2*\tilde{n}^*(D_t/P_t-\overline{D/P})^2$，$\Psi_L(L_{h,t}/P_t)=1/2*\tilde{n}^*(L_{h,t}/P_t-\overline{L_h/P})^2$。$spread$ 表示两者利差参数。

商;零售商从国内中间商处购买中间品,从国外进口产品,包装后进行相同价格加成后销售。

1. 资本品生产商

资本 K_t 的动态方程为(4-6)式,δ_K 代表资本折旧率,投资 I_t 由国内投资品 I_t^H 和进口投资品 I_t^F 通过(4-7)式组成,其中 ω_I 是国内投资品权重参数。(4-8)式为给定 $\Phi(I_t/K_t)$①的具体形式,求解资本品生产商的利润最大化问题可得资本品的价格 Q_t。本国投资品总体价格指数的计算公式为(4-9)式,此处假设国内投资品价格和进口投资品价格分别是 $P_{n,t}^H$ 和 P_t^F。

$$K_{t+1} = \Phi(I_t/K_t)K_t + (1-\delta_K)K_t \tag{4-6}$$

$$I_t = (\omega_I)^{-\omega_I}(1-\omega_I)^{-(1-\omega_I)}(I_t^H)^{\omega_I}(I_t^F)^{1-\omega_I} \tag{4-7}$$

$$Q_t = [\Phi'(I_t/K_t)]^{-1}P_{I,t}/P_t \tag{4-8}$$

$$P_{I,t} = (P_{n,t}^H)^{\omega_I}(P_t^F)^{(1-\omega_I)} \tag{4-9}$$

2. 中间品生产商

中间品生产商加总后生产函数为(4-10)式。Y_t 是加总产出,K_t 是 $t-1$ 期购入资本,H_t 是 t 期投入劳动,A_t 是外生技术参数。企业劳动需求方程为(4-11)式,$X_t = P_{n,t}^H/P_t^{HW}$ 为价格加成,P_t^{HW} 为中间品价格。中间品生产商 t 期末的企业净值的计算公式为(4-12)式。

$$Y_t = A_t K_t^\alpha H_t^{(1-\alpha)} \tag{4-10}$$

$$(1-\alpha)Y_t/(H_t X_t) = W_t/P_{n,t}^H \tag{4-11}$$

$$N_t = Q_t K_{t+1} - L_{e,t} \tag{4-12}$$

中间品生产商从 t 到 $t+1$ 期持有 1 单位资本的预期实际收益为(4-13)式。根据 Bernanke 等(1999)[130],中间品生产商单位资本预期

---

① $\Phi(I_t/K_t) = [I_t/K_t - \psi/2(I_t/K_t - \delta)^2]$。

实际使用成本为(4-14)式。其中，$l(Q_tK_{t+1}/N_t)$[①]是企业外部融资溢价。当 $N_t < Q_tK_{t+1}$ 时，自有资本比例越高，则外部融资溢价 l_t 越小。中间品生产商净值的运动路径为(4-15)式。假定 $R_t = j_t$，其中 R_t/π_{t+1} 是实际无风险利率，为了避免无限期借贷，假设每期企业家的生存概率为 γ。

$$E\{r_{t+1}^k\} = E\{[\alpha Y_{t+1}/(X_{t+1}K_{t+1}) + Q_{t+1}(1-\delta_K)]/Q_t\} \quad (4\text{-}13)$$

$$E\{r_{t+1}^k\} = l(Q_tK_{t+1}/N_t)E_t(R_t/\pi_{t+1}) \quad (4\text{-}14)$$

$$N_{t+1} = \gamma\{r_{t+1}^k Q_tK_{t+1} - [l(Q_tK_{t+1}/N_t)R_t/\pi_{t+1}](Q_tK_{t+1} - N_t)\} \quad (4\text{-}15)$$

3. 零售商

零售商购入中间品包装后作为差异化产品销售。假设所有零售商价格调整策略遵循 Calvo(1983)[192]定价原则，每期只有 $1-\theta$ 比例的零售商重新调整价格，其余保持上期价格水平不变。假定中间商对国内和国外中间品进行相同价格加成，即 $P_{n,t}^H/P_t^{HW} = x_{n,t}^H = x_t^F = P_t^F/P_t^{FW}$，则本国产和外国产零售品的价格形成过程分别为：

$$\pi_{n,t}^H = \beta E_t \pi_{n,t+1}^H - (1-\theta)(1-\beta\theta)x_{n,t}^H/\theta \quad (4\text{-}16)$$

$$\pi_t^F = \beta E_t \pi_{t+1}^F - (1-\theta)(1-\beta\theta)x_t^F/\theta \quad (4\text{-}17)$$

(三) 央行

假定央行外汇储备 F 的利率给定为外国利率 i_t^*，并对商业银行持有的央行债券 O_{t-1} 支付利率 i_t，然后将其现金流 CF_t^{CB} 转移给家庭。

$$CF_t^{CB} = S_t/S_{t-1} \cdot F_{t-1} \cdot i_t^* - O_{t-1} \cdot i_t - S_t \cdot F_t + O_t \quad (4\text{-}18)$$

央行权衡实施利率规则和汇率规则的动态组合维持金融稳定促进经济增长，其外汇市场干预规则为(4-19)式，其中 $\overline{F/P}$ 是储备的稳态实际水平，S^T 是合意汇率目标。如果 $\omega \to \infty$，则央行采取实时调整

[①] $l(.) = (Q_tK_{t+1}/N_t)^v$。

储备规模维持汇率目标的固定汇率安排;如果 $\vartheta \to \infty$,则央行采取逆经济风向熨平汇率波动的管理浮动汇率安排;如果 $\omega = 0$ 且 $\vartheta = 0$,央行放任汇率自由浮动维持储备目标水平,$\rho_f \log(F_{t-1}/P_{t-1})$ 代表了储备规模调整的历史依赖性。此处假设央行储备规模大于零,当储备规模不足时,假定可从 IMF 等国际机构、区域性储备汇总安排或双边货币互换安排即时获得储备支援。央行的利率规则为(4-20)式,即央行通过利率规则实现包括通胀目标 π_t、产出缺口 $\hat{y}_t$ 和汇率安排的三重目标。

$$\log(F_t/P_t) = \rho_f \log(F_{t-1}/P_{t-1}) + (1-\rho_f)[\log(\overline{F/P}) \\ - \omega \log(S_t/S^T) - \vartheta \log(S_t/S_{t-1})] \quad (4\text{-}19)$$

$$i_t = \rho_i i_{t-1} + (1-\rho_i)[\bar{i} + \alpha_\pi(\pi_t - \pi^T) + \delta_y \hat{y}_t \\ + \chi \log(S_t/S^T) + \chi_1 \log(S_t/S_{t-1})] \quad (4\text{-}20)$$

(四)商业银行

以商业银行为代表的金融中介体系的资金融通中,利率决定过程由以下方程刻画。

$$i_t = (i_t^* S_{t+1}/S_t)^\mu \Omega_O(F_t/P_t), \quad \Omega'_O(F_t/P_t) > 0 \quad (4\text{-}21)$$

$$j_t = i_t \quad (4\text{-}22)$$

$$j_{D,t}/j_t = 1 - spread \quad (4\text{-}23)$$

修正的非抛补利率平价条件(4-21)式表明本国利率等于经汇率、资本管制强度和函数 Ω_O[①]调整后的外国利率。基于我国采取适度资本管制的现实,假定资本管制强度系数 $0 < \mu < 1$。(4-22)式和(4-23)式分别是商业银行的存贷款利率决定过程。

(五)对外部门和市场出清

本国产品出口需求参考 Gertler 等(2007)[193]的研究,设定为

---

① $\log(\Omega_O) = \Omega_O(F_t/P_t - \overline{F/P}) = \Omega_O \bar{y}(F_t/P_t \bar{y} - \overline{F/Py}) = \Omega_O \bar{y}(f_t - \bar{f})$,这表明两国利差是本国外汇储备规模的增函数,这是外汇市场干预的模型基础。

(4-24)式。其中，$Y_{x,t}$ 代表本国产品的出口需求，P_t^* 是国外一般价格水平，Y_t^* 是国外总需求，ν_x 是出口需求价格弹性。进口品进价以外币表示为 P_t^{FS}，本币表示价格为 P_t^{FW}，则两种价格满足(4-25)式。

$$Y_{x,t} = (P_t^H/P_t^* S_t)^{-\nu_x} * Y_t^* \qquad (4\text{-}24)$$

$$P_t^{FW} = P_t^{FS} S_t \qquad (4\text{-}25)$$

国内产出出清条件的计算公式见(4-26)式，其中 G_t 为政府支出。商业银行贷款出清的计算公式为(4-27)式。

$$Y_t = C_{n,t}^H + I_t^H + G_t + Y_{x,t} \qquad (4\text{-}26)$$

$$L_t = L_{e,t} + L_{h,t} \qquad (4\text{-}27)$$

以实际水平表示的国际收支平衡条件为(4-28)式，$q_{x,t} = S_t P_t^*/P_t$。同时，定义实际贸易余额 tb_t 和贸易条件 TOT_t 分别为(4-29)式和(4-30)式。其中，$1-\eta$ 是稳态时出口占比。

$$\begin{aligned} l_t - d_t &= l_{t-1}(i_{t-1}^* + \pi_{S,t} - \pi_t) - d_{t-1}(j_{D,t-1} - \pi_t) \\ &\quad + \bar{y}^{-1}[q_{x,t}(c_t^F + i_t^F) - p_{x,t}y_{x,t}] \\ l_t &= (L_t/P_t)/\bar{y}, \; d_t = (D_t/P_t)/\bar{y}, \; p_{x,t} \\ &= P_{x,t}/P_t, \; \pi_{s,t} = \log(S_t) - \log(S_{t-1}) \end{aligned} \qquad (4\text{-}28)$$

$$tb_t = p_{x,t}y_{x,t} - q_{x,t}(c_t^F + i_t^F) \qquad (4\text{-}29)$$

$$TOT_t = (p_{x,t}^*)^{1-\eta}/(p_t^{F*})^{1-\eta-\overline{tb}} \qquad (4\text{-}30)$$

（六）外部冲击

以外国利率 i_t^* 为代表的外生冲击如贸易条件 TOT_t、外国需求 Y_t^*、技术水平 A_t 和政府支出 G_t 均服从类似于 i_t^* 的对数 AR(1) 过程：

$$\log(i_t^*/\bar{i}^*) = \rho_{i^*}\log(i_{t-1}^*/\bar{i}^*) + \epsilon_{i_t^*} \qquad (4\text{-}31)$$

第三节　参数校准估计和数值模拟分析

一、参数校准和估计

对于模型偏好技术参数及拟合经济特征的参数采用校准方法。主观贴现率 β 设定为 0.99，资本占比 α 为 35%，资本季度折旧率 δ_k 为 2.5%，出口价格弹性 ν_x 为 1，零售商价格加成为 1.1。资本价格对投资资本比率的弹性系数 ψ 根据 Bernanke 等（1999）[130]设为 0.25。关于价格黏性有关参数，假定任意一期零售商不调整价格的概率为 75%（Gali 和 Moacelli，2005[194]），代表平均价格调整区间为 4 个季度。

拟合经济运行特征的非标准参数中，稳态产出设为 1，总消费稳态值校准为 0.51（占产出比例，下同），其中包括本国消费品 0.41 和进口消费品 0.10；稳态时出口为 0.21，进口为 0.20，其中包括进口消费品 0.10 和进口投资品 0.10；稳态贸易余额校准为 0.01；国内投资 0.18，政府支出 0.20，以上校准数据与我国 1986—2016 年的国内生产总值、最终消费支出、资本形成总额、全国财政支出、货物和服务进出口以及贸易余额的历史均值大体相符。稳态利率关系为 $\bar{i} = \bar{j} = \bar{i}^* = \bar{j}_D + spread/\beta = \beta^{-1}$，考虑到随着利率市场化的发展，我国商业银行存贷款利差不断缩小的现实，将稳态时季度存贷款利差参数 $spread$ 校准为 0.01。稳态价格关系校准为 $\bar{p}_n^H = \bar{P}^F = \bar{P}^I = \bar{P}_x = \bar{q}_x = \bar{S} = \bar{\pi} = \bar{\pi}_n^H = \bar{\pi}^F = 1$。选择中间产品生产企业存活概率为 0.9728，使稳态时风险溢价 $R^k - R$ 约为 200 个基点。将风险溢价对融资杠杆的弹性校准为 0.0275，使总资产对净资产的比例为 2，即杠杆率为 1。稳态时储备校准为 $\bar{f} = 1$。根据中国人民银行金融机构本外币信贷收支表数据近年均值，将稳态时的居民贷款比例 $\bar{l}_h$ 校准为 0.3，企业贷款比例 $\bar{l}_e$ 校准为 0.7。由于模型主要拟合外部负债型经济，因此将稳态时居民存款 $\bar{d}$ 设为较小值 0.01。考虑到我国外汇储备巨额规模带来的规模效应，参考 Benes 等（2015）[127]，将外汇市场干预效率系数 Ω_O 设定为

0.3,代表储备/GDP 的比率每增加 1 个百分点,两国利差降低 30 个基点。为确保实际消费和实际存贷款水平存在稳态值且不对模型动态造成较大影响,将存贷款调整成本系数 $\tilde{n}^*$ 校准为 0.01。

对于货币政策规则参数、外汇市场干预有关参数、资本管制强度参数及外生冲击的有关动态参数采用贝叶斯估计。选取的样本为 1986—2015 年度数据,可观测变量为美国联邦基金利率、中国人民银行 1 年期贷款基准利率、人民币兑美元汇率中间价、我国居民消费价格水平和 GDP,数据来自世界银行、中国人民银行和国家外汇管理局。对原始数据取对数后,参照 Pfeifer(2014)[195] 调整为季度数据。关于贝叶斯分布的先验分布,参数取值区间位于 0~1 采用 Beta 或 Normal 分布,参数取值区间位于 0 到无穷采用 Gamma 分布;外生冲击标准差采用逆 Gamma 分布。对于货币政策参数的先验分布均值,选取 1997—2016 年中国银行间拆借利率、通货膨胀率、产出季度数据,经过 X—12 季节调整再通过 H-P 滤波去除趋势后进行估计,将利率规则中利率自回归系数先验分布均值设为 0.837,通胀反应系数 α_π 先验分布均值设为 0.82,产出缺口反应系数 δ_y 先验分布均值设为 0.40。贝叶斯估计结果只列出了文中相关部分,其余结果略去备索。

表 4-2 贝叶斯估计结果

参数	先验分布	后验均值	后验 90% 置信区间
国内利率自回归系数 ρ_i	Beta[0.837, 0.05]	0.884 5	[0.841 8, 0.936 5]
利率规则对通胀目标反应系数 α_π	Gamma[0.82, 0.05]	0.806 2	[0.721 1, 0.876 6]
利率规则对产出缺口反应系数 δ_y	Gamma[0.40, 0.05]	0.448 3	[0.377 1, 0.524 7]
外汇储备自回归系数 ρ_f	Beta[0.90, 0.05]	0.897 2	[0.818 0, 0.974 5]
外汇市场干预效率系数 Ω_o	Gamma[0.30, 0.05]	0.305 3	[0.215 8, 0.383 4]
资本管制系数 μ	Beta[0.50, 0.05]	0.563 4	[0.500 1, 0.631 1]
国外利率自回归系数 ρ_i^*	Beta[0.70, 0.05]	0.684 6	[0.604 4, 0.774 7]
外国利率冲击标准差 σ_i^*	IG[1, ∞]	0.150 9	[0.118 6, 0.177 6]

二、数值模拟和比较分析

(一) 临时加息冲击

本部分基于外国利率临时加息 25 个基点的场景,根据利率规则和汇率安排的以下五种政策组合,模拟经济整体的动态响应过程:①钉住通胀目标和产出缺口的利率规则(以下简称"利率规则")加自由浮动汇率安排;②通过利率规则同时实现通胀目标、产出目标和固定汇率安排;③通过利率规则同时实现通胀目标、产出目标和管理浮动汇率安排,即货币当局通过利率规则采用逆经济风向行事熨平汇率波动的汇率安排;④利率规则加上通过外汇市场干预实施固定汇率安排;⑤利率规则加上通过外汇市场干预实施管理浮动汇率安排。利率规则和外汇市场干预规则参数设定如表 4-3 所示。

表 4-3 汇率安排参数设定表

汇率安排参数	χ	χ_1	ω	ϑ
利率规则+自由浮动汇率	0	0	0	0
通过利率规则实施固定汇率安排	100	0	0	0
通过利率规则实施管理浮动汇率安排	0	100	0	0
利率规则+通过外汇市场干预实施固定汇率安排	0	0	100	0
利率规则+通过外汇市场干预实施管理浮动汇率安排	0	0	0	100

首先,本书比较不同机制固定汇率安排下临时加息冲击经济整体的动态响应过程,如图 4-1 所示;其次,本书考察不同机制管理浮动汇率安排下的动态响应过程,如图 4-2 所示;最后,本书比较通过外汇市场干预实施的固定汇率安排和管理浮动汇率安排下经济的响应过程,如图 4-3 所示。脉冲响应图中横坐标表示模拟期限,纵坐标表示对稳态值的偏离。除了存款和贷款指的是实际水平稳态值偏离占据稳态产出比例,其余数值都是取对数后的稳态偏离。

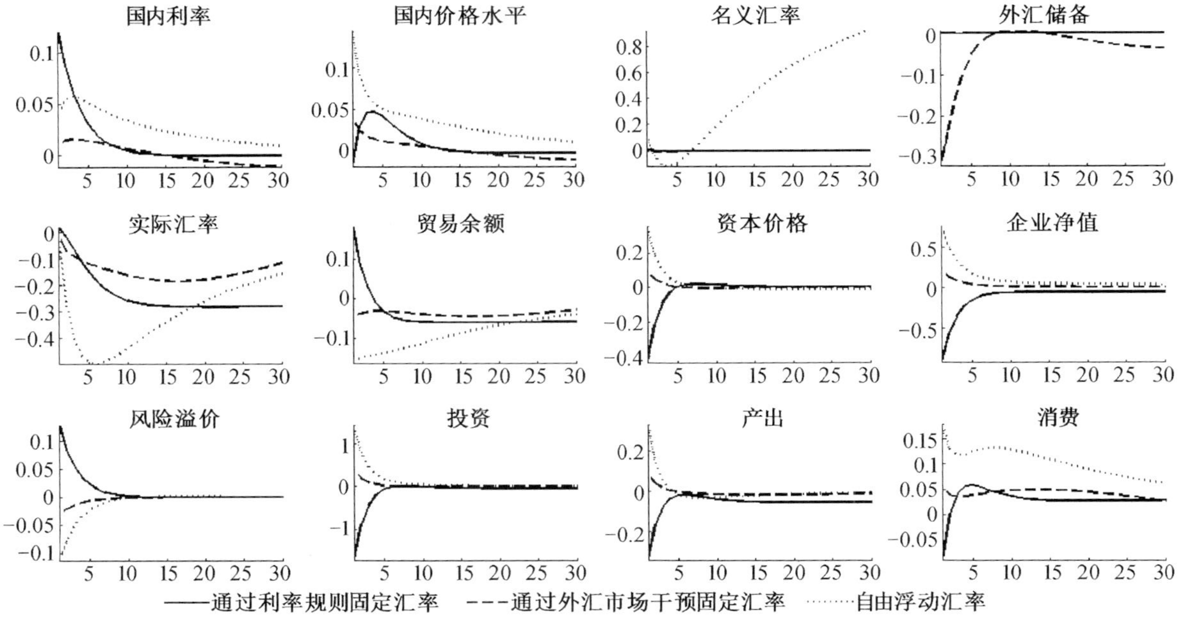

第四章 发达经济体货币政策外溢效应与外汇储备金融稳定需求：一个理论框架

图 4-1 临时加息冲击不同机制固定汇率安排下经济响应

注：图中纵轴为稳态偏离数，横轴为模拟期限。

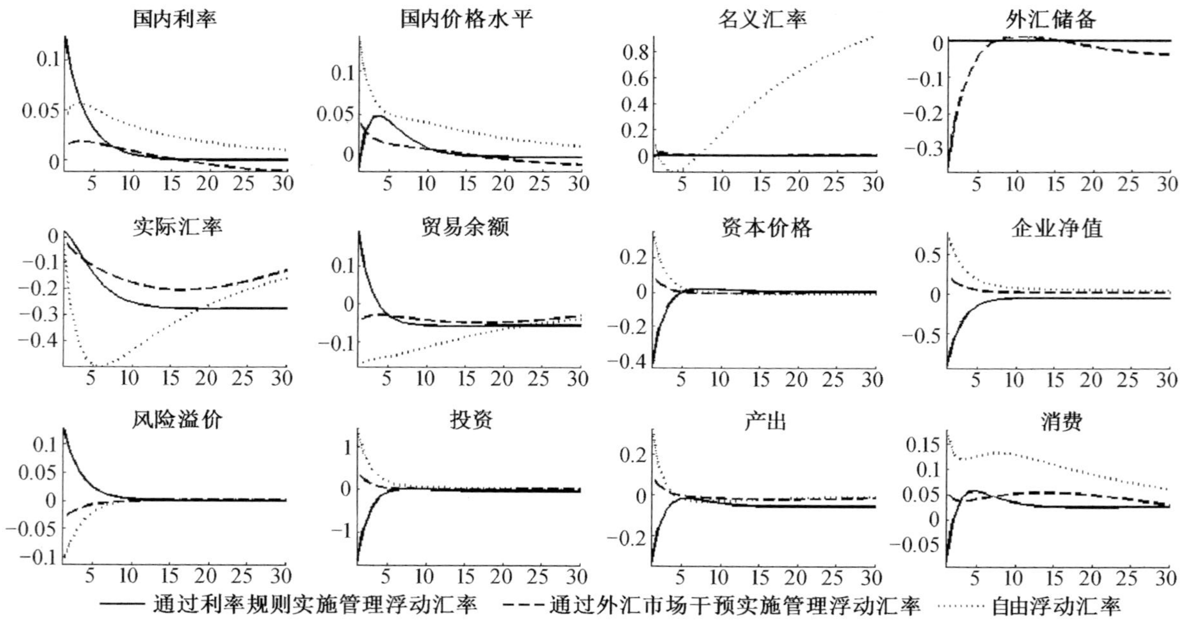

图 4-2 临时加息冲击不同机制管理浮动汇率安排下经济响应

注：图中纵轴为稳态偏离数，横轴为模拟期限。

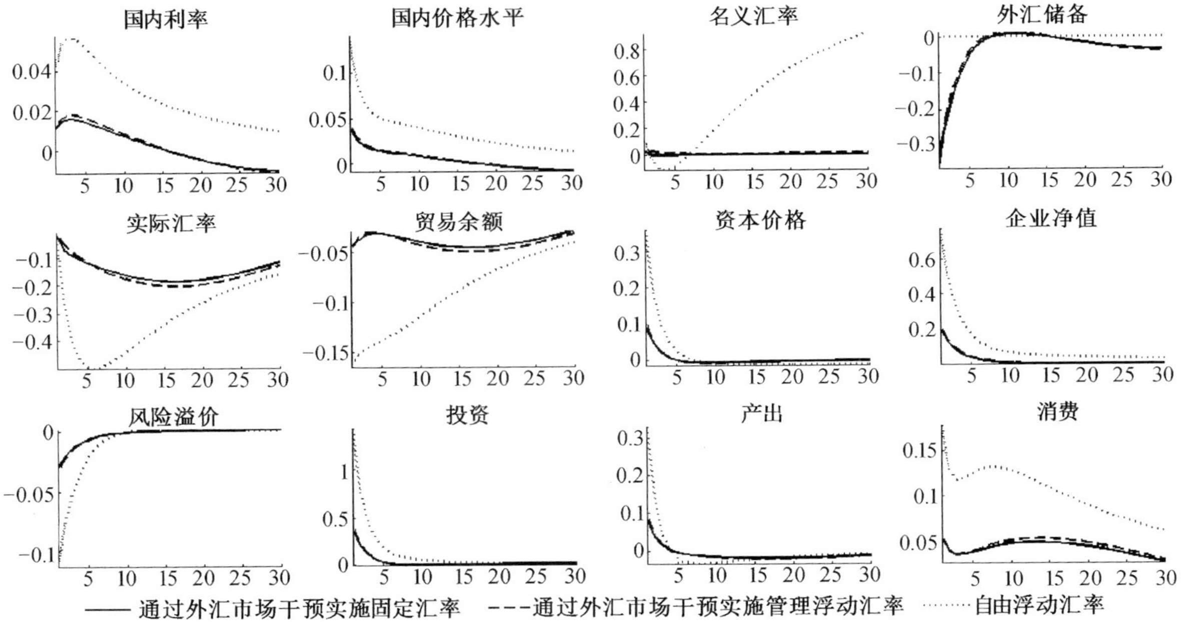

图 4-3 临时加息冲击基于外汇市场干预的不同汇率安排下经济响应

注：图中纵轴为稳态偏离系数，横轴为模拟期限。

首先，本书以自由浮动汇率为基准，比较固定汇率安排临时加息冲击下经济整体的动态响应过程。在自由浮动汇率安排下，国内利率伴随外国加息稍有增加，国内价格水平冲击当期提升。加息初期外国利率上升引发资本回流，名义汇率冲击当期贬值随后回调，冲击结束后，名义汇率随着两国利差回归稳态，最终停留在贬值稳态水平。这是由于自由浮动汇率安排和管理浮动汇率安排下名义汇率在模型中是单位根过程，临时性冲击造成汇率稳态发生永久性变动。跟随汇率变动，贸易余额冲击当期出现逆差随后向稳态水平回归。与自由浮动汇率相比，当货币当局采取单一利率规则实施固定汇率安排时，临时加息冲击导致本国利率不得不随之同步增加，带来当期经济下行压力。冲击当期本国出现通缩，表明利率被动增加导致流动性收紧。虽然名义汇率水平保持不变，但冲击结束后实际汇率处于升值稳态，带动贸易余额也停留在逆差稳态水平。实体经济方面，自由浮动汇率安排下临时加息冲击引发资本价格上升，企业净值增加，风险溢价下降，投资随之增加，从而带动总体产出暂时增加，产出增加的收入效应带动消费冲击当期增加。而货币当局通过利率规则实施固定汇率，本国利率增加带来经济紧缩，资本价格下降，企业净值减少，外部融资风险溢价上升，投资在冲击当期明显减少，短期内产出和消费下降，且产出在冲击结束后也停留在较低的稳态水平。自由浮动汇率安排和单一利率规则实现固定汇率安排时未有外汇市场干预介入，因此不产生储备需求。与单纯的自由浮动汇率安排相比，利率规则为维持固定汇率目标不得不跟从外生加息冲击同步提高利率，维持固定汇率目标带来利率增加而导致的货币政策收紧对实体经济整体过程产生严重而持久的紧缩性影响。以上数值模拟结果表明，单纯使用利率政策来实现通胀、产出和汇率目标，导致实体经济波动剧烈，且不利于以贸易余额为代表的经常账户均衡，因此并不可行。

当货币当局采取利率规则和外汇市场干预维持固定汇率安排的政策组合时，外汇市场干预的利差隔离效果有效缓解临时加息对本国利率的冲击，国内利率和价格水平略有增加。为抵消本币贬值压力，货

第四章　发达经济体货币政策外溢效应与外汇储备金融稳定需求：一个理论框架

币当局在外汇市场卖出储备维持固定汇率目标，储备规模下降，带动名义汇率从最初的贬值冲击中较快回调至稳态，这个过程同时伴随着贸易余额由逆差向均衡状态回归以及实体经济方面风险溢价下降，企业净值、投资、产出和消费短期内增加后回归稳态水平的动态调整过程。与前面两种政策组合相比，通过外汇市场干预维持名义汇率目标能够在短期内有效隔绝外生加息冲击，给予货币政策运作空间，无论是对以贸易余额为代表的对外经常账户均衡还是实体经济方面的投资、产出和消费变动，都起到较好的平滑作用。综上可知，资本项目适度开放下独立货币政策同样难以有效实施，但临时加息冲击下，短期可通过外汇市场干预实施固定汇率安排加以辅助，提高货币政策中利率规则的有效性。通过外汇市场干预实施固定汇率安排与单一利率规则实现多重目标相比，不仅有利于维持短期内经济金融指标的稳定，也有利于维护以贸易余额为代表的经常账户对外均衡，从而有利于维持外汇储备供给的稳定性，缓解金融环境的大幅变动，为实体经济增长创造良好条件。

其次，本书以自由浮动汇率为基准，比较通过利率规则和通过外汇市场干预实现管理浮动汇率安排下经济整体对加息冲击的动态响应过程。当货币当局采取单一利率规则实施管理浮动汇率安排时，外国加息导致本国利率同步上升，国内价格水平当期减少，随后略有上升，最后回归稳态。冲击结束后名义汇率停留在贬值稳态水平。但名义汇率冲击后回归稳态周期明显延长，表明单一利率规则难以兼顾管理浮动汇率目标。实际汇率最终处于升值稳态使得冲击结束后贸易余额也处于逆差稳态水平。与单一利率规则实现固定汇率安排类似，实体经济也经历了经济紧缩到复苏的响应过程。而当采取利率规则配合外汇市场干预实施管理浮动汇率安排时，外汇市场干预使得国内利率当期微弱上升后逐步回归稳态。国内价格水平跟随加息冲击略有增加后回归稳态水平。储备规模短期内下降，本币最终停留在贬值稳态水平。实际汇率升值带来贸易余额短期较小幅逆差后逐步回归稳态水平。与单一利率规则实施管理浮动汇率安排相反，实体经济经历了由扩张到回归稳态的响应过程。货币当局通过外汇市场干预实施管理浮动汇率安排在有效稳定汇率浮动目标区间的同时,可以使国内利率规则具备较大的自主性和独立性,同时也能有效缓解对以贸易余额为代表的经常账户造成的冲击,与通过利率规则实现管理浮动汇率安排相比,避免被动加息对实体经济的收缩性影响,与完全自由浮动汇率安排相比,短期内对实体经济造成的冲击更小,且对消费平滑具有更优良的稳定性作用。

最后,根据以上比较结果,本书以自由浮动汇率安排为基准,对利率规则配合通过外汇市场干预进行的固定汇率安排和管理浮动汇率安排应对外生加息冲击的脉冲响应进行比较。

总体而言,临时加息冲击下,通过外汇市场干预实施固定汇率或者管理浮动汇率安排配合传统利率规则,能够有效缓解外生加息对金融经济造成的冲击。利率规则配合通过外汇市场干预维持汇率钉住目标的政策组合对汇率目标稳定效果较为理想,且短期内储备需求小于管理浮动汇率安排。这是因为模型中临时性冲击造成的汇率贬值可以通过外汇市场干预一步到位,但维持汇率浮动区间则需要动用储备根据汇率变动进行实时调整,且固定汇率安排下的实体经济波动小于管理浮动汇率安排下的经济波动。对于短期内固定汇率目标或者相机权衡钉住浮动区间,取决于加息冲击时的具体经济形势和货币当局关于内外均衡的综合考虑和审慎权衡。一般而言,为维持金融稳定,强化公众对汇率稳定和外汇储备规模稳定预期,防止因信心不足而造成的资本抽逃继而引发一系列不利后果,短期内通过外汇市场干预实施固定汇率目标,是稳定金融环境和公众对本币信心,防止本币挤兑和资本外逃的可行性选择。

(二)持续加息冲击

美元上次加息周期为 2004 年 6 月至 2006 年 7 月,其间连续加息 17 次,每次加息 25 个基点,基准利率从 1% 上调至 5.25%。美联储自 2015 年年末启动本次加息周期以来至 2018 年年末已加息 9 次,并预计经济形势将保障美联储持续渐进地加息。根据美元上次加息周期

第四章 发达经济体货币政策外溢效应与外汇储备金融稳定需求:一个理论框架

时长并综合考虑当前美联储政策姿态,本章模拟16个季度每次加息25个基点的加息周期内我国经济的较长期限动态调整过程。持续加息冲击的政策场景包括自由浮动汇率安排、通过外汇市场干预分别实施的固定汇率安排和管理浮动汇率安排等三种政策组合。

持续加息周期内随着汇率管控程度增强,金融经济指标和实体经济波动幅度由强到弱。自由浮动汇率安排下,加息周期内国内利率和价格水平上升,加息周期结束后逐渐回归稳态。名义汇率逐步贬值吸收外生加息冲击,加息周期结束后汇率与临时加息下情形类似最终停留在贬值水平。实际汇率跟随加息周期升值,加息周期结束滞后约4个季度后开始贬值,向稳态水平回归。与临时性加息冲击贸易余额在冲击当期恶化后逐步改善向稳态水平回归的动态响应过程相比,持续加息周期开始的当期,贸易余额出现大幅逆差并在加息周期内出现波动,加息周期结束后逐步回归稳态水平。加息周期内实体经济经历一轮扩张过程,但加息周期的紧缩效应导致产出在周期结束后出现负向变动,长期则缓慢复苏回归稳态水平。消费也经历了从扩张到回归稳态的波动变化过程。与临时性加息冲击相比,持续加息周期的紧缩效应放大了经济波动,自由浮动汇率下经济整体波动加大,尤其是持续加息周期内企业净值的大幅变动通过金融加速器机制带来投资、产出及消费等实体经济方面的巨大波动。

与自由浮动汇率安排相比,货币当局通过动用外汇储备进行适度外汇市场干预有助于平滑经济周期波动,给予利率政策更大自主性和独立性,如图4-4所示。无论是固定汇率安排还是管理浮动汇率安排,本国名义利率和通胀水平加息首期仅小幅度增加。名义汇率和实际汇率的变动幅度明显减少。但固定汇率安排下难以有效实施名义汇率固定目标。加息当期名义汇率贬值后,跟随加息周期超调升值,周期结束后升值回归稳态水平;与固定汇率安排相对,管理浮动汇率安排下,汇率跟随加息周期逐步贬值并在周期结束后小幅升值最终停留在贬值稳态水平。为维持固定汇率目标或者汇率浮动目标区间,加息周期外汇储备需求持续增加。跟随实际汇率由升到降,两种汇率安排下,

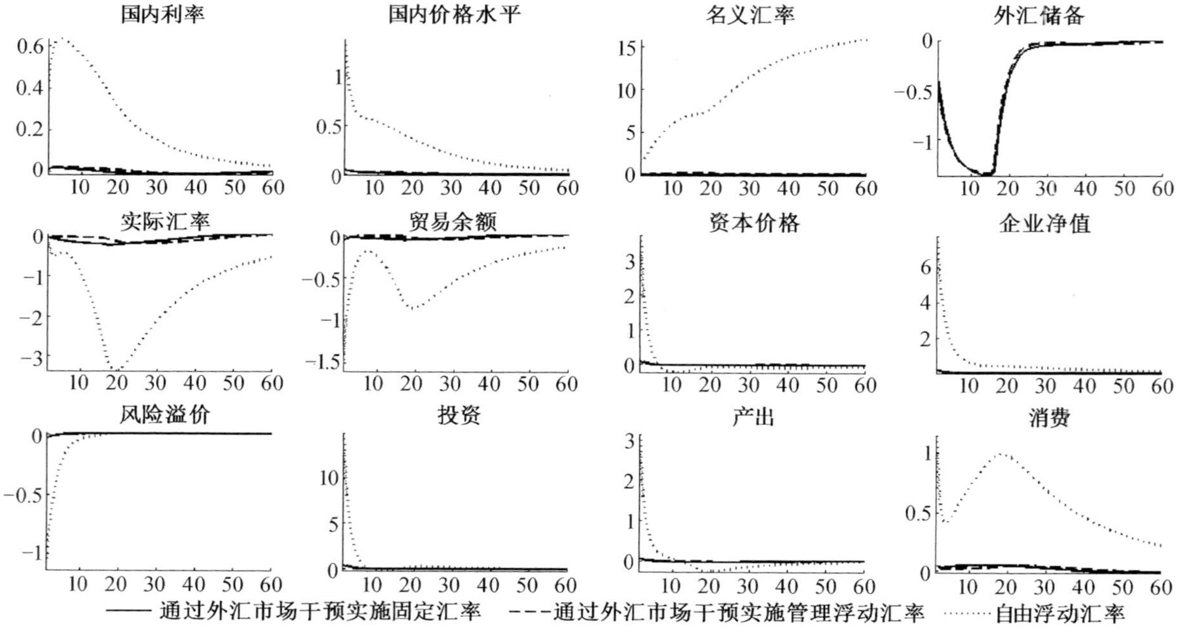

图 4-4 持续加息冲击通过外汇市场干预实施的不同汇率安排下经济响应

注：图中纵轴为稳态偏离系数，横轴为模拟期限。

贸易逆差由增加到减少,加息结束后缓慢回升到稳态水平。两种汇率安排下,实体经济变动幅度无明显区别,本国的投资、产出先期增加,然后减少并逐步回归稳态水平。可以看出,管理浮动汇率安排下,除了汇率变动之外,国内利率、价格水平以及相应的实体经济部门各变量变动幅度与固定汇率安排相比差别不大,且在加息周期内储备规模的变动幅度减少。在加息周期内固定汇率难以有效实施且储备需求规模加大的情况下,管理浮动汇率安排通过适度外汇储备规模需求平滑汇率波动,调控汇率波动区间,起到了与固定汇率安排类似的对国内政策利率、通货膨胀等经济指标的平滑作用。与固定汇率安排相比,管理浮动汇率更具调节内外部均衡优势,更有利于中长期内的实体经济发展,是面临持续加息时的可行性政策选择。

综上所述,面对非预期的临时性加息冲击,钉住通胀目标和产出缺口的利率规则配合通过外汇市场干预实施的固定汇率安排的政策组合有利于稳定汇率和经常账户对外均衡,有利于短期内的金融稳定,从而为实体经济发展创造良好条件;而面临持续加息冲击时,钉住通胀目标和产出缺口的利率规则配合通过外汇市场干预实施的管理浮动汇率安排的政策组合则能顺应加息趋势,相机权衡合意目标汇率浮动区间,缓解实体经济波动,因此是持续加息周期下的可行性政策选择。从短期到长期加息冲击下的利率和汇率政策目标的动态权衡,也是货币当局在协调对内均衡和对外均衡、金融稳定和实体经济增长之间的审慎权衡过程。

三、我国外汇储备金融稳定需求规模的短期和中期动态调整

基于以上临时加息冲击和持续加息冲击的讨论,利用中国1997—2018 年外汇储备数据,通过模型模拟临时加息场景固定汇率安排下外汇储备规模短期内的动态调整如图 4-5 所示。由图 4-5 可知,临时加息冲击时,采用传统利率规则配合通过外汇市场干预实施的固定汇率安排,外汇储备规模在冲击当期下降约 5 000 亿美元,其后随着冲击结束逐渐回归到稳态水平。

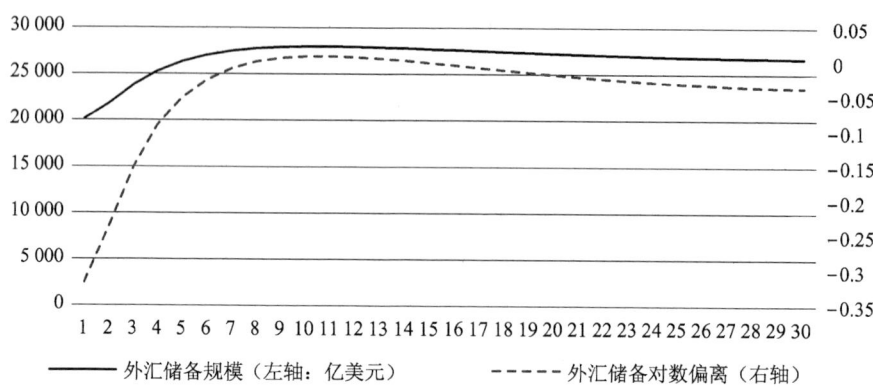

图 4-5　临时加息冲击固定汇率安排下外汇储备规模动态调整

持续加息场景下使用传统利率规则和通过外汇市场干预实施管理浮动汇率安排的政策组合下,加息周期内外汇储备规模较长期限的动态调整如图 4-6 所示。持续加息周期内,当外生加息冲击持续 16 个季度每个季度加息 25 个基点时,外汇储备需求规模在加息周期内持续下降到不足 1 万亿美元;加息周期结束后,外汇储备规模逐渐恢复到稳态水平。

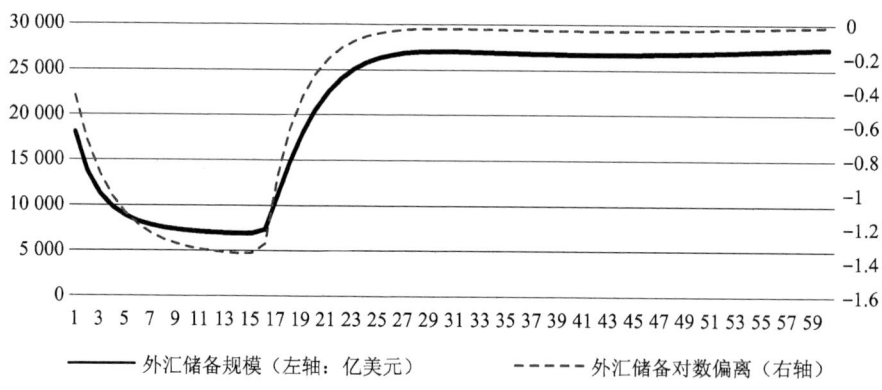

图 4-6　持续加息周期管理浮动汇率安排下外汇储备规模动态调整

第四节 参数敏感性分析和利率规则设定的稳健性检验

一、参数敏感性分析

本部分基于钉住通胀目标和产出缺口的利率规则加上通过外汇市场干预实施的固定汇率安排政策组合和临时加息场景下,对非抛补利率平价条件中外汇市场干预效率系数 Ω_O、金融加速器效应系数 ν 和资本管制强度系数 μ 分别进行敏感性分析。首先,非抛补利率平价条件(4-21)式表明,外汇市场干预效率越高,外汇储备对外生利率冲击的缓冲能力越强,则本国利率被动加息的压力减少,经济波动幅度减少,从而有利于提升货币政策针对产出和通胀目标的有效性。其次,金融加速器效应越强,则短期加息冲击通过金融加速器导致的波动效应越大,即企业净值和风险溢价变化程度越大,投资和产出变动也越大,临时加息冲击对实际汇率和经常账户均衡的影响也越大。最后,资本管制程度越强,经济波动越小,从而可以有效减少外汇市场干预的储备需求。在以上参数变动情况下,数值模拟部分政策比较结果不变,限于篇幅,参数敏感性分析图略。

二、利率规则设定的稳健性检验

其他条件不变时,与同时钉住产出和通胀双重目标的利率规则相比,单纯钉住通胀目标的利率规则下,加息冲击时国内利率、价格水平变动幅度明显减少,但实际汇率和经常账户失衡程度增加,实体经济波动增加而消费波动减少。这表明利率规则的简单化有利于加快国内利率及价格水平的调整速度和平滑消费波动,但以实体经济和对外均衡的较大变动为代价。通胀目标制利率规则下,关于不同利率规则和汇率安排的政策组合比较结果与文中保持一致,证明研究结果具有较强的稳健性。此处略去通胀目标制利率规则下不同政策组合的比较过程。

第五节 福利损失分析

将家庭的效用函数在稳态处二阶泰勒展开,可得福利损失函数(4-32)式,此外从汇率形成机制出发,引入与汇率和储备波动有关的福利损失函数(4-33)式和(4-34)式,并分别计算临时加息冲击和持续加息冲击下不同标准的平均每期福利损失绝对值如表4-4所示。

$$U - \bar{U} \approx -(1+\phi)/(1-\alpha)\sum_{0}^{\infty}\beta^t E_0(\hat{y}_t^2) + 政策无关项 \quad (4-32)$$

$$L_2 = -\sum_{t=0}^{\infty}\beta^t E_0(\hat{S}_t^2) \quad (4-33)$$

$$L_2 = -\sum_{t=0}^{\infty}\beta^t E_0(\hat{S}_t^2 + \hat{F}_t^2) \quad (4-34)$$

临时加息冲击下,在以实体经济产出波动作为福利损失标准,不同强度资本管制、金融加速器效应与外汇市场干预效率组合情境下,模型均显示出利率规则配合通过外汇市场干预实施的固定汇率安排组合能达到面对临时加息冲击社会福利损失最小的结果。其他条件不变时,钉住通胀目标和产出缺口的利率规则配合通过外汇市场干预实施的固定汇率安排,能够在不对实体经济造成较大波动的前提下,起到对汇率和储备较好的稳定效果。其他条件不变时,资本管制程度越强,社会福利损失越小;在固定汇率或者管理浮动汇率安排的政策组合情境下,金融加速器效应越强,产出波动标准的社会福利损失越大,这与袁申国等(2011)[137]的研究结果保持一致;外汇市场干预效率越高,社会福利损失越小。通过以上福利损失比较可以得出,面临短期加息冲击,利率规则加上通过外汇市场干预实施的固定汇率安排的政策组合实体经济福利损失最小,有关汇率和储备波动的福利损失明显小于管理浮动汇率安排,有利于在短期内维持金融稳定,缓解资本外流,从而为我国中长期的产业结构调整和实体经济发展创造良好的金融环境。

表 4-4 加息冲击下不同政策组合福利损失

加息类型	资本管制强度系数	金融加速器系数	福利损失	利率规则 自由浮动	利率规则 固定汇率	利率规则 管理浮动	外汇市场干预 固定汇率			外汇市场干预 管理浮动		
							0.1	0.3	0.9	0.1	0.3	0.9
						外汇市场干预效率系数						
临时加息	0.1	0.01	U	0.007 9	0.249 8	N/A	0.005 4	0.001 7	0.000 7	0.005 7	0.001 7	0.000 7
			L_1	N/A	0.000 0	2.810 4	0.000 4	0.000 1	0.000 0	0.342 1	0.025 8	0.002 3
			L_2	N/A	N/A	N/A	0.156 4	0.010 9	0.001 2	0.492 3	0.036 7	0.003 5
		0.05	U	0.007 8	0.268 5	0.091 4	0.005 7	0.001 8	0.000 8	0.006 1	0.001 9	0.000 8
			L_1	N/A	0.000 0	3.023 8	0.000 4	0.000 1	0.000 0	0.318 4	0.024 6	0.002 2
			L_2	N/A	N/A	N/A	0.170 8	0.011 3	0.001 2	0.481 1	0.035 8	0.003 4
		0.1	U	0.008 2	0.285 0	0.097 0	0.006 2	0.002 0	0.000 8	0.006 6	0.002 0	0.000 8
			L_1	N/A	0.000 0	3.209 3	0.000 4	0.000 0	0.000 0	0.299 1	0.023 5	0.002 2
			L_2	N/A	N/A	N/A	0.174 8	0.011 4	0.001 2	0.464 5	0.034 9	0.003 3
	0.5	0.01	U	0.091 7	3.662 9	1.863 6	0.058 9	0.015 7	0.003 6	0.083 5	0.019 0	0.003 9
			L_1	N/A	0.000 1	58.654 7	0.005 3	0.001 1	0.000 2	6.479 8	0.485 3	0.042 4
			L_2	N/A	N/A	N/A	2.047 7	0.224 1	0.030 3	8.996 0	0.725 0	0.073 4
		0.05	U	0.086 7	4.262 7	2.171 1	0.062 3	0.016 7	0.003 9	0.088 0	0.020 3	0.004 1
			L_1	N/A	0.000 1	68.512 9	0.005 3	0.001 1	0.000 2	6.067 5	0.466 7	0.041 6
			L_2	N/A	N/A	N/A	2.182 7	0.226 5	0.030 2	8.759 4	0.709 7	0.072 5
		0.1	U	0.095 7	4.779 3	2.438 5	0.068 0	0.018 3	0.004 2	0.095 7	0.022 2	0.004 5
			L_1	N/A	0.000 1	76.925 2	0.005 3	0.001 1	0.000 2	5.733 8	0.451 8	0.040 9
			L_2	N/A	N/A	N/A	2.220 3	0.226 9	0.030 2	8.462 0	0.695 3	0.071 8

(续表)

加息类型	资本管制强度系数	金融加速器系数	福利损失	利率规则自由浮动	利率规则固定汇率	利率规则管理浮动	外汇市场干预效率系数			外汇市场干预固定汇率			外汇市场干预管理浮动		
							0.1	0.3	0.9	0.1	0.3	0.9	0.1	0.3	0.9
临时加息	0.9	0.01	U	6.209 1	N/A	N/A	0.131 4	0.037 8	0.008 3	0.212 9	0.052 1	0.009 4			
			L_1	N/A	11.013 5	9.220 2	0.012 2	0.002 9	0.000 5	18.817 6	1.466 1	0.130 5			
			L_2	N/A	0.000 4	256.127 7	5.014 6	0.660 6	0.095 9	25.595 3	2.200 8	0.230 9			
		0.05	U	3.405 3	N/A	N/A	0.138 9	0.040 0	0.008 8	0.224 1	0.055 4	0.010 0			
			L_1	N/A	12.945 8	10.896 8	0.012 3	0.002 9	0.000 5	17.641 1	1.411 9	0.128 2			
			L_2	N/A	0.000 4	303.142 9	5.285 1	0.664 8	0.095 7	24.866 6	2.154 7	0.228 4			
		0.1	U	3.276 4	N/A	N/A	0.151 5	0.043 8	0.009 6	0.243 7	0.060 8	0.011 0			
			L_1	N/A	14.612 0	12.348 7	0.012 2	0.002 9	0.000 5	16.697 9	1.368 6	0.126 4			
			L_2	N/A	0.000 4	343.068 2	5.362 3	0.665 5	0.095 6	24.015 0	2.112 6	0.226 4			
持续加息	0.563 4	0.027 5	U	0.147 5	N/A	N/A	N/A	N/A	N/A	N/A	N/A	N/A			
			L_1	N/A	N/A	N/A	N/A	0.000 2	N/A	N/A	0.001 9	N/A			
			L_2	N/A	N/A	N/A	N/A	0.266 7	N/A	N/A	0.266 6	N/A			

持续加息周期内,在适中强度资本管制和中等强度金融加速器机制下,与自由浮动汇率和固定汇率安排相比,管理浮动汇率带来的产出波动与固定汇率安排无明显差异,储备和汇率波动与固定汇率安排相差不大,在持续加息周期内固定汇率安排并不能实现固定汇率目标的情况下,从社会福利损失的角度和货币当局长期内促进实体经济增长的目标出发,传统利率规则配合管理浮动汇率安排是面临持续加息周期的可行性政策选择。随着人民币国际化进程的加快,资本项目的进一步开放,由外汇市场干预维持固定汇率安排转向管理浮动汇率安排乃至自由浮动汇率安排是人民币汇率形成机制适应经济发展进程日趋完善的长期目标,这将是一个循序渐进的过程。

第六节 本章小结

针对我国资本项目逐渐开放,人民币汇率形成机制日趋完善及人民币国际化稳步推进的发展阶段,当前面对外国利率临时加息冲击时,利率规则配合通过外汇市场干预实现汇率合意目标,短期内在不对实体经济造成大幅波动的前提下有利于维持金融环境稳定,要比其他汇率安排更有效;而在面临持续加息冲击时,使用管理浮动汇率安排根据逆经济风向行事原则进行汇率合意浮动区间调整,有利于维持金融稳定,缓解经济波动,为实体经济发展创造良好环境,这将是面临持续加息周期的可行政策选择。基于以上研究结论,本书提出以下政策建议。

一是应对加息周期,短期内可使用外汇市场干预实施的汇率安排配合利率规则,稳定汇率预期。长期则应采取动态调整策略,逐步放宽汇率浮动区间,让汇率在一个较大的区间内双向波动,提高利率规则有效性,促进实体经济稳定增长。

二是配合货币政策,短期内采取宏观审慎措施防止资本外流,稳定和满足外汇储备的规模需求。长期内更关键的是加大改革开放力度,不断推进经济体制机制改革,加快调整经济结构,保证经济稳健、可持续发展,从根本上强化市场对我国经济的稳健发展预期。

三是进一步完善人民币汇率形成机制,借助"一带一路"发展机遇,完善国内资本市场,稳步推进本币国际化,缓解外汇储备的金融稳定资产需求。随着人民币汇率形成机制的不断完善,以及人民币国际化进程的稳步推进和人民币储备接受度的不断提高,外汇储备金融稳定需求也会不断得到缓解,外汇储备需求规模也会面临着日趋合理化的动态调整过程。

第五章　发达经济体货币政策外溢效应与外汇储备规模需求：基于 SDR 构成货币发行经济体的实证检验

第一节　引　　言

第四章对主要发达经济体的货币政策外溢效应对以中国为代表的新兴市场经济体的金融体系和实体经济的整体影响以及外汇储备金融稳定规模需求在不同货币政策组合下的动态调整过程构建模型进行理论解释，本章进一步对主要发达经济体货币政策外溢效应对其他经济体外汇储备规模的影响进行实证检验。

开放经济下，国际货币发行国家和地区等发达经济体（以下简称"国际货币发行经济体"）货币政策的外溢效应不可忽视。随着后金融危机时代的来临和经济复苏进程加快，全球主要经济体逐步退出量化宽松阶段，尤其是国际货币发行经济体如美国、欧元区、日本和英国等，已经逐步开始上调利率或者逐步缩减资产购买规模，先后启动货币政策正常化进程。美联储自 2015 年 12 月 17 日启动加息周期以来，截至 2018 年 12 月末共加息 9 次，每次加息 25 个基点，将其联邦基金利率目标区间提升至 2.25%~2.50%；欧央行从 2018 年 1 月起进一步降低购债规模；英格兰银行于 2017 年 11 月上调基准利率 25 个基点至 0.5%，为 2007 年 7 月以来首次加息，并在 2018 年 8 月 2 日上调基准利率 25 个基点至 0.75%；虽然日本仍维持当前货币政策姿态不变，但市场对日本央行何时以何种途径退出宽松货币政策亦存在心理预期。以美元为首的加息缩表带来的美元流动性回撤，为新兴市场经济体带来巨大的资本外流压力和外汇储备供给规模的减少压力。国际货币发行经济体货币政策正常化引发的加息周期,使得多数新兴市场经济体为了缓解资本外流压力,不得不被动跟进加息。2018年,土耳其央行3次加息,将基准利率由8.00%上调至24.00%;阿根廷央行5次加息,将基准利率由27.25%上调至60.00%;俄罗斯央行2次上调关键利率至7.75%,并表示将考虑进一步提高关键利率的必要性。诸如墨西哥、印度尼西亚、韩国及印度等新兴市场经济体的央行或货币当局也在2018年不同程度跟进了主要发达经济体的加息进程。历史上每次美元加息周期都带来局部经济震荡甚至引发全球金融危机。发达经济体货币政策外溢效应和短期国际资本流动对新兴市场经济体金融稳定造成的压力不可小觑。

金融全球化使世界各地金融市场彼此连接,货币政策外溢效应和联动效应增强,从通过外汇市场干预维持汇率区间,给予本国货币政策适度独立性的角度出发,维持国内金融稳定的外汇储备规模需求应时而生。外汇储备作为金融稳定缓冲资产,短期内可适度干预外汇市场,稳定公众心理预期,从而有助于一国金融稳定。Obstfeld 等(2010)[1]认为,一国央行持有外汇储备的首要原因是保护国内银行业及信贷市场,同时限制本币的对外贬值。当一国宏观审慎政策缺位时,充足的外汇储备规模有助于维持金融稳定(Aizenman 等,2017[138])。

外汇储备规模需求与一国金融发展深度、金融体制完善程度和经济发展水平密切相关。如果一国真正实现了自由浮动汇率,加上金融账户完全自由化,国际收支平衡面临冲击时可自动调节,不会产生外汇储备需求。但在各国的货币政策实践中,真正意义上的完全自由浮动汇率安排很少存在(Ilzetzki 等,2017[196]),各国政府货币当局多数情况下无法对汇率水平坐视不理,经常通过外汇市场干预调控汇率合意区间,从而催生外汇储备的金融稳定需求。对于新兴市场经济体而言,伴随美元主导的全球加息周期的来临,流动性抽离和货币结构性错配是新兴市场经济体面临的主要问题。一旦外汇储备规模不足甚至枯竭,新兴经济体就会落入本币大幅贬值和资本持续外流的恶性循环中。而较高规模外汇储备有助于形成该国金融稳定的心理预期,减少或者弱化国际投机冲击。因此,适度规模储备需求对于正处于经济较高速度发展阶段的新兴市场经济体而言不可或缺。

加息周期带来经济紧缩,而我国处于实体经济发展、产业结构调整升级的关键阶段,适度宽松的货币环境和稳定的金融环境对当前经济发展非常重要。相应的,在中国并未实行完全自由浮动汇率安排的情况下,我国货币当局持有适度外汇储备规模,既可以增强公众对中国金融稳定和经济发展的信心,又可以在全球货币政策正常化周期下缓解被动加息压力,维持本国货币政策的适度自主性和独立性。因此,从金融稳定和经济的对内对外均衡角度出发,研究国际货币发行经济体货币政策外溢效应对非国际货币发行经济体(以下简称"其他经济体")外汇储备规模的影响,成为当前货币当局外汇储备规模需求管理着重关注的问题。

因此,本章拟就国际货币发行经济体的货币政策外溢效应与其他经济体储备规模进行实证检验。本章选取全球非国际货币发行经济体的面板数据,首次将SDR货币篮子内美元、欧元、英镑及日元等代表性国际货币的货币政策外溢效应对其他经济体的外汇储备规模的影响进行对比研究,从而为货币当局在当前全球货币政策正常化周期内,从货币政策外溢效应角度考察外汇储备的规模管理提供理论解释和经验证据。

本章接下来的内容安排如下:第二节是实证检验假设,第三节是国际货币发行经济体货币政策外溢效应与其他经济体外汇储备规模关系的实证检验,第四节是本章小结。

第二节 实证检验假设

开放经济下,发达经济体货币政策的国际外溢效应不可忽视。随着全球经济金融联系程度的加深,以美国为首的国际货币发行经济体的货币政策的外溢效应越来越强。在经济复苏加快、出现经济过热势头的背景下,美联储自2015年年末开始货币政策正常化进程,截至

2018年12月末已加息9次,其联储基金利率已处于2.25%～2.50%的目标区间,其加息历程如表5-1所示。欧元区和英国等其他国际货币所属经济体的货币政策也出现回归正常化的趋势。当国际货币发行经济体采取以低利率甚至零利率和流动性超额供应为特征的货币政策时,国际货币出于追逐高息的目的,其流动性大量向新兴市场经济体溢出,导致新兴市场经济体外汇储备规模被动增加;当国际货币发行经济体退出量化宽松,其货币政策逐渐实施正常化进程时,国际货币流动性又会出现从新兴市场经济体撤离回流的趋势,导致新兴市场经济体货币贬值和流动性紧缩,外汇储备规模亦随之被动下降。美元、欧元、日元和英镑等货币都属于国际货币和SDR货币篮子构成币种,这些货币发行经济体货币政策的转向与新兴市场经济体短期资本流动性充裕程度息息相关。当前,国际货币发行经济体加息周期导致的流动性抽离是新兴市场经济体面临的主要问题。根据以上有关国际货币发行经济体货币政策外溢效应与其他经济体外汇储备规模变动关系的讨论,本书提出以下实证检验假设。

实证检验假设:其他条件不变时,国际货币发行经济体的货币政策外溢效应影响其他经济体的外汇储备规模。

表5-1 美元2015年12月末到2018年12月末的加息历程

时间	加息基点	目标利率区间
2018年12月20日	25	2.25%～2.50%
2018年9月27日	25	2.00%～2.25%
2018年7月14日	25	1.75%～2.00%
2018年3月22日	25	1.50%～1.75%
2017年12月14日	25	1.25%～1.50%
2017年6月15日	25	1.00%～1.25%
2017年3月16日	25	0.75%～1.00%
2016年12月15日	25	0.50%～0.75%
2015年12月17日	25	0.25%～0.50%

数据来源:https://www.federalreserve.gov/monetarypolicy/openmarket.htm。

第三节 发达经济体货币政策对其他经济体外汇储备规模外溢效应的实证检验

一、模型设定和变量选择

对于外汇储备规模的影响因素,研究文献通常认为有以下几种动机。第一种是传统的重商主义动机。该观点认为一国囤积外汇储备主要是为了平衡国际收支表中经常项目失衡,为贸易赤字融资。Triffin(1960)[101]认为,一国的外汇储备规模需满足该国至少3个月的进口需求;也有看法认为,维持汇率稳定是外汇储备的重要功能之一。维持汇率处于较低水平的稳定是新兴市场经济体维持本币对外价值低估,实施出口导向型战略的重要措施之一。第二种是外债偿还动机。Greenspan-Guidotti规则认为,新兴市场经济体应持有支付外部债务1年摊销还款额度的外汇储备规模。第三种是从金融稳定角度出发的预防性审慎动机。该观点认为,外汇储备可以通过外汇市场干预稳定本币币值,缓解外生金融压力,稳定经济预期。随着全球经济一体化的发展,国际资本流动逐步取代国际商品贸易占据主导地位,金融全球化趋势更加明显。金融稳定需求逐渐成为影响外汇储备规模的主导因素之一。综上所述,本章将基于外汇储备规模的综合计量模型,加入发达经济体货币政策的代理变量进行实证分析。

计量模型中被解释变量 $lnReserveofGDP$ 是外汇储备规模占一国GDP比例,解释变量如下。

第一类是国际货币发行经济体的货币政策代理变量,使用 $rate1$、$rate2$、$rate3$ 和 $rate4$ 分别表示美元、欧元、英镑和日元基准利率。当国际货币发行经济体加息时,短期国际资本回流,其他经济体外汇储备规模减少,反之则相反。因此,预期国际货币发行经济体的利率系数为负值。

第二类是重商主义解释变量,包括一国平均进口倾向 $lnImpofGDP$,以进口额占GDP比例取对数表示,同时加入控制变量

本币汇率取对数 $lnExrate$。平均进口倾向越大,外汇储备规模越大。实证中,预期平均进口倾向正向影响外汇储备规模。

第三类是短期外债解释变量 $lnShortDebtofGDP$,以短期债务占 GDP 比例取对数来表示。根据 Greenspan-Guidotti 规则,预期短期外债正向影响外汇储备规模。

第四类是金融稳定解释变量,其中包括的第一个变量是一国货币发行量在 GDP 中的占比取对数 $lnMofGDP$。人们通常认为一国广义货币发行量是本国金融发展深度的代理变量,一国货币发行量在 GDP 中的占比可以代表其国内金融发展深度。De Beaufort 等(2001)[197] 和 Alberola 等(2016)[100] 认为,货币存量是本国居民潜在资本或者货币抽逃的代理变量,因此可以作为内源枯竭的一个量度。一国货币发行量越大,则潜在资本外逃带来的内源枯竭的可能性越强,对一国金融稳定造成的威胁越大,从而外汇储备规模也越大。因此,一国货币发行量和外汇储备规模是同向变动的关系,实证中预期货币发行量的系数为正。

第二个变量是一国进出口之和在 GDP 中的占比取对数的 $lnTradeofGDP$。一国进出口贸易总量是一国对外贸易开放程度的代理变量,研究认为,一国贸易开放程度是该国经常账户风险的度量指标(王伟等,2018[198])。也有研究认为,一国贸易开放程度也可以测度该地区对外开放程度(姚昕等,2017[199])。一国贸易开放程度越高,则跨境资本流动程度越高,对一国金融稳定产生的潜在压力越大,外汇储备规模也越大,因此,一国进出口贸易开放程度与外汇储备规模呈正向变化的关系,实证中预期这一系数为正。

第三个变量是一国短期国际资本流动 $FPOI$(以净流入衡量)。在国际收支平衡表中,金融账户余额衡量了一国一定时期内(通常为 1 年)的净资本流动,总资本流动余额＝FDI 余额＋证券投资余额＋其他投资余额,而短期资本流动＝证券投资余额＋其他投资余额＝金融账户余额－FDI 余额,但实证中通常采用间接法测算,即短期国际资本流动(间接法)＝外汇储备余额－经常账户余额－FDI 余额(韩乾等,

2017[200];陈创练等,2017[201]),因为采用间接法核算的短期国际资本流动同时包括官方和非官方的短期资本流动,能够更加准确地测量一国短期国际资本流动。随着一国资本管制的放开,短期国际资本流动规模加大,对一国金融系统产生冲击,从而催生更大的外汇储备规模需求。一国短期国际资本流动与外汇储备规模呈同向变动的关系,因此实证中预期短期国际资本流动变量系数的符号为正。

第四个变量是一国资本市场开放程度变量 *Open*。本章采用 Chinn-Ito 指数,该指数最初是由 Chinn 和 Ito(2006)[202]引入,用来测度一国资本账户开放程度,以 IMF 汇率安排及汇兑限制年度报告中界定跨境金融交易限制的哑变量为基础制定。该指数位于[0,1],指数越大,资本账户开放程度越高,指数越小,资本账户开放程度越低。资本账户开放程度越高,则货币政策外溢效应和短期国际资本流动对一国金融稳定的影响程度越高。因此,当其他条件不变时,资本账户开放程度越高,对于新兴市场经济体和发展中国家多半采取不同程度的汇率管制的现实而言,相应的外汇储备规模越大。实证中预期资本账户开放程度指数的系数为正。

第五个变量是一国汇率制度解释变量 *Regime*。本章采取 Ilzetzki 等(2017)[196]界定的事实(de facto)汇率安排。该文认为,后布雷顿森林体系下,全球汇率体系由固定汇率安排到灵活汇率安排的转变言过其实,有一定限制的浮动汇率仍是当前占据主导地位的汇率安排。2002 年后各国外汇储备的超记录积累与汇率稳定需求密切相关。2003 年后,即使在资本流动性大大增强的背景下,汇率管理热情不减是当前特里芬难题的最大原因。据此,该文重新界定了处于 1~15 区间的各国事实汇率安排指数,相应的汇率安排则从"无独立法定支付货币或货币联盟"到"自由跌落"再到"二元市场中缺乏平行市场数据"等。总体来看,事实汇率安排指数越小,则汇率固定程度越强;指数越大,则汇率灵活性越强。汇率灵活性越强,则外汇储备规模越小,即两者呈反向变动关系,因此,实证中预期汇率安排系数的符号为负。

第五类变量是宏观经济变量,用来捕捉各国经济发展的异质性对该国外汇储备规模的影响,包括一国人口取对数 $lnPopulation$ 和人均 GDP 取对数 $lnGDPpercapita$。根据 Aizenman 和 Marion(2003)[73],Edison(2003)[203]以及 Lane 和 Burke(2001)[204]的做法,以人口作为经济总量和经济基础的代理变量来捕捉一国外汇储备囤积的经济规模因素,人均 GDP 则是一国经济增长和经济发展水平的代理变量。

根据以上讨论,本书将从货币政策外溢效应考察外汇储备规模的计量模型表示为(5-1)式,其中变量 $rate_j$,$j \in [1,4]$ 分别表示美元、欧元、英镑和日元基准利率。u_i 和 λ_t 分别代表个体固定效应和时间固定效应。

$$lnReserveofGDP_{i,t} = \beta_0 + \beta_1 rate_{j,i,t} + \beta_2 lnImpofGDP_{i,t}$$
$$+ \beta_3 lnExrate_{i,t} + \beta_4 lnShortDebtofGDP_{i,t}$$
$$+ \beta_5 lnMofGDP_{i,t} + \beta_6 lnTradeofGDP_{i,t}$$
$$+ \beta_7 FPOI_{i,t} + \beta_8 Open_{i,t} + \beta_9 Regime_{i,t}$$
$$+ \beta_{10} lnPopulation_{i,t} + \beta_{11} lnGDPpercapita_{i,t}$$
$$+ \lambda_t + u_i + \epsilon_{i,t} \tag{5-1}$$

二、数据来源和变量统计

本章数据来自世界银行(world bank,WB)世界发展指标(wolrd development indicator,WDI)数据库、国际货币基金组织(international monetary fund,IMF)国际金融统计数据库(international financial statistics,IFS)、官方外汇储备构成数据(composition of official foreign exchange reserves,COFER)、Chinn 和 Ito(2006)[202]构建的资本账户开放程度指标以及 Ilzetzki 等(2017)[196]构建的实际汇率制度指标,本章选取 1980—2015 年数据,根据数据可得性选取的样本共包括 177 个国家和地区。对于国际货币发行经济体货币政策外溢效应与外汇储备规模关系的计量模型,从 177 个国家和地区扣除 SDR 货币篮子构成货币美元、欧元、日元和英镑四种国际货币发行经济体即美国、日本、英国及包括德国、法国、意大利、荷兰、比利时、爱尔兰、西班牙、葡萄牙、奥地利、芬兰、立陶宛、拉脱维亚、爱沙尼亚、斯洛伐克、斯洛文尼亚、希腊、马耳他、塞浦路斯及卢森堡在内的欧元区19国,剩余样本为155个国家和地区。各类计量模型涉及的变量描述性统计如表5-2所示。

表 5-2 变量描述性统计

变量名	代码	观测值	均值	方差	最小值	最大值
外汇储备GDP占比	$Reserve of GDP$	5 111	12.26	10.93	0	40.57
人口(单位:百万人)	$Population$	5 573	32.00	129.00	0.02	1 370.0
人均GDP(单位:万美元)	$GDP per capita$	5 108	0.49	0.72	0.02	2.73
进口GDP占比	$Impo f GDP$	4 869	43.38	19.90	15.53	87.57
汇率(直接标价法)	$Exrate$	5 164	210.55	443.17	0.30	1 746.87
短期资本流动GDP占比	$FPOI$	5 111	0.19	0.15	0	0.57
广义货币发行量GDP占比	$Mof GDP$	4 740	46.21	27.08	13.77	112.38
贸易GDP占比	$Trade of GDP$	5 580	68.35	41.72	0	149.27
短期外债GDP占比	$ShortDebt of GDP$	5 111	4.55	6.04	0	21.77
年度外债偿还额国民收入占比	$Debtservice of GNI$	3 597	4.53	3.58	0.47	13.14
储蓄GDP占比	$Saving of GDP$	4 641	17.16	14.02	−9.95	44.08
本币基准利率	$domesticrate$	3 807	15.70	9.18	5.35	41.81
美元基准利率	$rate1$	5 580	7.61	3.38	3.25	15.27
欧元基准利率	$rate2$	2 635	2.80	1.59	0.30	5.75
英镑基准利率	$rate3$	5 425	6.90	4.29	0.5	14.77
日元基准利率	$rate4$	5 580	3.73	2.33	1.22	7.86
人民币基准利率	$rate5$	5 580	7.21	1.94	5.04	11.34
汇率安排	$Regime$	5 560	6.76	4.59	1	15
资本市场开放度	$Open$	4 380	0.48	0.33	0.06	1

三、模型检验及回归结果分析

针对面板数据进行 Hausman 检验、序列相关、组间异方差及多重共线性检验,检验结果如表 5-3 所示(四种币种模型结果类似,在此只列出美元模型结果)。检验结果显示,面板数据中存在组间异方差和序列相关问题。去除贸易 GDP 占比后,各变量方差膨胀因子均小于 2,

可以认为模型各变量间不存在多重共线性问题。基于以上检验结果,将对外汇储备规模的计量模型使用固定效应回归模型,同时使用异方差和序列相关的稳健标准误进行估计。稳健性检验部分使用替代性估计方法、替换被解释变量改善内生性问题和加入其他控制变量的方法改善遗漏变量导致的估计偏误问题。

表 5-3 面板基准模型检验结果

检验类型	加入美元利率的计量模型	
	统计量	P 值
Hausman 检验	116.92	0.000 0
时间固定效应	3.61	0.000 0
组内自相关 LM 检验	41.969	0.000 0
组间异方差检验	59 944.07	0.000 0
方差膨胀因子	1.51	—

表 5-4 是美元利率与其他经济体外汇储备规模基于个体和时间双向固定效应的回归结果(以下各表同)。表 5-4 的(1)列是关键解释变量美元利率和被解释变量外汇储备规模的基准回归结果。美元利率系数显著为负值,符合预期。从美元货币政策外溢效应出发考察其他经济体外汇储备规模变动具备较强的解释力,即当美元加息时,其他经济体出现资本抽离,外汇储备规模随之减少,反之则增加。表 5-4 的(2)列加入了代表经济规模的人口变量和代表经济发展水平的人均 GDP 变量等宏观经济控制变量后,美元利率仍然显著减少其他经济体外汇储备规模。

表 5-4 的(3)列进一步控制了重商主义视角下的进口交易需求变量,平均进口倾向和汇率贬值显著增加外汇储备规模。关键解释变量美元利率系数绝对值有所减少,但仍然显著减少外汇储备规模。表 5-4 的(4)列考虑了短期债务偿还需求后,美元利率系数方向和显著性不变。表 5-4 的(5)列是进一步控制了金融稳定变量的综合模型回归结果(由于多重共线性问题,剔除了贸易开放度变量)。综合模型中,关

键解释变量美元利率显著减少外汇储备规模。此外,进口交易需求解释变量以及金融发展深度、短期资本流动等金融稳定需求变量显著增加外汇储备规模。值得注意的是,短期债务显著减少外汇储备规模,实证数据并不支持 Greenspan-Guidotti 规则的外债偿还需求。该实证结果也与 Cheung 和 Ito(2009)[209] 和 Obstfeld 等(2010)[1] 保持一致。为什么 Greenspan-Guidotti 规则得不到实证数据的支持,原因可能是外汇储备囤积有多方面因素,仅仅短期外债 GDP 占比一项并不能完全决定一国外汇储备囤积规模。新兴市场经济体在进行国际借贷时通常出现借外币配本币而最终用外币还款的情况,在这种情况下,一国货币当局不得不采取固定汇率安排以免还款时出现汇率波动风险。而一定程度的汇率管控导致货币当局在面临短期国际资本流动时为维持固定汇率不得不被动增减外汇储备,外汇储备的实际规模不能完全反映出一国货币当局出于外债覆盖占比的考虑目标。Aizenman 和 Marion(2004)[25] 认为,一国出于其他政治经济考虑也会改变其外汇储备资产的最佳水平。未来决策者机会主义行为和政治腐败的可能性越大,该国对外汇储备的需求越少,而对主权债务的需求越多。有关外汇储备规模的一种批判性认识认为,如果高负债储备比是机会主义行为的症状,那么增加储备持有规模的政策建议可能会减少一国福利,因此在储备囤积实践中会出现一些国家负债越高,其储备规模越小的经济现实。

表 5-4 美元利率与外汇储备规模实证结果

解释变量	被解释变量:$lnReserveofGDP$				
	(1) 基准回归	(2) 加入宏观经济变量	(3) 加入进口交易需求	(4) 加入短期债务变量	(5) 综合模型
$rate1$	−0.095 0*** (−11.282)	−0.097 3*** (−4.521)	−0.049 4** (−2.295)	−0.094 8*** (−3.836)	−0.073 0** (−2.539)
$lnPopulation$		−0.040 4 (−0.170)	0.188 (0.665)	−0.078 5 (−0.224)	−0.036 7 (−0.092)
$lnGDPpercapita$		−0.002 18 (−0.019)	0.123 (1.082)	−0.065 5 (−0.637)	−0.214** (−1.988)

(续表)

解释变量	被解释变量：$lnReserveofGDP$				
	(1) 基准回归	(2) 加入宏观经济变量	(3) 加入进口交易需求	(4) 加入短期债务变量	(5) 综合模型
$lnImpofGDP$			0.785*** (5.931)	0.783*** (4.980)	0.524*** (3.264)
$lnExrate$			0.136*** (3.174)	0.088 8* (1.727)	0.114** (2.177)
$lnShortDebtofGDP$				−0.028 6 (−1.012)	−0.053 2** (−2.038)
$lnMofGDP$					0.336** (2.533)
$FPOI$					1.460*** (4.940)
$open$					0.135 (1.110)
$Regime$					−0.014 9 (−1.321)
_cons	3.096*** (42.019)	3.755 (0.890)	−4.435 (−0.895)	1.576 (0.264)	1.256 (0.182)
N	4 609	4 606	4 345	3 112	2 690
R^2	0.297	0.297	0.355	0.365	0.422

注：括号内为 T 统计量，*、** 和 *** 分别表示在 10％、5％ 和 1％ 的水平上显著。回归结果基于双向固定效应。

此外，同时对欧元、英镑和日元利率对非国际货币发行经济体外汇储备规模的影响进行了类似分析。为了节省篇幅，本书不再单独列出欧元、英镑和日元利率与其他经济体外汇储备规模变动的分步实证结果，而将美元、欧元、英镑和日元利率与其他经济体外汇储备规模变动的综合实证结果列于表 5-5。

表 5-5 的(1)列是未加入国际货币利率变量的外汇储备规模的综合计量模型。模型的整体调整后拟合优度为 0.422，对外汇储备规模变动有着较强的解释能力。具体而言，非国际货币发行经济体的平均进口倾向越高，汇率越贬值；其金融发展深度越高、短期资本流动规模

越大,外汇储备规模也越大。

表 5-5 的(2)列、(3)列、(4)列、(5)列是在外汇储备规模的综合计量模型基础上分别加入了美元、欧元、英镑和日元利率的固定效应回归结果。估计结果显示,四种国际货币利率变动对其他经济体的外汇储备规模有着统计显著的负向影响。这也从国际货币政策外溢效应方面证实了国际货币的影响程度。美元在国际货币体系中占据优势地位,这是美国强大的国际政治经济实力在货币维度的投影。欧元的国际化主要是依托欧盟主导的货币主权联邦制的强制力量将欧元在欧盟区域内较短时期迅速铺开,用了约 10 年的时间使其成为国际货币。四种 SDR 货币中,欧元国际化进程最短。英镑作为传统国际货币,其货币政策具有一定的溢出效应。欧元和日元影响力近年来有所提升。相较而言,人民币国际化起步晚,虽然发展速度较快,但截至目前正处于从亚洲周边到国际化使用的转变进程中,这也符合人民币从区域化货币到国际化货币稳步发展的国际化进程。SDR 货币篮子其他构成货币的国际化进程对人民币国际化具有很强的借鉴意义。

表 5-5　四种国际货币利率与其他经济体外汇储备规模的实证结果

解释变量	被解释变量:$lnReserveof GDP$				
	(1) 基准模型	(2) 美元利率	(3) 欧元利率	(4) 英镑利率	(5) 日元利率
$rate1$		−0.073 0** (−2.539)			
$rate2$			−0.137** (−2.486)		
$rate3$				−0.051 4** (−2.075)	
$rate4$					−0.132** (−2.539)
$lnImpof GDP$	0.524*** (3.264)	0.524*** (3.264)	0.046 3 (0.263)	0.521*** (3.274)	0.524*** (3.264)
$lnExrate$	0.114** (2.177)	0.114** (2.177)	−0.234 (−1.343)	0.126** (2.475)	0.114** (2.177)

(续表)

解释变量	被解释变量:$lnReserveofGDP$				
	(1) 基准模型	(2) 美元利率	(3) 欧元利率	(4) 英镑利率	(5) 日元利率
$lnShortDebtofGDP$	−0.053 2** (−2.038)	−0.053 2** (−2.038)	−0.033 3* (−1.797)	−0.056 5** (−2.144)	−0.053 2** (−2.038)
$lnMofGDP$	0.336** (2.533)	0.336** (2.533)	0.701*** (4.349)	0.324** (2.361)	0.336** (2.533)
$FPOI$	1.460*** (4.940)	1.460*** (4.940)	1.145*** (3.497)	1.502*** (5.003)	1.460*** (4.940)
$open$	0.135 (1.110)	0.135 (1.110)	0.162 (0.867)	0.118 (0.957)	0.135 (1.110)
$Regime$	−0.014 9 (−1.321)	−0.014 9 (−1.321)	−0.036 6* (−1.678)	−0.012 7 (−1.089)	−0.014 9 (−1.321)
$lnPopulation$	−0.036 7 (−0.092)	−0.036 7 (−0.092)	0.149 (0.286)	0.037 2 (0.089)	−0.036 7 (−0.092)
$lnGDPpercapita$	−0.214** (−1.988)	−0.214** (−1.988)	−0.272** (−2.196)	−0.184* (−1.678)	−0.214** (−1.988)
_cons	0.142 (0.022)	1.256 (0.182)	0.470 (0.056)	−0.408 (−0.057)	1.179 (0.172)
N	2 690	2 690	1 464	2 613	2 690
R^2	0.422	0.422	0.365	0.419	0.422

注:括号内为 T 统计量,*、** 和 *** 分别表示在 10%、5% 和 1% 的水平上显著。回归结果基于双向固定效应。

进一步,通过使用系统广义矩估计法(System GMM,SGMM)估计动态面板回归模型、使用滞后解释变量估计固定效应回归模型、加入其他控制变量、替换被解释变量对国际货币发行经济体货币政策外溢效应和其他经济体外汇储备规模变动的关系进行稳健性检验。

外汇储备规模计量模型的解释变量中,一国货币发行量增加既有可能是外汇储备规模增加的原因,也有可能是外汇储备规模增加的结果。这是因为,外汇储备的累积也是一国释放本币购买外币资产的过程(王伟等,2018[198])。对于中国尤其如此,在 2015 年前,中国长期出口导向型战略和事实上的固定汇率安排导致央行外汇占款大量累积,外汇储备规模囤积一度成为货币发行渠道之一。其次,一国囤积高额外汇储备规模,有时是为了提振境外对本国经济和金融稳定预期,从而带来短期资本流入。从这个角度而言,短期资本流动也和外汇储备规模变动存在着双向因果关系。基于上述原因,模型中的解释变量的内生性问题会给模型估计结果带来向上或者向下的偏误。

首先,为了解决固定效应模型回归中由于解释变量与被解释变量的双向因果关系带来的内生性问题,本章采用动态面板回归模型和 SGMM 估计,在一定程度上缓解内生性问题。虽然基准回归模型通过设置固定效应,已经将不可观测的影响外汇储备规模变动的各国异质性因素及时间因素消去,从而在一定程度上缓解了内生性问题,但 SGMM 将差分方程和水平方程作为一个方程系统进行估计,通过对模型被解释变量动态行为建模,并使用解释变量和被解释变量的滞后变量和差分滞后变量作为工具变量,能够更有效地解决内生性问题。

SGMM 估计的前提是扰动项二阶差分不相关及工具变量使用有效,同时在 SGMM 估计中,分别对模型设定的合理性和工具变量使用的有效性进行了检验。检验结果显示,四种货币的动态面板 SGMM 估计中,所有扰动项二阶差分检验 P 值均大于 0.05,表明在 5% 的显著性水平上无法拒绝原假设,差分后残差项不存在二阶序列相关。Hansen 检验结果表明模型工具变量选择合适,因此模型设计合理。

从表 5-6 可以看出,使用 SGMM 估计后,四种国际货币发行经济体的基准利率仍然对其他经济体的外汇储备规模有着显著的负向影响,与前文基准回归结果相符。除此之外,在 SGMM 估计中,被解释变量外汇储备规模与其一阶滞后维持稳定的显著正向关系,表明外汇储备的规模积累有着一定的历史依赖性。控制变量中,短期资本流动系数为正且在加入日元利率的回归结果中统计显著,平均进口倾向与外汇储备规模在美元与英镑利率的 SGMM 估计中维持了显著正向关系。

表 5-6 稳健性检验 1 使用 SGMM 估计

解释变量	被解释变量：$lnReserveofGDP$			
	(1) 美元利率	(2) 欧元利率	(3) 英镑利率	(4) 日元利率
$rate1$	-0.010 8** (-1.977)			
$rate2$		-0.017 5** (-2.081)		
$rate3$			-0.014 8* (-1.866)	
$rate4$				-0.031 9* (-1.746)
$L.lnReserveofGDP$	0.754*** (10.309)	0.900*** (8.648)	0.744*** (7.404)	0.736*** (7.838)
$lnImpofGDP$	0.405** (2.344)	-0.201 (-1.349)	0.482* (1.890)	0.419 (1.618)
$lnExrate$	0.066 1*** (2.705)	-0.026 4 (-0.835)	0.012 4 (0.291)	0.013 2 (0.304)
$lnShortDebtofGDP$	0.057 4 (1.480)	0.033 7 (1.243)	-0.007 71 (-0.259)	-0.005 95 (-0.203)
$lnMofGDP$	0.038 7 (0.420)	0.034 0 (0.282)	-0.177 (-1.327)	-0.122 (-0.972)
$FPOI$	0.469 (1.276)	0.482 (1.537)	0.591 (1.254)	0.681* (1.889)
$open$	0.107 (0.462)	0.046 0 (0.323)	-0.088 9 (-0.291)	-0.265 (-0.950)
$Regime$	0.023 2** (1.963)	-0.004 33 (-0.262)	0.014 6 (0.767)	0.016 0 (0.735)
$lnPopulation$	0.016 2 (0.568)	-0.012 9 (-0.482)	0.047 3 (1.260)	0.037 7 (0.950)
$lnGDPpercapita$	-0.014 8 (-0.222)	-0.089 5 (-1.601)	-0.007 03 (-0.092)	0.013 1 (0.180)
$\_cons$	-1.704* (-1.653)	1.780* (1.950)	-1.349 (-1.084)	-1.235 (-0.910)

(续表)

解释变量	被解释变量：$lnReserveofGDP$			
	(1) 美元利率	(2) 欧元利率	(3) 英镑利率	(4) 日元利率
N	2 636	1 464	2 559	2 636
AR(1)P值	0.002	0.006	0.003	0.002
AR(2)P值	0.583	0.845	0.556	0.444
Hansen检验P值	0.921	0.107	0.257	0.290

注：括号内为T统计量，*、** 和 *** 分别表示在10%、5%和1%的水平上显著。回归结果基于SGMM估计。

其次，本章进一步采用滞后解释变量的方法缓解内生性问题进行稳健性检验。假设所有解释变量的1期滞后值严格外生，与被解释变量不相关，将所有解释变量滞后1期，进行固定效应回归，模型估计结果列于表5-7。表5-7显示，四种国际货币利率对非国际货币发行经济体的外汇储备规模具备显著负向影响，且美元、英镑和日元利率系数相比基准回归结果系数估计有所增加，表明其货币政策对其他经济体外汇储备规模的外溢效应随着时间延长而增强，具有一定的滞后性。控制变量中金融发展深度及短期资本流动系数在SDR的四种构成货币模型中显著为正，平均进口倾向在美元、英镑和日元利率的模型中显著增加外汇储备规模。

表5-7 稳健性检验2采用滞后解释变量的固定效应回归

解释变量	被解释变量：$lnReserveofGDP$			
	(1) 美元利率	(2) 欧元利率	(3) 英镑利率	(4) 日元利率
L.rate1	−0.102*** (−3.522)			
L.eurorate1		−0.064 2*** (−2.653)		
L.poundrate1			−0.085 9*** (−3.522)	
L.yenrate1				−0.184*** (−3.522)

(续表)

解释变量	被解释变量：$lnReserveofGDP$			
	(1) 美元利率	(2) 欧元利率	(3) 英镑利率	(4) 日元利率
$L.lnImpofGDP$	0.434*** (2.709)	0.0251 (0.142)	0.434*** (2.709)	0.434*** (2.709)
$L.lnExrate$	0.0891 (1.631)	−0.147 (−1.001)	0.0891 (1.631)	0.0891 (1.631)
$L.lnShortDebtofGDP$	−0.0486** (−2.031)	−0.0333* (−1.833)	−0.0486** (−2.031)	−0.0486** (−2.031)
$L.open$	0.181 (1.503)	0.292 (1.503)	0.181 (1.503)	0.181 (1.503)
$L.Regime$	−0.00775 (−0.698)	−0.0308 (−1.488)	−0.00775 (−0.698)	−0.00775 (−0.698)
$L.lnMofGDP$	0.237* (1.709)	0.494*** (3.425)	0.237* (1.709)	0.237* (1.709)
$L.FPOI$	1.216*** (4.133)	0.918*** (2.817)	1.216*** (4.133)	1.216*** (4.133)
$L.lnPopulation$	−0.130 (−0.318)	0.179 (0.299)	−0.130 (−0.318)	−0.130 (−0.318)
$L.lnGDPpercapita$	−0.307*** (−2.772)	−0.259** (−2.026)	−0.307*** (−2.772)	−0.307*** (−2.772)
_cons	4.379 (0.637)	0.383 (0.039)	4.091 (0.601)	4.273 (0.624)
N	2 601	1 468	2 601	2 601
R^2	0.396	0.288	0.396	0.396

注：括号内为 T 统计量，*、** 和 *** 分别表示在 10%、5% 和 1% 的水平上显著。回归结果基于双向固定效应。

本章加入其他控制变量，缓解遗漏变量可能导致的估计偏误。在国际货币发行经济体进入货币政策宽松或者正常化的持续周期后，其他经济体对此形成合理预期，可能会相应跟进国际货币发行经济体的货币政策周期，从而对本国的外汇储备规模造成一定的影响。例如，当前主要发达经济体进入货币政策正常化周期后，不少新兴经济体也相应跟进了美元的加息进程。为了控制本国货币政策预期对外汇储备规模的影响，本书进一步在解释变量中加入本国货币政策预期变量进行稳健性检验。假定本国对货币政策具备理性预期和完全信息[①],货币政策预期变量(expected monetary policy,EMP)的计算方法参考 Kuttner(2001)[205]和陶雄华等(2014)[206]设定为 $EMP_t = r_t - r_{t-1}$,其中 r 代表本国基准利率。表 5-8 显示,本国货币政策预期显著减少外汇储备规模。在加入本国货币政策预期控制变量后,四种国际货币发行经济体的基准利率显著减少其他经济体外汇储备规模,金融发展深度和短期资本流动显著增加其他经济体外汇储备规模。此外,加入本国对国际货币发行经济体的货币政策预期变量实证检验发现,对国际货币发行经济体的货币政策预期未能显著解释其他经济体外汇储备规模,四种国际货币发行经济体的基准利率对其他经济体外汇储备规模的影响不变。本书略去了这部分结果。

表 5-8 稳健性检验 3 考虑本国货币政策预期

解释变量	被解释变量:$lnReserveofGDP$			
	(1) 美元利率	(1) 欧元利率	(1) 英镑利率	(1) 日元利率
$rate1$	−0.0813*** (−2.855)			
$rate2$		−0.176*** (−3.444)		
$rate3$			−0.0655** (−2.349)	
$rate4$				−0.147*** (−2.855)
$lnImpofGDP$	0.679*** (4.182)	0.0846 (0.474)	0.686*** (4.128)	0.679*** (4.182)
$lnExrate$	0.149*** (3.058)	−0.122 (−0.877)	0.161*** (3.270)	0.149*** (3.058)

---

① 考虑到近年来各国尤其是发达经济体的货币当局致力于增加货币政策可信度和透明度,如通过公开通胀目标、公开经济预测等经济展望信息、公开货币政策决策程序及会议记录等途径,使公众能够最大限度地获取信息,从而合理和理性预期货币政策走向,以及考虑到单独核算各经济体货币政策预期的口径不具可比性和操作难度,本文简单假设经济参与者能够完全预期货币政策变化,则当期货币政策预期等同于实际货币政策变动。这个假设可能导致货币政策预期变量对外汇储备规模的效应增强,但仍然可以对本国货币政策预期对外汇储备规模的影响有方向性的估计结果。

(续表)

解释变量	被解释变量：$lnReserveofGDP$			
	(1) 美元利率	(1) 欧元利率	(1) 英镑利率	(1) 日元利率
$lnShortDebtofGDP$	−0.031 1 (−1.597)	−0.018 4 (−1.063)	−0.033 5* (−1.753)	−0.031 1 (−1.597)
$lnMofGDP$	0.313** (1.997)	0.599*** (3.284)	0.316* (1.966)	0.313** (1.997)
$FPOI$	1.232*** (4.076)	1.081*** (3.215)	1.262*** (4.136)	1.232*** (4.076)
$open$	0.222* (1.783)	0.114 (0.580)	0.209* (1.680)	0.222* (1.783)
$Regime$	−0.004 64 (−0.422)	−0.035 8 (−1.589)	−0.001 36 (−0.122)	−0.004 64 (−0.422)
$lnPopulation$	−0.700** (−2.054)	−0.202 (−0.421)	−0.646* (−1.755)	−0.700** (−2.054)
$lnGDPpercapita$	−0.163 (−1.436)	−0.265** (−2.159)	−0.136 (−1.182)	−0.163 (−1.436)
EMP	−0.013 5*** (−3.228)	−0.009 40** (−2.119)	−0.013 9*** (−3.277)	−0.013 5*** (−3.228)
_cons	10.67* (1.797)	5.921 (0.752)	9.228 (1.457)	10.58* (1.790)
N	1 986	1 229	1 923	1 986
R^2	0.437	0.365	0.434	0.437

注：括号内为 T 统计量，*、** 和 *** 分别表示在 10%、5% 和 1% 的水平上显著。回归结果基于双向固定效应。

考虑到被解释变量外汇储备规模和解释变量中平均进口倾向、短期外债和金融发展深度等变量同时采用 GDP 占比对解释变量和被解释变量带来的共同影响，本章进一步将被解释变量替换为外汇储备规模取对数，缓解这种共同影响带来的内生性问题。表 5-9 结果表明，四种国际货币的利率仍显著减少其他经济体外汇储备规模；控制变量中金融发展深度、短期资本流动、人口和人均 GDP 显著增加外汇储备规模。汇率体制安排显著减少其他经济体外汇储备规模。

表 5-9　稳健性检验 4 替换被解释变量为外汇储备取对数

解释变量	被解释变量：$lnReserve$			
	(1) 美元利率	(2) 欧元利率	(3) 英镑利率	(4) 日元利率
$rate1$	−0.0672** (−2.433)			
$rate2$		−0.101* (−1.843)		
$rate3$			−0.0483** (−2.078)	
$rate4$				−0.122** (−2.433)
$lnImpofGDP$	0.272** (2.017)	−0.154 (−0.903)	0.272** (2.037)	0.272** (2.017)
$lnExrate$	0.134*** (2.990)	−0.217 (−1.344)	0.144*** (3.247)	0.134*** (2.990)
$lnShortDebtofGDP$	−0.0556*** (−2.889)	−0.0400*** (−2.721)	−0.0578*** (−2.940)	−0.0556*** (−2.889)
$lnMofGDP$	0.405*** (3.103)	0.772*** (4.882)	0.388*** (2.927)	0.405*** (3.103)
$FPOI$	1.321*** (5.517)	0.893*** (4.124)	1.352*** (5.566)	1.321*** (5.517)
$open$	0.162 (1.475)	0.194 (1.070)	0.145 (1.306)	0.162 (1.475)
$Regime$	−0.0227** (−2.299)	−0.0517*** (−2.791)	−0.0201* (−1.979)	−0.0227** (−2.299)
$lnPopulation$	1.072*** (3.161)	1.710*** (3.224)	1.124*** (3.152)	1.072*** (3.161)
$lnGDPpercapita$	0.633*** (5.127)	0.583*** (4.365)	0.666*** (5.435)	0.633*** (5.127)
_cons	−3.234 (−0.550)	−11.43 (−1.367)	−4.535 (−0.745)	−3.305 (−0.564)
N	2 691	1 464	2 614	2 691
R^2	0.784	0.751	0.779	0.784

注：括号内为 T 统计量，*、** 和 *** 分别表示在 10%、5% 和 1% 的水平上显著。回归结果基于双向固定效应。

以上分析表明,国际货币发行经济体的货币政策外溢效应显著影响其他经济体的外汇储备规模。值得注意的是,日元利率对其他经济体外汇储备规模影响的系数估计绝对值较高,从日元货币政策外溢效应对其他经济体外汇储备规模的影响角度来看,日元在国际货币体系中的地位不断增强。杨荣海(2017)[207]也得出类似实证结果:英镑利率在四种国际货币中系数估计绝对值最低。短期国际资本流动和平均进口倾向在 SGMM 估计外的模型中显著增加外汇储备规模。发达经济体货币政策对其他经济体储备规模具备外溢效应,国际货币发行经济体的利率走向及其货币政策的松紧程度对其他经济体的外汇储备规模具有越来越重要的影响。

第四节　本章小结

本章针对当前主要发达经济体货币政策正常化阶段引发加息压力的事实,提出国际货币发行经济体货币政策外溢效应与其他经济体外汇储备规模变动关系的实证检验假设,选取 1980—2015 年数据,通过固定效应面板回归模型,对国际货币发行经济体货币政策对其他经济体的外汇储备规模的影响进行了实证检验。研究结果发现,美元、欧元、英镑和日元的货币政策对其他经济体的外汇储备规模有着显著的外溢效应。

本章研究结果的政策启示如下:一是针对当前主要发达经济体以加息周期为标志的货币政策外溢效应,其他经济体货币当局应根据具体经济形势,采取宏观审慎措施,确保外汇储备规模供给来源充足,优化外汇储备规模管理,满足外汇储备规模需求。顺应货币政策正常化进程,应对加息周期,调整储备规模,灵活运用外汇储备干预外汇市场,缓解加息周期对本国经济产生的紧缩效应。二是稳妥推进资本账户开放,进一步完善人民币汇率形成机制,逐渐减少人民币汇率干预,逐步通过市场机制约束经济整体应对外生金融冲击的调控过程,不断增强我国金融体系和实体经济应对金融冲击的稳健性和弹性,我国外汇储备的金融稳定需求也会相应逐步缓解。三是在当前主要发达经济体的货币政策外溢效应导致我国外汇储备规模供给不容乐观,货币当局出于外汇市场干预动机的外汇储备规模需求不断增加,外汇储备规模供求存在失衡压力的背景下,借鉴美元等货币的国际化进程经验和教训,稳步推进人民币国际化进程,助推人民币储备需求不断提升,我国外汇储备规模也会经历由多到少,不断向最优规模收敛的动态调整过程。

第六章　外汇储备维持金融稳定的理论机制和实证检验

第一节　引　　言

第五章实证检验确认了美元、欧元、英镑和日元等国际货币发行经济体的货币政策对其他经济体的外汇储备规模有着显著的外溢效应,本章进一步对其他经济体通过外汇储备维持本国金融稳定的机制进行理论解释和实证检验。

开放经济下,主要发达经济体货币政策的外溢效应不容忽视。随着后金融危机时代经济复苏呈现过热势头,全球经济体经历了一个从量化宽松到适度收紧的货币政策调整周期。美国、欧元区、日本和英国等国际货币发行经济体尤为明显。美联储自2015年年末至2018年年末实施了新一轮货币收紧政策。以美元加息为标志的国际货币流动性回撤,给新兴市场经济体带来巨大的资本外流压力。发达经济体货币政策外溢效应和短期国际资本流动对新兴市场经济体的金融稳定造成的压力不可小觑。

金融全球化使得世界各地的金融市场彼此连接,货币政策外溢效应和联动效应增强。从通过外汇市场干预维持汇率稳定,给予本国货币政策适度独立性的角度出发,维持国内金融稳定动机的外汇储备规模需求应时而生。当一国宏观审慎政策缺位时,充足的外汇储备规模有助于维持金融稳定(Aizenman 等,2017[138])。Obstfeld 等(2010)[1]

认为,一国央行持有外汇储备的首要原因是保护国内银行业及信贷市场,同时限制本币的对外贬值。

外汇储备规模需求与一国金融发展深度以及金融体制和金融基础设施的完善程度密切相关。如果一国真正实现了自由浮动汇率,加上金融账户完全自由化,在国际收支平衡面临冲击时可自动调节,不会产生外汇储备需求。但在各国的货币政策实践中,真正意义上的完全自由浮动汇率安排很少存在(Ilzetzki 等,2017[196]),各国货币当局在多数情况下无法对汇率水平坐视不理,经常通过外汇市场干预调控汇率合意区间,从而催生外汇储备的金融稳定需求。外汇储备的金融稳定需求主要是指能够满足应对或者预防经济金融不利事件的储备规模需求。在实际经济运行中,外汇储备往往被视为经济实力的标志之一,对于新兴市场经济体尤其如此。适度规模的外汇储备对于正处于经济较高速度发展阶段的新兴市场经济体而言不可或缺。因此,非国际货币发行经济体如何利用外汇储备应对国际货币发行经济体的货币政策外溢效应,成为值得深入研究的问题。

本书拟就非国际货币发行经济体为应对国际货币发行经济体的货币政策外溢效应,通过外汇储备规模维持金融稳定的作用机制进行研究。本书的创新点在于:一是构建基于外汇市场干预的非抛补利率平价条件,为研究非国际货币发行经济体货币当局的外汇储备规模与本外币相对利率的关系寻求理论解释;二是选取全球非国际货币发行经济体的面板数据,针对特别提款权(special drawing right,SDR)货币篮子中美元、欧元、英镑及日元等代表性国际货币的货币政策外溢效应,首次实证检验非国际货币发行经济体基于外汇市场干预的非抛补利率平价条件是否成立,从外汇市场干预维持金融稳定角度,为货币当局的外汇储备规模管理提供理论解释和经验证据。

本书接下来的内容安排如下:第二节是理论解释和实证检验假设,第三节是非国际货币发行经济体外汇储备规模变动与本外币相对利率关系的实证检验,第四节是本章小结。

第二节 理论解释和实证检验假设

本部分参考 Benes 等(2015)[127]的做法,通过商业银行的预期收益最大化问题,推导一国金融体系基于外汇市场干预的非抛补利率平价条件,为外汇储备维持金融稳定的作用机制提供理论解释。涉及的简化模型包括家庭、央行及商业银行。根据我国经济运行特征,在结售汇制度下,央行积累外汇储备 F 的同时发行流通中货币,即外汇占款。为冲销目的,以商业银行为交易对手卖出央行债券 O。假定商业银行通过国外融资 B 和家庭存款 D 维持运营,以存款利率 j_D 吸收家庭存款 D,并以贷款利率 j 向家庭发放贷款 L。从资产负债表的角度来看,央行资产为外币价格表示的外汇储备 F,负债为本币价格表示的债券 O;商业银行资产为债券 O 和贷款 L,负债为家庭存款 D 和国外融资 B。央行和商业银行构成的银行体系的简化资产负债表见表 6-1。

表 6-1 银行体系简化资产负债表

中央银行		商业银行	
资产	负债	资产	负债
F	O	O	B
		L	D

假设本国商业银行属于风险厌恶投资者,从其资产组合获得风险调整的预期收益最大化问题见(6-1)式。其中 c 是风险厌恶参数,RR_{t+1} 代表实际收益,约束条件中 L_t 是商业银行体系整体发放的贷款,O_t 是商业银行持有的央行债券,B_t 是商业银行的境外融资,D_t 是本国居民在商业银行体系内的存款。$E_t(RR_{t+1})$ 和 $var(RR_{t+1})$ 是商业银行以本币表示的预期实际收益及其方差分别见(6-2)式和(6-3)式。其中,$\sigma^2_{S,t}$ 是汇率贬值 S_{t+1}/S_t 方差,S_t 是直接标价法下的名义汇率。$\sigma^2_{P,t}$ 是通胀率倒数 P_t/P_{t+1} 方差。i^*_t 是外国利率,P_t 是本国名义价格水平。为简单起见,假设通胀率与汇率不相关。

$$\max_{L_t, O_t, B_t, D_t} \{E_t(RR_{t+1}) - \frac{c}{2} var(RR_{t+1})\} \quad s.t. \quad L_t + O_t = B_t + D_t \tag{6-1}$$

$$E_t(RR_{t+1}) = \frac{j_t L_t}{P_{t+1}} + \frac{i_t O_t}{P_{t+1}} - \frac{i_t^* B_t}{P_{t+1}} \frac{S_{t+1}}{S_t} - \frac{j_{D,t} D_t}{P_{t+1}} \tag{6-2}$$

$$var(RR_{t+1}) = \frac{(j_t)^2 L_t^2 \sigma_{P,t}^2}{P_t^2} + \frac{(i_t)^2 O_t^2 \sigma_{P,t}^2}{P_t^2}$$
$$+ \frac{(i_t^*)^2 B^2 (\sigma_{S,t}^2 + \sigma_{P,t}^2)}{P_t^2} + \frac{(j_{D,t})^2 D_t^2 \sigma_{P,t}^2}{P_t^2} \tag{6-3}$$

以上最优化问题的一阶条件为(6-4)式至(6-7)式,其中 λ_t 是最优化问题中预算约束条件的拉格朗日乘子。

对 L_t 求导可得:

$$\frac{j_t}{P_{t+1}} - \frac{c}{P_t} \frac{j_t^2 L_t \sigma_{P,t}^2}{P_t} - \lambda_t = 0 \tag{6-4}$$

对 O_t 求导可得:

$$\frac{i_t}{P_{t+1}} - \frac{c}{P_t} \frac{i_t^2 O_t \sigma_{P,t}^2}{P_t} - S_t \lambda_t = 0 \tag{6-5}$$

对 B_t 求导可得:

$$-i_t^* \frac{S_{t+1}}{S_t} \frac{1}{P_{t+1}} - \frac{c}{P_t} \left[(i_t^*)^2 (\sigma_{S,t}^2 + \sigma_{P,t}^2) \frac{B_t}{P_t} \right] + S_t \lambda_t = 0 \tag{6-6}$$

对 D_t 求导可得:

$$-\frac{j_{D,t}}{P_{t+1}} - \frac{c}{P_t} \frac{j_{D,t}^2 D_t \sigma_{P,t}^2}{P_t} + \lambda_t = 0 \tag{6-7}$$

假设本国商业银行利率 j_t 与央行债券利率 i_t 无差异,如(6-8)式所示,将以上条件化简可得(6-9)式。(6-9)式即基于外汇市场干预的非抛补利率平价条件。其中,相对利率(即本国与他国利差)与实际外汇储备规模变动 $F=O$①是正的线性关系。当面临本币贬值压力时,货币当局通过出售外汇储备干预外汇市场。一方面,本币汇率贬值幅度减少,本币利率微弱增加或者不变;另一方面,国际外汇市场国际货币投放量增加,国际货币利率减少,从而带来本外币相对利率增加。

$$j_t = i_t \tag{6-8}$$

$$j_t = i_t^* \frac{S_{t+1}}{S_t} + c \frac{P_{t+1}}{P_t} \left[i_t^2 \sigma_{P,t}^2 \frac{O_t}{P_t} \right.$$

$$\left. + i_t^{*2} (\sigma_{S,t}^2 + \sigma_{P,t}^2) \frac{L_t + O_t - D_t}{P_t} \right] \tag{6-9}$$

基于以上理论解释,为应对国际货币发行经济体货币政策的外溢效应,非国际货币发行经济体央行动用外汇储备干预外汇市场调控汇率吸收外生金融冲击,给予本国货币政策适度独立性。据此,本书提出以下实证检验假设。

实证检验假设:其他条件不变时,非国际货币发行经济体通过适度外汇储备规模需求进行外汇市场干预,有助于维持本外币相对利率。

第三节 非国际货币发行经济体外汇储备维持金融稳定作用机制的实证检验

根据实证检验假设,本书将外汇储备规模对本外币相对利率影响的计量模型设定为(6-10)式。本书选取的被解释变量为本外币相对利率,$Spread j, j \in [1, 4]$ 分别代表本币与美元、欧元、日元和英镑之间的相对利率变量(即两者之间的利差,下文分别简称"对美元相对利率""对欧元相对利率""对英镑相对利率"和"对日元相对利率")。$dReserveofGDP$ 和 $dExrate$ 代表外汇储备和汇率的年度变化。

---

① 当央行完全冲销外汇储备增量带来的货币供给变化时,外汇储备 F 等于向商业银行出售的债券 O。

(6-10)式同时控制了汇率制度安排和资本市场开放程度两个变量。

$$Spreadj_{i,t} = \beta_0 + \beta_1 dReserveofGDP_{i,t} + \beta_2 dExrate_{i,t}$$
$$+ \beta_3 Regime_{i,t} + \beta_4 Open_{i,t} + u_i + \epsilon_{i,t} \quad (6\text{-}10)$$

基于外汇市场干预的非抛补利率平价条件(6-9)式表明,两国相对利率与外汇储备规模变动存在正向关系,即外汇储备增加对本外币相对利率有正向影响,实证中预期外汇储备变动的系数估计为正。

汇率对利率的传导机制分为国际收支与金融套利两种途径。前者基于国际收支平衡表的经常项目和资本项目,后者则与金融市场的短期波动相关。从经常项目来看,汇率贬值,出口增加;基于非国际货币发行经济体采用一定程度固定汇率的现实,通过维持固定汇率安排带来的货币投放量增加,本币利率下降,本外币相对利率相应下降。从资本项目来看,本币贬值,资本通过外汇流出,外汇占款减少,本币利率增加,本外币相对利率相应增加。如果央行采用完全冲销式干预,则该种传导机制不会影响本外币相对利率。从金融套利的角度来看,在资本自由流动和浮动汇率安排下,投资者套利行为会导致两国资产收益率最终趋于一致。直接标价法下,一国本币汇率的远期贴(升)水率等于该国与他国的相对利率,即利率与汇率呈负相关性。因此,汇率究竟如何影响本外币相对利率,需要针对非国际货币发行经济体的资本市场开放程度、金融市场发展程度及具体的汇率制度安排具体分析。

对于非国际货币发行经济体,资本项目开放程度和汇率浮动区间受限,加上金融市场不完全,限制了国际收支及利率平价条件中汇率对利率的传导机制。因此,面对汇率贬值压力,当一国采取外汇市场干预维持汇率浮动区间或者汇率目标时,则本国利率增加幅度减少,本外币相对利率下降,即对于非国际货币发行经济体,当外汇市场干预导致汇率较为稳定时,本外币相对利率提升的压力较小,当汇率贬值幅度增加时,本外币相对利率提升的压力加大。因此,预期实证中直接标价法汇率变量系数估计为正值。

在稳健性检验部分，本书进一步加入了短期资本流动、储蓄和广义货币发行量三个变量（都以占 GDP 比例衡量）。一方面，短期资本通过外汇流入，外汇占款增加，带来本外币相对利率下降，同时，利率平价条件有效性增加，带来本外币相对利率下降；另一方面，短期资本流入导致外汇储备规模同步增加，对本外币相对利率起到正向作用。因此，实证中短期资本流动系数方向不能明确。一国储蓄增加，贷款供给来源增加，则该国贷款基准利率下降。因此，实证中预期一国储蓄系数估计值为负值。一方面，一国广义货币发行量增加，本国利率下降，因此本外币相对利率可能下降；另一方面，当本国广义货币发行量增加的原因是外汇占款时，外汇储备规模增加，对相对利率起到正向作用。因此，广义货币发行量对本外币相对利率的影响方向不能明确。

本书数据来自世界银行世界发展指标（WDI）数据库、国际货币基金组织（IMF）国际金融统计（IFS）数据、官方外汇储备货币构成（COFER）数据及 Chinn 和 Ito（2006）[202]构建的资本账户开放程度指标与 Ilzetzki 等（2017）[196]构建的事实汇率安排指标，选取 1980—2015 年数据。根据数据可得性，选取的样本共包括 155 个国家和地区。表 6-2 为各变量的描述性统计。

表 6-2 变量描述性统计

变量名	代码	观测值	均值	方差	最小值	最大值
外汇储备 GDP 占比	$Reserve of GDP$	5 111	12.26	10.93	0	40.57
人口（单位：百万人）	$Population$	5 573	32.00	129.00	0.02	1 370.0
人均 GDP（单位：万美元）	$GDP per capita$	5 108	0.49	0.72	0.02	2.73
汇率（直接标价法）	$Exrate$	5 164	210.55	443.17	0.30	1 746.87
短期资本流动 GDP 占比	$FPOI$	5 111	0.19	0.15	0	0.57
广义货币发行量 GDP 占比	$MofGDP$	4 740	46.21	27.08	13.77	112.38
贸易 GDP 占比	$Trade of GDP$	5 580	68.35	41.72	0.00	149.27
储蓄 GDP 占比	$Saving of GDP$	4 641	17.16	14.02	−9.95	44.08
本币基准利率	$rate$	3 772	16.09	11.58	2.40	97.34
事实汇率制度安排指标	$Regime$	5 560	6.76	4.59	1	15
资本市场开放度	$Open$	4 380	0.48	0.33	0.06	1

(续表)

变量名	代码	观测值	均值	方差	最小值	最大值
美元基准利率	rate1	5 580	7.61	3.38	3.25	15.27
欧元基准利率①	rate2	5 580	7.02	4.33	0.30	13.59
英镑基准利率	rate3	5 425	6.90	4.29	0.5	14.77
日元基准利率	rate4	5 580	3.73	2.33	1.22	7.86
本币对美元相对利率	spread1	3 772	8.97	11.70	−13.83	92.66
本币对欧元相对利率	spread2	3 772	9.81	11.51	−9.65	93.59
本币对英镑相对利率	spread3	3 655	10.11	11.88	−11.27	93.34
本币对日元相对利率	spread4	3 772	12.84	11.59	−3.31	95.47

经检验,面板数据中各变量无多重共线性问题且适用固定效应模型(检验结果略去)。表6-3列出了外汇储备变动与对美元相对利率的实证结果。表6-3的(1)列是以外汇储备规模变动为解释变量的个体固定效应基准回归结果。外汇储备规模变动显著增加对美元相对利率。表6-3的(2)列加入汇率变动后,外汇储备规模变动仍然显著增加对美元相对利率。与预期相符合,本币汇率贬值,则本外币相对利率增加。表6-3的(3)列、(4)列进一步控制了汇率制度安排变量和资本市场开放程度变量,外汇储备仍然有助于维持对美元相对利率。这表明对于高度国际化且在国际货币体系中占据主导地位的国际货币的货币政策外溢效应,非国际货币发行经济体货币当局通过动用外汇储备干预外汇市场,有助于维持本外币相对利率空间,从而维持金融稳定,给予本国货币政策适度独立性。

表6-3 外汇储备规模变动与对美元相对利率关系

解释变量	被解释变量：对美元相对利率			
	(1) 基准模型	(2) 汇率变量	(3) 汇率安排	(4) 综合模型
dReserveofGDP	0.123 *** (4.379)	0.102 *** (3.734)	0.088 1 *** (3.442)	0.087 7 *** (3.091)

---

① 欧元设立前的利率数据由欧元区主导型货币德国马克的利率数据表示。

(续表)

解释变量	被解释变量：对美元相对利率			
	(1) 基准模型	(2) 汇率变量	(3) 汇率安排	(4) 综合模型
$dExrate$		0.028 4*** (3.945)	0.024 6*** (3.863)	0.022 1*** (3.767)
$Regime$			0.851*** (3.524)	0.740*** (3.523)
$open$				−1.699 (−0.939)
常数项	9.129*** (742.067)	8.865*** (199.578)	3.276** (2.064)	4.958*** (3.432)
观测值	3 602	3 570	3 570	3 169
R^2	0.002 54	0.021 1	0.071 2	0.057 1

注：括号内为T统计量，*、**和***分别表示在10％、5％和1％的水平上显著。

为节省篇幅，本书不再单独列出对欧元、英镑和日元三种相对利率的分步回归结果，而是将外汇储备规模变动与对美元、欧元、英镑和日元相对利率的综合模型回归结果列于表 6-4。外汇储备规模变动显著增加本币与四种国际货币之间的相对利率，且外汇储备为维持本币与美元或日元之间的相对利率估计系数较小，而欧元和英镑较大。这表明对于国际化程度较高的货币如美元和日元，货币政策的外溢效应、外汇储备的金融稳定功能明显削弱。此外，事实汇率安排系数估计显著为正。原因可能是新兴市场经济体放松汇率管制后，国际货币发行经济体货币政策外溢效应增强。在其他条件不变时，为了吸引资本流入，新兴市场经济体设定了较高本币利率，从而汇率安排和本外币相对利率呈现同向变动趋势。

表 6-4 外汇储备规模变动与相对利率关系的实证结果

解释变量	被解释变量			
	(1) 对美元相对利率	(2) 对欧元相对利率	(3) 对英镑相对利率	(4) 对日元相对利率
$dReserveofGDP$	0.087 7*** (3.091)	0.103*** (3.504)	0.099 7*** (3.159)	0.086 6*** (3.151)

(续表)

解释变量	被解释变量			
	(1)	(2)	(3)	(4)
	对美元相对利率	对欧元相对利率	对英镑相对利率	对日元相对利率
$dExrate$	0.022 1*** (3.767)	0.016 6*** (2.889)	0.022 4*** (4.120)	0.023 3*** (4.222)
$Regime$	0.740*** (3.523)	0.644*** (3.203)	0.649*** (3.118)	0.688*** (3.238)
$open$	−1.699 (−0.939)	−0.596 (−0.310)	−0.560 (−0.282)	−2.825 (−1.510)
常数项	4.958*** (3.432)	5.940*** (4.168)	6.241*** (4.219)	9.647*** (6.443)
观测值	3 169	3 169	3 067	3 169
R^2	0.057 1	0.042 7	0.045 5	0.057 4

注：括号内为 T 统计量，*、**和***分别表示在 10%、5%和 1%的水平上显著。

汇率变动、资本市场开放程度及外汇储备规模变动等解释变量与被解释变量本外币相对利率的双向因果关系，有可能导致解释变量系数估计偏误。因此，本章首先采用似不相关回归估计方法缓解内生性问题。估计结果列于表 6-5。奇数列将 OLS 基准结果作为对照，偶数列是似不相关回归结果。联立方程分别设定为(6-11)式和(6-12)式。其中，变量 $ratej$，$j \in [1,4]$，分别表示本币对美元、欧元、英镑和日元基准利率。(6-11)式是本书的基准计量模型，研究外汇储备变动对本外币相对利率的影响；(6-12)式是外汇储备规模的影响因素模型，其中除了货币发行量($MofGDP$)、对外贸易($TradeofGDP$)、短期资本流动($FPOI$)等常规因素的影响外，还特别考察了国际货币政策外溢效应($ratej$，$j \in [1,4]$代表美元、欧元、英镑和日元基准利率)对其他经济体外汇储备规模的影响。此外，还加入资本开放度($Open$)、事实汇率安排指标($Regime$)作为控制变量，人口($lnPopulation$)和人均 GDP ($lnGDPpercapita$)则是从重力模型角度考察的控制变量。

$$Spreadj_{i,t} = \beta_0 + \beta_1 dReserveofGDP_{i,t} + \beta_2 dExrate_{i,t}$$
$$+ \beta_3 Regime_{i,t} + \beta_4 Open_{i,t} + u_i + \epsilon_{i,t} \quad (6-11)$$

表 6-5 稳健性检验 1 使用似不相关回归

解释变量	(1) 联立方程OLS	(2) 似不相关回归	(3) 联立方程OLS	(4) 似不相关回归	(5) 联立方程OLS	(6) 似不相关回归	(5) 联立方程OLS	(6) 似不相关回归
	对美元相对利率	对美元相对利率	对欧元相对利率	对欧元相对利率	对英镑相对利率	对英镑相对利率	对日元相对利率	对日元相对利率
方程1 被解释变量								
$dReserveofGDP$	0.132** (2.317)	0.182*** (3.204)	0.145** (2.547)	0.192*** (3.395)	0.149** (2.524)	0.200*** (3.414)	0.129** (2.267)	0.181*** (3.193)
$dExrate$	0.0364*** (7.260)	0.0358*** (7.185)	0.03007*** (6.126)	0.0303*** (6.072)	0.03074*** (7.246)	0.0369*** (7.178)	0.0371*** (7.422)	0.0366*** (7.346)
$Regime$	−0.869*** (18.234)	0.868*** (18.240)	0.862*** (18.097)	0.862*** (18.102)	0.859*** (17.407)	0.859*** (17.412)	0.874*** (18.362)	0.874*** (18.368)
$open$	−1.591*** (−2.807)	−1.589*** (−2.804)	−1.276** (−2.251)	−1.273** (−2.247)	−1.183** (−2.013)	−1.179** (−2.007)	−1.906*** (−3.366)	−1.904*** (−3.364)
常数项	4.012*** (9.267)	3.995*** (9.237)	4.815*** (11.126)	4.800*** (11.099)	5.131*** (11.456)	5.114*** (11.426)	7.944*** (18.368)	7.927*** (18.344)
解释变量								
方程2 被解释变量 $ReserveofGDP$								
$MofGDP$	0.0489*** (8.380)	0.0436*** (7.499)	0.0492*** (8.439)	0.0441*** (7.591)	0.0481*** (8.105)	0.0426*** (7.208)	0.0498*** (8.518)	0.0441*** (7.582)
$TradeofGDP$	0.01009*** (2.878)	0.01007*** (2.842)	0.0107*** (2.841)	0.0106*** (2.807)	0.0117*** (3.029)	0.0115*** (3.007)	0.0106*** (2.791)	0.01004*** (2.757)
$FPOI$	48.98*** (51.793)	48.97*** (52.027)	48.85*** (51.323)	48.92*** (51.617)	48.71*** (49.839)	48.70*** (50.074)	49.23*** (51.756)	49.18*** (51.961)
$open$	2.227*** (5.347)	2.435*** (5.857)	2.237*** (5.371)	2.421*** (5.826)	2.339*** (5.515)	2.529*** (5.976)	2.207*** (5.286)	2.440*** (5.855)

（续表）

解释变量	(1) 联立方程 OLS	(2) 似不相关回归	(3) 联立方程 OLS	(4) 似不相关回归	(5) 联立方程 OLS	(6) 似不相关回归	(5) 联立方程 OLS	(6) 似不相关回归
			方程 2 被解释变量 Reserve of GDP					
Regime	-0.033 3 (-0.934)	-0.028 5 (-0.801)	-0.029 1 (-0.815)	-0.025 0 (-0.703)	-0.032 5 (-0.897)	-0.027 4 (-0.757)	-0.034 5 (-0.965)	-0.029 3 (-0.822)
lnPopulation	0.783*** (9.779)	0.744*** (9.342)	0.763*** (9.415)	0.732*** (9.077)	0.811*** (9.808)	0.774*** (9.398)	0.791*** (9.740)	0.747*** (9.250)
lnGDPpercapita	0.683*** (5.595)	0.592*** (4.871)	0.679*** (5.564)	0.596*** (4.904)	0.634*** (5.110)	0.543*** (4.400)	0.708*** (5.794)	0.609*** (5.009)
rate1	-0.221*** (-4.608)	-0.269*** (-5.625)						
rate2			-0.158*** (-4.689)	-0.196*** (-5.850)				
rate3					-0.139*** (-3.741)	-0.190*** (-5.120)		
rate4							-0.234*** (-3.365)	-0.292*** (-4.230)
常数项	-15.78*** (-8.993)	-14.02*** (-8.024)	-16.02*** (-9.277)	-14.54*** (-8.458)	-16.63*** (-9.349)	-14.90*** (-8.419)	-16.95*** (-9.784)	-15.18*** (-8.806)
观测值	3 114	3 114	3 114	3 114	3 016	3 016	3 114	3 114
R^2	0.120	0.120	0.114	0.114	0.116	0.116	0.122	0.122
B-P 检验 P 值	—	0.000	—	0.000	—	0.000	—	0.000

注：括号内为 T 统计量，*、**和*** 分别表示在 10%、5% 和 1% 的水平上显著。

$$\begin{aligned}
Reserve of GDP_{i,t} = {} & \beta_0 + \beta_1 M of GDP_{i,t} + \beta_2 Trade of GDP_{i,t} \\
& + \beta_3 FPOI_{i,t} + \beta_4 Open_{i,t} + \beta_5 Regime_{i,t} \\
& + \beta_6 \ln Population_{i,t} + \beta_7 \ln GDP per capita_{i,t} \\
& + \beta_8 rate j_{i,t} + u_i + \epsilon_{i,t}
\end{aligned} \qquad (6\text{-}12)$$

似不相关回归假定各方程扰动项存在同期相关,因此将各方程联合估计可以提高估计的效率。BP 检验结果 P 值表明,可以在 1% 的显著性水平上拒绝各方程的扰动项相互独立的原假设,因此采用似不相关回归可以提高估计效率。方程 1 中,外汇储备规模增加,则本币与四种国际货币间的相对利率增加。外汇储备规模对四种相对利率的正向影响与基准回归结果保持一致。对于货币国际化程度更高的美元和日元的货币政策外溢效应,外汇储备系数估计值较小,表明通过外汇市场干预维持本外币相对利率的效率下降,外汇储备应对国际货币政策外溢效应的金融稳定功能也相应削弱。方程 2 中,四种国际货币的利率显著负向影响非国际货币发行经济体的外汇储备规模,即当主要发达经济体的货币政策收紧时,其他经济体外汇储备规模减小。

本书进一步采用动态面板回归模型和 SGMM 估计方法缓解内生性问题。表 6-6 显示,外汇储备规模变动显著正向影响本外币相对利率,与基准回归结果保持一致。

表 6-6　稳健性检验 2 使用 SGMM 回归

解释变量	被解释变量			
	(1)	(2)	(3)	(4)
	对美元相对利率	对欧元相对利率	对英镑相对利率	对日元相对利率
$dReserve of GDP$	0.080 0*** (3.389)	0.072 9*** (2.834)	0.115*** (4.665)	0.075 7*** (3.176)
$dExrate$	0.010 2 (1.378)	0.010 7 (1.327)	0.015 8** (2.036)	0.008 34 (1.041)
$Regime$	0.199*** (3.920)	0.164*** (3.508)	0.162*** (3.347)	0.162*** (3.143)
$open$	−0.815** (−2.316)	−0.593** (−2.007)	−0.634* (−1.962)	−0.780*** (−2.694)

(续表)

解释变量	被解释变量			
	(1) 对美元相对利率	(2) 对欧元相对利率	(3) 对英镑相对利率	(4) 对日元相对利率
L.spread1	0.891*** (8.671)			
L2.spread1	−0.120 (−1.192)			
L.spread2		0.908*** (7.815)		
L2.spread2		−0.0878 (−0.762)		
L.spread3			0.886*** (9.049)	
L2.spread3			−0.0797 (−0.799)	
L.spread4				0.854*** (7.441)
L2.spread4				−0.0302 (−0.256)
常数项	1.035*** (2.796)	0.943** (2.555)	1.077*** (2.683)	1.314*** (2.904)
观测值	2 973	2 973	2 871	2 973
AR1 P 值	0.004	0.003	0.003	0.012
AR2 P 值	0.376	0.626	0.168	0.341
Hansen 检验 P 值	0.500	0.559	0.453	0.562

注：括号内为 T 统计量，*、** 和 *** 分别表示在 10%、5% 和 1% 的水平上显著。

考虑到随时间变化的不可观测因素造成的遗漏变量问题可能会导致模型回归系数估计偏误，本书分别加入 1997 年亚洲金融危机、2008 年全球金融危机、2010—2012 年欧洲主权债务危机和 2013 年美联储"削减恐慌"哑变量进一步回归。表 6-7 至表 6-10 结果显示，一国外汇储备规模变动对四种国际货币相对利率的解释能力与基准回归结果符合。1997 年亚洲金融危机倾向于增加非国际货币发行经济体本币和四种国际货币的相对利率。

表 6-7　稳健性检验 3 加入 1997 年亚洲金融危机哑变量

解释变量	被解释变量			
	(1)	(2)	(3)	(4)
	对美元相对利率	对欧元相对利率	对英镑相对利率	对日元相对利率
$dReserveofGDP$	0.089 4*** (3.160)	0.104*** (3.514)	0.102*** (3.252)	0.089 8*** (3.340)
$dExrate$	0.021 7*** (3.677)	0.016 4*** (2.861)	0.021 8*** (4.037)	0.022 4*** (4.066)
$Regime$	0.741*** (3.541)	0.644*** (3.207)	0.651*** (3.139)	0.690*** (3.277)
$open$	−1.614 (−0.897)	−0.564 (−0.294)	−0.453 (−0.230)	−2.661 (−1.444)
$crisisA$	2.348*** (2.739)	0.888 (1.040)	3.019*** (3.587)	4.528*** (5.248)
常数项	4.834*** (3.362)	5.893*** (4.124)	6.080*** (4.144)	9.408*** (6.378)
观测值	3 169	3 169	3 067	3 169
R^2	0.060 1	0.043 0	0.050 8	0.069 7

注：括号内为 T 统计量，*、** 和 *** 分别表示在 10%、5% 和 1% 的水平上显著。

表 6-8　稳健性检验 3 加入 2008 年全球金融危机哑变量

解释变量	被解释变量			
	(1)	(2)	(3)	(4)
	对美元相对利率	对欧元相对利率	对英镑相对利率	对日元相对利率
$dReserveofGDP$	0.084 0*** (2.907)	0.105*** (3.480)	0.087 7*** (2.723)	0.080 0*** (2.855)
$dExrate$	0.022 0*** (3.757)	0.016 6*** (2.890)	0.022 1*** (4.111)	0.023 1*** (4.206)
$Regime$	0.739*** (3.526)	0.644*** (3.206)	0.648*** (3.120)	0.687*** (3.242)
$open$	−1.651 (−0.915)	−0.617 (−0.321)	−0.398 (−0.201)	−2.737 (−1.469)
$crisisB$	−0.604 (−1.631)	0.251 (0.631)	−1.909*** (−4.665)	−1.091*** (−2.882)
常数项	4.962*** (3.440)	5.938*** (4.168)	6.248*** (4.237)	9.653*** (6.465)
观测值	3 169	3 169	3 067	3 169
R^2	0.057 0	0.042 5	0.047 7	0.058 0

注：括号内为 T 统计量，*、** 和 *** 分别表示在 10%、5% 和 1% 的水平上显著。

表 6-9 稳健性检验 3 加入 2010—2012 年欧债危机哑变量

解释变量	被解释变量			
	(1) 对美元相对利率	(2) 对欧元相对利率	(3) 对英镑相对利率	(4) 对日元相对利率
$dReserveofGDP$	0.087 5*** (3.078)	0.103*** (3.498)	0.101*** (3.205)	0.083 9*** (3.042)
$dExrate$	0.022 1*** (3.766)	0.016 6*** (2.891)	0.022 5*** (4.138)	0.023 0*** (4.183)
$Regime$	0.740*** (3.524)	0.644*** (3.204)	0.650*** (3.117)	0.687*** (3.245)
$open$	−1.691 (−0.938)	−0.597 (−0.312)	−0.604 (−0.306)	−2.727 (−1.464)
$crisisC$	−0.199 (−0.473)	0.023 6 (0.054)	0.953** (2.127)	−2.279*** (−5.331)
常数项	4.962*** (3.437)	5.939*** (4.171)	6.225*** (4.211)	9.686*** (6.491)
观测值	3 169	3 169	3 067	3 169
R^2	0.056 8	0.042 4	0.045 8	0.060 5

注:括号内为 T 统计量,*、** 和 *** 分别表示在 10%、5% 和 1% 的水平上显著。

表 6-10 稳健性检验 3 加入 2013 年美联储削减恐慌哑变量

解释变量	被解释变量			
	(1) 对美元相对利率	(2) 对欧元相对利率	(3) 对英镑相对利率	(4) 对日元相对利率
$dReserveofGDP$	0.087 4*** (3.075)	0.104*** (3.513)	0.099 8*** (3.163)	0.085 6*** (3.103)
$dExrate$	0.022 1*** (3.752)	0.016 6*** (2.895)	0.022 4*** (4.125)	0.023 1*** (4.169)
$Regime$	0.738*** (3.525)	0.644*** (3.212)	0.650*** (3.126)	0.684*** (3.234)
$open$	−1.668 (−0.925)	−0.612 (−0.319)	−0.573 (−0.289)	−2.729 (−1.466)
$crisisD$	−0.854 (−1.602)	0.408 (0.751)	0.315 (0.557)	−2.604*** (−4.821)
常数项	4.981*** (3.455)	5.929*** (4.170)	6.233*** (4.223)	9.716*** (6.519)
观测值	3 169	3 169	3 067	3 169
R^2	0.057 2	0.042 6	0.045 3	0.061 4

注:括号内为 T 统计量,*、** 和 *** 分别表示在 10%、5% 和 1% 的水平上显著。

最后,本书采用加入其他控制变量和使用双向固定效应面板数据回归的方法考察模型的稳健性。考虑到短期国际资本流动、储蓄、广义货币发行量、外汇储备和汇率变动的交互作用对两国相对利率的影响,以及时间固定效应对模型估计系数的影响,本书进一步加入这些变量进行时间和个体双向固定效应面板数据回归。结果列于表 6-11 中的(1)列至(4)列(限于篇幅略去时间固定效应结果)。考虑时间固定效应后,一国外汇储备规模变动仍然保持了对本币与四种货币之间相对利率的显著正向影响。汇率系数符号及显著性符合预期。一国高储蓄率显著降低两国相对利率。广义货币发行量和短期国际资本流动对本外币相对利率有负向影响,但统计不显著。

表 6-11　稳健性检验 4 加入其他变量同时使用双向固定效应回归

解释变量	被解释变量			
	(1)	(2)	(3)	(4)
	对美元相对利率	对欧元相对利率	对英镑相对利率	对日元相对利率
$dReserve of GDP$	0.131*** (3.596)	0.131*** (3.596)	0.126*** (3.333)	0.131*** (3.596)
$dExrate$	0.0186*** (3.949)	0.0186*** (3.949)	0.0182*** (3.916)	0.0186*** (3.949)
Xre	−0.000130 (−1.345)	−0.000130 (−1.345)	−0.000133 (−1.359)	−0.000130 (−1.345)
$Regime$	0.766*** (3.809)	0.766*** (3.809)	0.771*** (3.746)	0.766*** (3.809)
$open$	−3.328** (−2.227)	−3.328** (−2.227)	−3.453** (−2.278)	−3.328** (−2.227)
$FPOI$	−5.034 (−1.436)	−5.034 (−1.436)	−4.797 (−1.386)	−5.034 (−1.436)
$Saving of gdp$	−0.0782* (−1.909)	−0.0782* (−1.909)	−0.0765* (−1.852)	−0.0782* (−1.909)
$M of GDP$	−0.0635 (−1.544)	−0.0635 (−1.544)	−0.0630 (−1.528)	−0.0635 (−1.544)
观测值	2854	2854	2765	2854
R^2	0.223	0.159	0.222	0.222

注:括号内为 T 统计量,*、** 和 *** 分别表示在 10%、5% 和 1% 的水平上显著。

第四节 本章小结

本书基于当前主要发达经济体货币政策外溢效应的事实,提出非国际货币发行经济体通过外汇市场干预维持金融稳定与其外汇储备规模变动关系的实证检验假设,通过固定效应面板回归模型检验发现,非国际货币发行经济体通过动用外汇储备进行外汇市场干预,有助于维持本外币相对利率,从而维持本国较为稳定的金融环境。

本章研究结论的政策启示如下:一是顺应全球货币政策正常化周期,通过动用外汇储备适度干预外汇市场,减少加息冲击,缓解被动加息压力,为我国实体经济发展和产业结构调整升级营造适度宽松的货币金融环境。金融稳定是一国经济发展的前提,而外汇储备则是一国金融系统在面临压力时可以立即动用的安全资产。因此,顺应货币政策正常化进程,应对加息周期,调整储备规模,灵活运用外汇储备干预外汇市场,缓解加息周期对本国经济产生的紧缩效应,是当前我国货币政策需要关注的重点之一。二是稳妥推进资本账户开放,进一步完善人民币汇率形成机制,逐渐减少人民币汇率干预,逐步通过市场机制约束经济整体应对外生金融冲击的调控过程,不断增强我国金融体系和实体经济应对金融冲击的稳健性和弹性,我国外汇储备的金融稳定需求也会相应逐步缓解。三是在当前主要发达经济体的货币政策外溢效应导致我国外汇储备规模供给不容乐观,货币当局出于外汇市场干预动机的外汇储备规模需求不断增加,外汇储备规模供求存在失衡压力的背景下,借鉴美元等货币的国际化进程经验和教训,稳步推进人民币国际化进程,助推人民币储备需求不断提升,我国外汇储备规模也会经历由多到少,不断向最优规模收敛的动态调整过程。

第七章 本国货币政策外溢效应与外汇储备规模需求:理论模型与实证检验

第一节 引 言

第五、第六章分别考察了主要发达经济体货币政策外溢效应对其他经济体外汇储备规模的影响以及其他经济体通过外汇储备维持本国金融稳定的作用机制,本章则从本币国际化带来的本国货币政策外溢效应的角度出发,对本币国际化、金融稳定与外汇储备规模需求的关系进行了理论解释,并实证检验了货币国际化程度与外汇储备规模需求的关系,以及外汇储备需求驱动因素从进口交易需求到金融稳定需求的结构转型。

货币国际化是指一国货币被其他经济体普遍接受,承担计价、结算及价值贮藏功能的过程。一国货币的国际化程度是该国经济力量在货币维度的投影。长期来看,经济发展程度最终决定货币国际接受度。Chinn 和 Frankel(2007)[152]发现,主要货币发行经济体的 GDP 全球占比每上升 1%,短期内该国货币在全球外汇储备占比上升约 0.1%,长期内上升 2.2%。

自 2008 年以来,无论是发达经济体还是新兴市场经济体和发展中国家,其外汇储备规模均呈现明显增长趋势。Obstfeld 等(2010)[1]认为,一国央行持有外汇储备的首要原因是保护国内银行业及信贷市场,同时限制本币的对外贬值。当一国宏观审慎政策缺位时,充足外汇储备规模有利于维持金融稳定(Aizenman 等,2017[138])。外汇储备维

第七章 本国货币政策外溢效应与外汇储备规模需求：理论模型与实证检验

持金融稳定的主要途径是货币当局通过外汇市场干预应对国际收支失衡，维持汇率稳定或者使汇率波动控制在目标范围内。外汇储备作为国家金融资产，其使用也主要为国家服务（罗素梅等，2017[208]）。

适逢全球主要发达经济体货币政策正常化引起的加息周期，而我国处于实体经济发展和产业结构调整升级的关键阶段，适度宽松的货币环境和稳定的金融环境对当前经济发展非常重要。而人民币国际化则是我国推进金融开放、逐步参与国际货币金融体系的重大举措。人民币要真正成为国际货币，需要本币内外价值尤其是对外价值的基本稳定，而人民币的汇率稳定是我国金融稳定的重要组成部分之一。相应的，在中国并未实行完全自由浮动的汇率安排的情况下，我国货币当局持有适度规模外汇储备，既可以增强公众对中国金融稳定和经济发展的信心，又可以在全球货币政策正常化时期缓解外生加息冲击带来的利率紧缩压力，维持本国货币政策的适度自主性和独立性。在全球进入经济紧缩周期，我国对外开放进程逐步加快，且实体经济处于产业结构调整和升级的关键阶段，从经济的内外均衡角度出发，研究货币国际化带来的本国货币政策外溢效应、金融稳定与外汇储备需求之间的关系，成为当前货币当局外汇储备规模需求管理的关键性问题。

本章的创新点在于：一是基于 Obstfeld 等（2010）[1]异质性预测模型，加入货币国际化因素，阐释一国货币国际化程度、金融稳定与外汇储备规模需求的理论关系。二是采用面板数据分析方法，选取全球 177 个国家和地区的面板数据，并根据研究问题需要，首次将总体国家样本分为国际货币发行经济体和非国际货币发行经济体，分别对外汇储备规模需求的影响因素进行进口交易需求模型和金融稳定需求模型的对比性研究和结构转型检验；以及对 SDR 货币篮子内美元、欧元、日元及英镑四种国际货币发行经济体的外汇储备规模及其货币国际化程度的关系进行实证检验，从而为货币当局从货币国际化及金融稳定角度考察外汇储备的规模需求管理提供理论支持和经验证据。

本章接下来的内容安排如下：第二节是理论模型和实证检验假设，第三节是非国际货币发行经济体外汇储备规模影响因素及其结构转型的实证检验,第四节是国际货币发行经济体货币国际化程度与其外汇储备规模关系的实证检验,第五节是本章小结。

第二节 理论模型与实证检验假设

本章基于 Obstfeld 等(2010)[1]异质性预测模型,通过讨论当外生不利条件导致本币汇率存在贬值预期时,本国居民挤兑银行体系,央行卖出外汇储备维持固定汇率,从而推导出货币国际化、金融稳定和外汇储备规模需求之间的变动关系。

本部分的货币危机模型设定为包括本期和下期在内的两期模型。本期面临外生不利冲击时,本国居民对本币汇率产生贬值预期。假设模型主体是已处于货币国际化进程中的本国。本期广义货币发行量为 M,包括境内流通的 M_{local} 部分和境外流通的 $M_{foreign}$ 部分。其中,本国广义货币发行量 M 与本国基准贷款利率 i_l 呈反向变动关系。

$$M = M_{local} + M_{foreign} \qquad (7-1)$$

假设境外流通的本国货币量 $M_{foreign}$ 是货币国际化因子 I_c、资本市场开放程度 $Open$ 的递增凹函数。其中,一国货币化程度 I_c 是本币汇率升值的递增凹函数。

$$M_{foreign} = M(I_c, Open) \qquad (7-2)$$

下期汇率 S 由(7-3)式决定。

$$S(\theta) = \alpha\theta(Size, Growth, Regime, Trade, FS, S, \epsilon_i) \qquad (7-3)$$

其中,α 是系数,θ 表示本国经济的下期状态,主要取决于本国的经济规模 $Size$、经济增长 $Growth$、经济体制 $Regime$、对外贸易 $Trade$、金融稳定 FS、汇率 S 及不确定性预期 ϵ_i 等因素。本币汇率采用直接标价法表示。较高的 θ 值代表不够理想的下期状态。本国经济个体对下期经济实现状态持有异质性看法。当 θ 给定时,不管 θ 对下期经济基本面预测是否无偏,本国经济个体 i 在本期时预测下期的经济基本面为 $\theta+\epsilon_i$,其中噪声 ϵ_i 均匀分布于区间 $[-\bar{\epsilon},\bar{\epsilon}]$ 且 $\theta-\bar{\epsilon}>0$。国内经济个体下标为 $i\in[0,1]$。

假定本国经济在本期时出现"资本骤停"现象,此时本币汇率只由本国居民和本国央行决定。同时假定本国央行可以通过外汇市场干预维持固定汇率,从而在本国利率与外国利率之间维持一定的相对利率。经济个体关注本期汇率 S 和下期汇率预期 $S(\theta)$ 的差别。如果 θ 很大,本币非常弱势。但对本国经济个体来说,对本币汇率贬值程度预测并不一致。

国内居民以银行存款形式持有本币,每位居民持有一份银行活期存款,其规模与广义货币的国内供应量成比例,即本国居民总体持有存款数量 M_{local}。另外,假设银行资产不具备流动性(因为一旦归还贷款,货币发行量将会小于 M),这表示支付存款的流动性只能从本国央行获得。

给定先前假设,经济个体 i 在 $E\{S(\theta)\mid\theta+\epsilon_i\}=\alpha(\theta+\epsilon_i)\geq S$ 时,即预期下期汇率与本期相比贬值时,将会把本国货币换为外币。

当本期汇率给定为 S 时,经济个体 i 换汇条件 $\alpha(\theta+\epsilon_i)\geq S$ 等价于 $\epsilon_i\geq\dfrac{S}{\alpha}-\theta$,根据大数定律,经济个体 i 外汇需求为 $\dfrac{1}{2\bar{\epsilon}}\int_{\frac{S}{\alpha}-\theta}^{\bar{\epsilon}}dx=\dfrac{1}{2\bar{\epsilon}}\left\{\bar{\epsilon}+\theta-\dfrac{S}{\alpha}\right\}$,国内居民以本币衡量的外汇需求为 $\dfrac{M-M_{foreign}(I_c,Open)}{2\bar{\epsilon}}\left(\bar{\epsilon}+\theta-\dfrac{S}{\alpha}\right)$。

此时,为满足国内居民对外汇的当期需求,央行卖出外汇储备 R(以外币表示)。外汇市场供求平衡由(7-5)式表示。

$$\dfrac{M-M_{foreign}(I_c,Open)}{2\bar{\epsilon}}\left(\bar{\epsilon}+\theta-\dfrac{S}{\alpha}\right)=RS \qquad (7\text{-}4)$$

$$\frac{M-M_{foreign}(I_c, Open)}{2\bar{\epsilon}}\left[\frac{\bar{\epsilon}+\theta}{S}-\frac{1}{\alpha}\right]=R \qquad (7\text{-}5)$$

从(7-5)式可以看出,外汇储备规模需求与一国金融发展深度 M、本国的经济规模 $Size$、经济增长 $Growth$、对外贸易 $Trade$、金融稳定 FS 等因素同向变动,与货币国际化程度成反向变动。基于以上理论分析,本书提出以下两个实证检验假设。

假设1:当其他条件不变时,一国金融发展程度越深,经济规模越大,经济发展水平越高,贸易开放程度越大,金融稳定需求越强,则相应的外汇储备规模越大。

假设2:当其他条件不变时,对于国际货币发行经济体,其货币国际化程度 I_c 越高,则相应的外汇储备规模越小。

第三节　非国际货币发行经济体转型中的外汇储备规模需求

一、模型设定和变量选择

对于外汇储备规模的影响因素,研究文献通常认为有几种动机。第一种是传统的重商主义动机。该观点认为一国囤积外汇储备主要是为了平衡国际收支表中经常项目失衡,为贸易赤字融资。Triffin(1960)[101]认为,一国外汇储备规模需满足该国至少3~4个月的进口需求;也有看法认为,维持汇率稳定是外汇储备的重要功能之一。对于大多数新兴市场经济体和发展中国家而言,维持汇率处于较低水平的稳定是维持本币对外价值低估,实施出口导向型战略的重要措施之一。第二种是外债偿还动机。Greenspan-Guidotti 规则认为,新兴市场经济体应持有支付外部债务1年摊销还款额度的外汇储备规模。第三种是基于预防性审慎动机的金融稳定需求。在金融科技迅猛发展和金融全球化程度不断加深的今天,出于预防性审慎动机的外汇储备规模主要是为了应对国内外金融冲击;外汇储备在金融压力时期可以起到稳定经济预期的作用,短期内缓解资本抽离和外逃,预防金融危机发生或者降低金融危机发生的成本。根据以上分析,本章将外汇储备规模占 GDP 比例取对数 $lnReserveofGDP$ 作为被解释变量,其中解释变量根据传统的进口交易需求和出于预防性审慎动机的金融稳定需求分为两类,相应的计量模型设计如下,同时在后文中进一步考察外债偿还动机对外汇储备规模的解释能力。

第一类计量模型为外汇储备的进口交易需求模型,参考 Cheung 和 Ito(2009)[209],模型包括以下解释变量:首先是宏观经济变量,包括一国人口取对数 $lnPopulation$ 和人均 GDP 取对数 $lnGDPpercapita$。根据 Aizenman 和 Marion(2003)[73],Edison(2003)[203]以及 Lane 和 Burke(2001)[204],以人口作为该国经济总量和经济基础的代理变量来捕捉一国外汇储备囤积的经济规模因素;人均 GDP 则是该国经济增长和经济发展水平的代理变量。其次是重商主义动机出发的贸易变量,包括边际进口倾向,以进口占 GDP 比例取对数 $lnImpofGDP$ 作为代理变量。Heller(1966)[102]认为,外汇储备规模应该与边际进口倾向负相关,因为较高的进口倾向,意味着国际收支调整的边际成本较小,从而对外汇储备的规模需求较低。然而大多数实证数据包括 Heller(1966)[102]自己使用平均进口倾向而非边际进口倾向。Frenkel(1974)[210]指出,平均进口倾向即进口占 GDP 比例,是贸易开放程度的代理变量,因此应对外汇储备规模产生正向影响,因为持有外汇储备可通过贸易渠道适应外部冲击。因此,实证预期平均进口倾向系数为正。最后是汇率变量 $lnExrate$,以直接标价法的汇率取对数表示,汇率越高代表本币贬值程度越大。从理论模型(7-5)式可知,汇率对外汇储备规模有两个方面的作用:一方面,汇率升值提升货币国际化程度,增加本币的境外需求,从而外汇储备规模减小;另一方面,汇率升值对于一定程度的固定汇率安排而言,金融压力时期需要货币当局卖出储备维持汇率,外汇储备规模增加。基于以上分析,对于汇率变量在实证中的系数方向预期不能确定。

根据以上对有关变量和系数讨论,针对从进口交易需求考察外汇储备规模的计量模型为(7-6)式。其中,u_i 是为了捕捉模型中可能存在的国别固定效应。

$$lnReserveofGDP_{i,t} = \beta_0 + \beta_1 lnImpofGDP_{i,t} + \beta_2 lnExrate_{i,t}$$
$$+ \beta_3 lnPopulation_{i,t} + \beta_4 lnGDPpercapita_{i,t}$$
$$+ u_i + \epsilon_{i,t} \quad (7-6)$$

第二类计量模型是从基于预防性审慎动机,实证检验金融稳定需求对外汇储备规模的解释能力,所包含的解释变量符号及含义与第五章第三部分的金融稳定解释变量一致,此处不再赘述,将从金融稳定需求角度考察外汇储备规模的计量模型,表示为(7-7)式。

$$lnReserveofGDP_{i,t} = \beta_0 + \beta_1 lnMofGDP_{i,t} + \beta_2 lnTradeofGDP_{i,t}$$
$$+ \beta_3 FPOI_{i,t} + \beta_4 Open_{i,t} + \beta_5 Regime_{i,t}$$
$$+ \beta_6 lnPopulation_{i,t} + \beta_7 lnGDPpercapita_{i,t}$$
$$+ u_i + \epsilon_{i,t} \quad (7-7)$$

二、数据来源和变量统计

本章数据来自世界银行世界发展指标数据库、国际货币基金组织国际金融统计数据库、官方外汇储备货币构成数据及 Chinn 和 Ito (2006)[202]构建的资本账户开放程度指标和 Ilzetzki 等(2017)[196]构建的实际汇率制度指标,选取 1980—2015 年度数据,根据数据可得性选取的样本共包括 177 个国家和地区。考虑到拥有国际货币发行权的经济体可以享受国际货币铸币权,其货币政策存在较强的外溢效应,外汇储备规模变动与非国际货币发行经济体有所不同,因此本章首先剔除 SDR 中美元、欧元、英镑、日元四种主流货币发行和使用的国家和地区共 22 个样本,针对全球 155 个非国际货币发行经济体的外汇储备规模影响因素进行研究。

各类计量模型涉及的变量描述性统计如表 7-1 所示。

表 7-1 变量描述性统计

变量名	代码	观测值	均值	方差	最小值	最大值
外汇储备 GDP 占比	$Reserve of GDP$	5 111	12.26	10.93	0	40.57
人口（单位：百万人）	$Population$	5 573	32.00	129.00	0.02	1 370.0
人均 GDP（单位：万美元）	$GDP per capita$	5 108	0.49	0.72	0.02	2.73
进口 GDP 占比	$Imp of GDP$	4 869	43.38	19.90	15.53	87.57
汇率（直接标价法）	$Exrate$	5 164	210.55	443.17	0.30	1 746.87
短期资本流动 GDP 占比	$FPOI$	5 111	0.19	0.15	0	0.57
广义货币发行量 GDP 占比	$M of GDP$	4 740	46.21	27.08	13.77	112.38
贸易 GDP 占比	$Trade of GDP$	5 580	68.35	41.72	0.00	149.27
短期外债 GDP 占比	$ShortDebt of GDP$	5 111	4.55	6.04	0	21.77
年度外债偿还额国民收入占比	$Debtservice of GNI$	3 597	4.53	3.58	0.47	13.14
储蓄 GDP 占比	$Saving of GDP$	4 641	17.16	14.02	−9.95	44.08
本币基准利率	$domesticrate$	3 808	15.72	9.21	5.35	41.97
汇率安排	$Regime$	5 560	6.76	4.59	1	15
资本市场开放度	$Open$	4 380	0.48	0.33	0.06	1

三、模型检验及回归结果分析

本书针对面板数据进行 Hausman 检验、序列相关、组间异方差及多重共线性检验，检验结果如表 7-2 所示。检验结果显示，面板数据中存在组间异方差和序列相关问题。此外，各变量方差膨胀因子均小于 2，可以认为模型各变量间不存在多重共线性问题。基于以上检验结果，本书对外汇储备规模的各类模型分别使用个体固定效应回归模型，同时使用异方差和序列相关的稳健标准误进行估计。稳健性检验部分使用替代性估计方法改善内生性问题和加入其他变量的方法改善遗漏变量导致的估计偏误问题。

表 7-2 面板模型检验结果

检验类型	Model 1：进口交易需求		Model 2：金融稳定需求	
	统计量	P 值	统计量	P 值
Hausman 检验	224.37	0.000	207.29	0.000

(续表)

检验类型	Model 1：进口交易需求		Model 2：金融稳定需求	
	统计量	P 值	统计量	P 值
组内相关 LM 检验	91.661	0.000	57.261	0.000
组间异方差检验	1.3e+06	0.000	33 032.60	0.000
方差膨胀因子	1.36	—	1.48	—

根据已建立的计量模型，本章针对 155 个非国际货币发行经济体数据首先进行个体固定效应面板数据回归。

首先，进口交易需求仍然能够对外汇储备规模作出解释，估计结果见表 7-3。结果显示，外汇储备的进口交易需求模型仍然能够解释约 31% 的外汇储备规模变动。表 7-3 的(4)列加入所有变量的综合模型中，所有解释变量都在 1% 的显著性水平上统计显著。从各变量系数估计可以看出，平均进口倾向每增加 1 个对数点，则外汇储备在 GDP 中的占比增加 0.885 个对数点；人口规模对外汇储备的规模变动也有较强的解释能力，人口变量每增加 1 个对数点，则外汇储备在 GDP 中的占比相应增加 0.891 个对数点。外汇储备囤积规模的汇率低估动机相比而言并不强烈，可以看出，汇率每低估 1 个对数点，储备在 GDP 中的占比增加 0.918 个对数点。

表 7-3 进口交易需求与外汇储备规模估计结果

解释变量	被解释变量：$lnReserveofGDP$			
	(1) 基准回归	(2) 加入汇率	(3) 加入人口	(4) 加入人均 GDP
$lnImpofGDP$	1.235*** (22.440)	0.918*** (17.570)	0.891*** (17.711)	0.885*** (18.022)
$lnExrate$		0.373*** (27.260)	0.226*** (14.669)	0.191*** (12.570)
$lnPopulation$			1.179*** (18.568)	0.750*** (10.917)
$lnGDPpercapita$				0.313*** (14.503)

(续表)

解释变量	被解释变量：$lnReserve of GDP$			
	(1) 基准回归	(2) 加入汇率	(3) 加入人口	(4) 加入人均GDP
_cons	−2.330*** (−11.545)	−2.193*** (−11.749)	−19.90*** (−20.510)	−15.54*** (−15.647)
观测值	4 392	4 348	4 345	4 345
R^2	0.0753	0.217	0.276	0.311

注：括号内为T统计量，*、**和***分别表示在10%、5%和1%的水平上显著。回归结果基于个体固定效应。

其次，基于金融稳定的计量模型在模型解释力度上超出基于交易需求的外汇储备计量模型。表7-4的(4)列的综合模型估计结果显示，外汇储备金融稳定需求模型的调整后拟合优度为0.331，比进口交易需求模型的拟合优度有所提高。从金融稳定角度出发考察外汇储备规模，比传统的交易需求动机更具备解释力。这是由于随着金融全球化的发展，金融因素日益成为外汇储备规模的主要影响因素。一国的资本市场开放程度、金融深化程度、贸易开放程度以及短期国际资本流动对外汇储备规模的影响越来越大。模型估计结果显示，随着一国资本市场开放程度加大，短期国际资本的大规模流动会对一国金融稳定产生越来越大的影响，作为一国金融稳定缓冲资产之一的外汇储备规模也相应增加。而金融化程度加深，代表一国流动性增强，当金融存在压力时，银行挤兑导致的内源枯竭的程度也越大，外汇储备规模也相应增加。另外，以进出口规模为代表的贸易开放程度越大，则国际收支遭受冲击导致失衡的可能性越大，相应的，外汇储备规模也越大。除此之外，代表国家经济规模异质性的人口变量和代表国家经济发展程度异质性的人均GDP变量也对外汇储备规模有着统计显著的解释能力。模型估计结果与计量模型预期的结果一致。随着金融全球化的发展，一国越来越深入而全方位地融入国际金融体系，金融风险对一国金融稳定的影响越来越大，从金融稳定角度考察外汇储备规模也越来越具备更强的解释能力。

表 7-4　金融稳定需求与外汇储备规模估计结果

解释变量	被解释变量：$lnReserveofGDP$			
	(1) 基准回归	(2) 控制经济异质性	(3) 加入资本市场开放度	(4) 加入汇率安排
$lnMofGDP$	0.447*** (11.300)	0.003 77 (0.091)	0.096 0** (2.117)	0.099 7** (2.187)
$lnTradeofGDP$	0.669*** (15.037)	0.573*** (13.787)	0.961*** (17.696)	0.961*** (17.699)
$FPOI$	1.549*** (21.014)	1.315*** (18.985)	1.010*** (14.642)	1.007*** (14.573)
$lnPopulation$		0.895*** (14.088)	0.874*** (13.360)	0.875*** (13.372)
$lnGDPpercapita$		0.302*** (12.963)	0.204*** (8.211)	0.200*** (7.950)
$open$			0.240*** (4.091)	0.236*** (3.991)
$Regime$				−0.004 08 (−0.819)
常数项	−2.613*** (−12.836)	−16.67*** (−18.481)	−17.61*** (−19.001)	−17.58*** (−18.958)
观测值	4 320	4 317	3 764	3 764
R^2	0.221	0.325	0.331	0.331

注：括号内为 T 统计量，*、** 和 *** 分别表示在 10%、5% 和 1% 的水平上显著。回归结果基于个体固定效应。

以上实证结果显示，对于非国际货币发行经济体，金融稳定需求对一国外汇储备规模具备较强的解释能力。但以上结果可能会由内生性和遗漏变量问题导致系数估计偏误。本章使用 SGMM 估计动态面板回归模型，使用滞后解释变量估计固定效应回归模型，加入 1997 年亚洲金融危机、2008 年全球金融危机、2010—2012 年欧债危机及 2013 年美联储削减恐慌危机哑变量对从金融稳定需求角度考察外汇储备规模的计量模型进行稳健性检验。

首先，外汇储备规模变动的金融稳定模型的解释变量中，一国货币发行量既可能是外汇储备规模增加的原因，也可能是外汇储备规模增加的结果。这是因为,外汇储备的累积也是一国释放本币购买外币资产的过程(王伟等,2018[198])。中国尤其如此,在2015年前,中国长期出口导向型战略和事实上的固定汇率安排导致央行外汇占款大量累积,外汇储备规模囤积一度成为货币发行渠道之一。此外,一国囤积高额外汇储备规模,有时是为了提高境外对本国经济和金融稳定预期,从而带来短期资本流入。从这个角度而言,短期资本流动也和外汇储备规模变动存在着双向因果关系。解释变量的内生性问题会带来模型估计结果向上或者向下的偏误。

为了解决固定效应模型回归中由于解释变量与被解释变量的双向因果关系带来的内生性问题,本章首先采用动态面板回归模型的SGMM估计,这在一定程度上缓解内生性问题。虽然基准回归模型通过设置个体固定效应,已经将不可观测的影响外汇储备规模变动的各国异质性因素消去,从而在一定程度上缓解了内生性问题,但SGMM估计将差分方程和水平方程作为一个方程系统进行GMM估计,通过对模型被解释变量动态行为建模,并使用解释变量和被解释变量的滞后变量和差分滞后变量作为工具变量,能够更有效地解决内生性问题。

SGMM估计的前提是扰动项二阶差分不相关及工具变量使用有效,因此分别对模型设定的合理性和工具变量使用的有效性进行了检验。在SGMM估计中,使用被解释变量、广义货币发行量和贸易开放度的滞后值作为GMM式工具变量,使用人口和人均GDP作为外生工具变量,如表7-5所示。表7-5的(1)列显示,扰动项二阶差分检验P值大于0.05,表明在5%的显著性水平上无法拒绝原假设,差分后残差项不存在二阶序列相关。Hansen检验结果表明模型选择了适合的工具变量,因此模型设计合理。

从表7-5可以看出,贸易开放度、短期资本流动及人口等关键解释变量仍然对非国际货币发行经济体的外汇储备规模有着显著的正向影响。而金融发展深度系数符号符合预期,但统计不显著。除此之外,在SGMM估计中,被解释变量与其一阶滞后维持显著正向关系,外汇储备的规模积累有着一定程度的惯性。

除了使用 SGMM 缓解内生性问题之外，本章进一步采用滞后解释变量的方法，在一定程度上解决内生性问题。假设所有解释变量的 1 期滞后值严格外生，与被解释变量不相关，本书将所有解释变量滞后 1 期，进行个体固定效应回归，模型估计结果列于表 7-5 的(2)列。估计结果显示，资本市场开放程度、贸易开放度、短期资本流动、人口和人均 GDP 等关键解释变量仍然对非国际货币发行经济体的外汇储备规模有着显著的正向影响，与前文固定效应回归模型中的结果相符。

表 7-5　稳健性检验 1 采用替代性估计方法并加入短期外债变量

解释变量	被解释变量：$lnReserveofGDP$				
	(1) SGMM	(2) 滞后解释变量	(3) 加入短期外债	(4) 加入短期外债偿还额	(5) 综合模型
$L.lnReserveofGDP$	0.668*** (11.490)				
$lnMofGDP$	0.154 (1.630)		0.219 (1.540)	0.188 (1.343)	0.218 (1.487)
$lnTradeofGDP$	0.680*** (3.010)		0.917*** (7.200)	0.931*** (7.257)	0.924*** (7.189)
$FPOI$	0.306** (2.255)		1.628*** (5.162)	1.639*** (5.116)	1.630*** (5.091)
$open$	0.173 (0.921)		0.255 (1.442)	0.216 (1.226)	0.236 (1.338)
$Regime$	0.020 6 (1.385)		−0.007 71 (−0.585)	−0.010 1 (−0.775)	−0.007 94 (−0.603)
$lnPopulation$	0.057 8** (2.238)		1.083*** (4.916)	1.103*** (4.755)	1.060*** (4.609)
$lnGDPpercapita$	−0.035 5 (−0.923)		0.014 7 (0.208)	0.019 0 (0.275)	0.015 1 (0.215)
$L.lnMofGDP$		0.010 6 (0.224)			
$L.lnTradeofGDP$		0.906*** (16.123)			
$L.FPOI$		0.971*** (13.176)			
$L.open$		0.266*** (4.356)			

(续表)

解释变量	被解释变量：$lnReserveofGDP$				
	(1) SGMM	(2) 滞后解释变量	(3) 加入短期外债	(4) 加入短期外债偿还额	(5) 综合模型
$L.Regime$		0.005 75 (1.121)			
$L.lnPopulation$		1.047*** (15.128)			
$L.lnGDPpercapita$		0.178*** (6.772)			
$lnShortDebtofGDP$			−0.047 0** (−2.123)		−0.042 5** (−2.019)
$lnDebtserviceofGNI$				−0.054 0 (−1.057)	−0.035 7 (−0.730)
_cons	−3.602*** (−2.887)	−19.54*** (−19.922)	−19.91*** (−5.852)	−20.15*** (−5.633)	−19.54*** (−5.530)
观测值	3 688	3 645	2 726	2 759	2 701
AR(1)P值	0.000	N/A	N/A	N/A	N/A
AR(2)P值	0.384	N/A	N/A	N/A	N/A
Hansen检验P值	0.289	N/A	N/A	N/A	N/A
R^2	N/A	0.304	0.403	0.402	0.403

注：括号内为T统计量，*、**和***分别表示在10%、5%和1%的水平上显著。表中(1)列基于SGMM估计，其余回归结果基于个体固定效应。

本章进一步从外部债务角度进行遗漏变量问题的稳健性检验。外部债务对外汇储备规模的影响自1997年亚洲金融危机后更加受到重视。本章在从金融稳定需求解释变量考察外汇储备规模的基础上，分别加入两个变量考察 Greenspan-Guidotti 规则能否在实践中得到数据支持。

第一个变量为一国短期外债(1年或1年内到期)在 GDP 中的占比取对数 $lnShortDebtofGDP$。该变量从短期外债数量角度考察其对外汇储备规模的影响。根据 Greenspan-Guidotti 规则，一国短期外债和外汇储备规模呈正向变动关系，因此实证中预期短期外债在 GDP 中的占比系数为正。

第二个变量是一国偿债负担。本书以该国一定期限内(通常为1年)偿债额占国民收入比例取对数来表示 $lnDebtserviceofGNI$。该变量从一国1年内外债偿还负担的角度考察其对外汇储备规模的影响。一国偿债负担变量与短期外债占比类似,与外汇储备规模呈正向变动关系,实证中预期该变量系数为正。根据以上讨论,本书将从短期外债角度考虑的外汇储备规模的金融稳定需求计量模型分别表示如下。

$$\begin{aligned} lnReserveofGDP_{i,t} = & \beta_0 + \beta_1 Open_{i,t} + \beta_2 Regime_{i,t} \\ & + \beta_3 lnMofGDP_{i,t} + \beta_4 lnTradeofGDP_{i,t} \\ & + \beta_5 FPOI_{i,t} + \beta_6 lnPopulation_{i,t} \\ & + \beta_7 lnGDPpercapita_{i,t} \\ & + \beta_8 lnShortDebtofGDP_{i,t} + u_i + \epsilon_{i,t} \end{aligned} \quad (7-8)$$

$$\begin{aligned} lnReserveofGDP_{i,t} = & \beta_0 + \beta_1 Open_{i,t} + \beta_2 Regime_{i,t} \\ & + \beta_3 lnMofGDP_{i,t} + \beta_4 lnTradeofGDP_{i,t} \\ & + \beta_5 FPOI_{i,t} + \beta_6 lnPopulation_{i,t} \\ & + \beta_7 lnGDPpercapita_{i,t} \\ & + \beta_8 lnDebtserviceofGNI_{i,t} + u_i + \epsilon_{i,t} \end{aligned} \quad (7-9)$$

以上模型的实证估计结果列于表7-5的(3)列至(5)列。结果显示,关键解释变量贸易开放度、短期资本流动和人口变量在单独加入短期外债GDP占比、1年内短期外债偿还额国民收入占比和同时加入两个变量后统计显著。其中,外债的两个代理变量中,短期外债偿还额国民收入占比变量统计不显著。短期外债变量单独加入和综合性模型中显著为负值,实证数据并不支持 Greenspan-Guidotti 规则。该实证结果也与 Obstfeld 等(2010)[1]保持一致。Greenspan-Guidotti 规则得不到实证数据的支持,原因可能是外汇储备囤积有多方面因素,仅短期外债GDP占比一项并不能完全决定一国外汇储备规模。新兴市场经济体在进行国际借贷时通常出现借外币配本币而最终用外币还款的情况,在这种情况下,一国货币当局不得不采取固定汇率安排,以免还款时出现汇率波动风险。而一定程度的汇率管控导致货币当局在面临短期国际资本流动时为维持固定汇率不得不被动增减外汇储备,外汇储备的实际规模不能完全反映出一国货币当局出于外债覆盖占比的考虑目标。

针对 Greenspan-Guidotti 规则未能得到实证数据支持的原因,Aizenman 和 Marion(2004)[25]认为,一国出于其他政治经济考虑也会改变其外汇储备资产的最佳水平。未来决策者机会主义行为和政治腐败的可能性越大,该国对外汇储备的需求越少,而对主权债务的需求越多。因此,债务与储备比率并非合适的一国脆弱性指标。有关外汇储备规模的一种批判认为,如果高负债储备比是机会主义行为的症状,那么增加储备持有规模的政策建议可能会减少一国福利,因此在储备囤积实践中会出现一些国家负债越高,其储备规模越小的经济现实。

本章进一步考察基准模型中的遗漏变量问题。虽然基准模型已经采用个体固定效应回归模型,缓解了影响个体外汇储备规模变动的不可观测因素带来的遗漏变量问题,但随时间变化的不可观测因素对外汇储备规模变动的影响,仍然会给模型系数估计带来向上或者向下的偏误。本章进一步进行稳健性检验,缓解遗漏变量可能带来的系数估计偏误,其结果如表 7-6 所示。

首先,本书进一步考察模型中的时间固定效应,并进行双向固定效应模型估计。表 7-6 的(1)列显示,控制时间固定效应后,贸易开放度和短期资本流动仍然显著增加外汇储备规模。

其次,本书进一步关注样本期间重要事件对外汇储备规模的影响。在金融危机期间,样本国家外汇储备规模的变动较大。本部分的样本期间为 1980—2015 年,涵盖了 2008 年全球金融危机、1997 年亚洲金融危机、2010—2012 年欧债危机与 2013 年美联储削减恐慌四次较大的金融危机,因此,在基准回归模型中分别加入这四个金融危机哑变量,观察解释变量系数估计有无变化。模型回归结果分别列于表 7-6 的(2)列到(5)列。估计结果显示,1997 年亚洲金融危机变量、2010—2012 年欧债危机及 2013 年美联储削减恐慌哑变量对非国际货币发行经济体的外汇储备规模变动影响并不显著,而 2008 年全球金融危机变量对非国际货币发行经济体的外汇储备规模有着统计显著的负向影响。加入四个哑变量的所有回归结果中,资本市场开放程度、金融发展深度、贸易开放度、短期资本流动、人口和人均 GDP 等关键解释变量仍然对非国际货币发行经济体的外汇储备规模有着显著的正向影响。

最后,考虑到被解释变量外汇储备规模和解释变量中金融发展深度、贸易开放度等变量同时采用 GDP 占比带来的共同影响,本部分进一步将被解释变量替换为外汇储备规模取对数,缓解这种共同影响带来的内生性问题。表 7-6 的(6)列结果表明,贸易开放度、短期资本流动、资本市场开放度、人口和人均 GDP 仍然显著增加外汇储备规模。

表 7-6　稳健性检验 2 考虑时间固定效应、加入金融危机哑变量和替换被解释变量

解释变量	被解释变量:$lnReserveofGDP$					被解释变量:$lnReserve$
	(1) 考虑时间固定效应	(2) 1997 年亚洲金融危机	(3) 2008 年全球金融危机	(4) 2010—2012 年欧债危机	(5) 2013 年美联储削减恐慌危机	(6) 替换被解释变量
$lnMofGDP$	0.018 2 (0.160)	0.101** (2.218)	0.096 4** (2.115)	0.098 2** (2.152)	0.101** (2.211)	0.179 (1.646)
$lnTradeofGDP$	0.894*** (7.772)	0.961*** (17.696)	0.972*** (17.871)	0.962*** (17.708)	0.962*** (17.706)	0.793*** (7.596)
$FPOI$	0.975*** (2.775)	1.007*** (14.576)	1.011*** (14.652)	1.002*** (14.488)	1.007*** (14.581)	0.982*** (4.442)
$open$	0.172 (1.275)	0.236*** (3.999)	0.240*** (4.071)	0.236*** (3.996)	0.235*** (3.970)	0.361*** (2.730)
$Regime$	−0.002 71 (−0.231)	−0.004 05 (−0.813)	−0.004 01 (−0.806)	−0.004 12 (−0.827)	−0.004 04 (−0.812)	−0.015 9 (−1.336)
$lnPopulation$	0.341 (1.064)	0.874*** (13.341)	0.877*** (13.412)	0.873*** (13.323)	0.878*** (13.389)	2.028*** (9.695)
$lnGDPpercapita$	0.115 (0.798)	0.201*** (7.964)	0.209*** (8.247)	0.197*** (7.786)	0.203*** (7.971)	0.985*** (14.282)
$crisisA$		0.031 5 (0.557)				

(续表)

解释变量	被解释变量: lnReserveofGDP					被解释变量: lnReserve
	(1) 考虑时间固定效应	(2) 1997年亚洲金融危机	(3) 2008年全球金融危机	(4) 2010—2012年欧债危机	(5) 2013年美联储削减恐慌危机	(6) 替换被解释变量
crisisB			−0.162*** (−2.778)			
crisisC				0.064 9 (1.084)		
crisisD					−0.044 0 (−0.708)	
_cons	−8.406 (−1.469)	−17.57*** (−18.943)	−17.71*** (−19.093)	−17.51*** (−18.848)	−17.65*** (−18.933)	−22.35*** (−7.460)
N	3 764	3 764	3 764	3 764	3 764	3 765
R^2	0.371	0.331	0.332	0.331	0.331	0.763

注：括号内为T统计量，*、**和***分别表示在10%、5%和1%的水平上显著。表中(1)列回归结果基于双向固定效应，其余回归结果基于个体固定效应。

以上分析表明，对于非国际货币发行经济体，金融稳定需求比进口交易需求对一国外汇储备规模变动具备更强的解释力度。为了进一步检验非国际货币发行经济体外汇储备规模的进口交易需求和金融稳定需求的转变时点，本章设计检验步骤如下。

首先，检验进口交易需求模型和金融稳定需求模型的结构变化时点或区间。做法是生成所有时间点虚拟变量，同时生成进口交易需求变量与时间虚拟变量的交互项（对于金融稳定需求模型，则是生成金融稳定需求变量与时间虚拟变量交互项）。本书将时间虚拟变量与有关交互项加入同时包括进口交易需求与金融稳定需求解释变量的综合模型（因多重共线性问题，剔除贸易开放度变量）回归，然后进行时间虚拟变量及有关交互项的联合显著性检验。如果统计显著，则表明此处拒绝没有发生结构性转变的原假设（否则接受未发生结构性转变原假设）。此步骤识别出进口需求解释变量的结构变化时点位于1989—2001年，而金融稳定需求解释变量结构变化时点位于1992—2001年。

其次，本书在甄别了可能的结构性转变区间范围的基础上，基于两者结构变化时点共同区间，将综合模型根据可能的结构变化时间点划分为两个子样本回归，并针对每个子样本分别进行进口交易需求变量和金融稳定需求变量的联合显著性检验，如表7-7所示。如果该时点前后的子样本回归有关变量联合显著性发生变化，则将此处作为外汇储备规模影响因素动态转变时间点。从表7-7可知，以1994年为样本分割点，进口交易需求模型解释变量对1994年及以后的子样本外汇储备规模不再具备解释能力。这表明外汇储备规模的进口交易需求影响因素从1994年开始弱化。1997年亚洲金融危机发生前期，金融稳定需求对非国际货币发行经济体外汇储备规模有显著解释能力，表明外汇储备规模变动对金融稳定因素的反馈有一定的前瞻性。1997—2001年，金融稳定因素随着时间推移成为非国际货币发行经济体外汇储备规模变动的主要驱动因素。总体而言，自1994年开始，进口交易需求不再是非国际货币发行经济体外汇储备规模变动的主要影响因素；自1997年开始，金融稳定需求逐步取代进口交易需求，成为非国际货币发行经济体外汇储备规模变动的主要驱动力。

表7-7 非国际货币发行经济体外汇储备规模影响因素结构转型检验结果

可能结构变化时间点	各模型解释变量联合显著性检验（P值）			
	结构变化时间点之前		结构变化时间点及之后	
	进口交易需求	金融稳定需求	进口交易需求	金融稳定需求
1992年	0.000 4	0.012 3	0.000 2	0.023 2
1993年	0.000 1	0.008 1	0.006 8	0.013 4
1994年	0.000 2	0.001 3	0.192 2	0.008 9
1995年	0.000 0	0.004 8	0.356 8	0.005 4
1996年	0.000 0	0.047 9	0.554 5	0.000 9
1997年	0.000 0	0.246 1	0.916 5	0.000 0
1998年	0.000 0	0.237 5	0.931 3	0.000 1
1999年	0.000 0	0.254 7	0.773 7	0.000 1
2000年	0.000 0	0.193 2	0.722 5	0.000
2001年	0.000 0	0.209 4	0.774 1	0.000 3

第四节 货币国际化程度与外汇储备规模的实证检验

本部分针对国际货币发行经济体进行外汇储备规模影响因素的实证检验。关于货币国际化程度与外汇储备规模子样本，由于数据的可获得性（IMF 自 2016 年人民币加入 SDR 后才开始统计人民币储备占比数据），本章仅对 SDR 货币篮子内四种构成货币（即美元、欧元、日元和英镑）进行实证分析。因此，针对货币国际化与外汇储备规模进行的研究样本国家共包括美国、日本、英国及欧元区国家合计 22 个国家和地区，时间跨度为 1995—2015 年[①]共计 21 年的年度数据（考虑到欧元自 1999 年正式引入，因此 1995—1998 年的欧元货币国际化程度缺失数据，可由欧元区主导型国家——德国的货币马克的货币国际化程度指数代替）。各变量描述性统计如表 7-8 所示。

表 7-8 变量描述性统计

变量名	代码	观测值	均值	方差	最小值	最大值
外汇储备 GDP 占比	$Reserve of GDP$	462	7.48	9.22	0	50.01
人口（单位：百万人）	$Population$	462	0.37	0.66	0.004	3.21
人均 GDP（单位：万美元）	$GDP per capita$	462	2.95	1.87	0.21	11.92
进口 GDP 占比	$Imp of GDP$	462	52.76	32.57	7.71	192.42
汇率（直接标价法）	$Exrate$	220	69.22	227.12	0.31	1 736.21
短期资本流动 GDP 占比	$FPOI$	462	0.11	0.36	−3.67	3.16
广义货币发行量 GDP 占比	$M of GDP$	107	150.50	215.62	16.17	977.01
贸易 GDP 占比	$Trade of GDP$	462	106.49	69.69	16.68	419.53
储蓄 GDP 占比	$Saving of GDP$	462	23.92	8.02	8.33	53.57
本币基准利率	$domestic rate$	426	7.28	4.29	0.50	34.56
汇率安排	$Regime$	462	4.05	4.35	1	13
资本市场开放度	$Open$	436	0.91	0.21	0.17	1
货币国际化程度（%）	$Icurrency$	462	22.04	11.43	2.11	71.51

[①] IMF COFER 数据自 1995 年开始统计。

本章针对面板数据进行 Hausman 检验、异方差检验、序列相关检验和多重共线性检验。各变量方差膨胀因子均小于 2，可以认为模型各变量间不存在多重共线性问题。检验结果显示面板数据中存在异方差和序列相关问题。基于以上检验结果，对外汇储备规模的各类模型使用个体固定效应回归模型，同时使用异方差和截面/序列相关的稳健标准误进行估计，通过使用替代性估计方法改善内生性问题和加入其他控制变量缓解遗漏变量问题带来的估计偏误。

本章针对国际货币发行经济体样本，对外汇储备规模的影响因素进行实证检验。表 7-9 列出了检验结果。表中（2）列显示，在进口交易需求模型中，平均进口倾向、汇率及人均 GDP 显著增加外汇储备规模。（5）列显示，在金融稳定需求模型（因多重共线性问题剔除人口和人均 GDP 变量）中，关键解释变量贸易开放度、资本市场开放度及汇率安排变量对外汇储备规模有着显著正向的解释能力，且金融稳定模型拟合优度是进口交易需求模型拟合优度的 2 倍以上。其中，资本市场开放程度越大，汇率体制安排越灵活，则外汇储备规模越大，这似乎并不符合国际货币发行经济体的经济常理。Ilzetzki 等（2017）[196] 研究表明，国际货币发行经济体也会审慎权衡对汇率实施临时的合意汇率目标或目标区间调控，且资本市场开放程度加大，也需货币当局持有一定规模外汇储备稳定市场信心，因此两者系数估计符号为正。这也符合近年来无论新兴市场经济体还是发达经济体的外汇储备规模持续增加的经验事实。因此，本部分将基于金融稳定模型①进行货币国际化程度和外汇储备规模变动关系的进一步分析，同时采取替代性估计方法做稳健性检验。

本章基于从金融稳定需求角度考察外汇储备规模的计量模型，实证检验一国货币国际化程度与其外汇储备规模之间的关系。根据前文理论模型可知，对于汇率安排较为灵活、金融市场开放程度较高

---

① 与前述非国际货币发行经济体维持汇率低估的传统贸易动机不同，汇率合意浮动可能是国际货币发行经济体外汇储备金融稳定需求的动机之一。因此，本部分将汇率变量加入外汇储备的金融稳定需求模型中，控制其对国际货币发行经济体储备规模变动的影响。

表 7-9 SDR 货币发行经济体外汇储备规模影响因素估计结果

解释变量	被解释变量：$lnReserveofGDP$				
	(1)	(2)	(3)	(4)	(5)
	进口交易需求	进口交易需求	金融稳定需求	金融稳定需求	金融稳定需求
$lnImpofGDP$	1.170*** (8.611)	0.975*** (6.852)			
$lnExrate$	0.119 (0.819)	0.434*** (2.605)		0.286 (1.191)	0.0610 (0.241)
$lnPopulation$		0.240 (0.481)			
$lnGDPpercapita$		0.232*** (3.661)			
$lnMofGDP$			−0.000 173 (−0.005)	0.016 9 (0.447)	−0.024 6 (−0.609)
$lnTradeofGDP$			1.229*** (5.836)	1.296*** (5.958)	1.243*** (5.930)
$FPOI$			1.813*** (3.338)	1.817*** (3.354)	0.848 (1.381)
$Open$					4.269*** (3.409)
$Regime$					0.087 2* (1.782)
常数项	−2.406*** (−3.962)	−8.359 (−1.020)	−3.501*** (−4.308)	−4.209*** (−4.186)	−8.427*** (−5.590)
观测值	219	219	107	107	104
R^2	0.194	0.240	0.476	0.479	0.524

注：括号内为 T 统计量，*、** 和 *** 分别表示在 10%、5% 和 1% 的水平上显著。回归结果基于个体固定效应。

的发达经济体而言，本币国际化程度越高，本国的货币政策外溢效应越强，则相应的外汇储备规模越小。鉴于数据的可获得性，本章采用某货币储备规模占全球储备规模的比例来表示其国际化水平，并以国际货币基金组织中官方外汇储备货币构成数据中已分配储备中该币种储备占比作为关键解释变量货币国际化指数的代理变量。本章从货币国际化程度考察的基于金融稳定需求的外汇储备规模计量模型如

(7-10)式所示,其中,$lnIcurrency$ 是货币国际化程度指数取对数。

$$lnReserveofGDP_{i,t} = \beta_0 + \beta_1 lnIcurrency_{i,t} + \beta_2 lnMofGDP_{i,t}$$
$$+ \beta_3 lnTradeofGDP_{i,t} + \beta_4 FPOI_{i,t}$$
$$+ \beta_5 lnExrate_{i,t} + \beta_6 Open_{i,t}$$
$$+ \beta_7 Regime_{i,t} + u_i + \epsilon_{i,t} \qquad (7-10)①$$

由前文的理论模型可知,拥有高度国际化货币的经济体,由于其货币本身就是外汇储备的构成币种之一,因此,国际货币发行经济体不仅可以获得铸币税的收益,同时由于本国货币也是非国际货币发行经济体的外汇储备的一部分,本国货币政策的外溢效应不可避免地波及非国际货币发行经济体,而国际货币发行经济体的外汇储备规模由于货币政策的外溢效应明显减少,即一国货币国际化程度越高,则外汇储备规模越低。为了验证理论推断,本部分在从金融稳定角度考察外汇储备规模的计量模型内引入货币国际化变量,实证检验一国货币国际化程度对其外汇储备规模的影响。表 7-10 列出了相关回归结果。

表 7-10 的(1)列是一国货币国际化程度和外汇储备规模变动的基准回归结果。(2)列是加入金融深化程度、贸易开放程度、短期国际资本流动等金融稳定需求变量的回归结果。(3)列是进一步控制了汇率变量的回归结果。(4)列和(5)列是分别进一步控制了资本市场开放程度和汇率体制安排的回归结果。结果显示,基于金融稳定需求的外汇储备计量模型中,货币国际化程度解释变量在所有回归模型中统计显著为负值,表明对国际货币发行经济体而言,货币国际化程度越高,则其外汇储备规模越小。除此之外,资本市场开放度、贸易开放度及汇率安排也对外汇储备规模有着统计显著的正向解释能力。综合模型的调整后拟合优度达到 0.577,总体而言,加入货币国际化程度的金融稳

---

① 鉴于非国际货币发行经济体汇率干预多出于贸易动机,而国际货币发行经济体汇率干预多出于金融动机,本文对非国际发行经济体设定的金融稳定需求模型未加入汇率变量,对国际货币发行经济体设定的外汇储备金融稳定需求模型加入汇率变量。

定需求模型对国际货币发行经济体的外汇储备规模变动有着较强的解释力度。

表 7-10 货币国际化程度与外汇储备规模估计结果

解释变量	被解释变量：$lnReserveofGDP$				
	(1) 基准回归	(2) 加入金融稳定变量	(3) 加入汇率	(4) 加入资本市场开放程度	(5) 综合模型
$lnIcurrency$	−1.678*** (−10.062)	−0.429*** (−3.155)	−0.411*** (−2.956)	−0.446*** (−3.277)	−0.477*** (−3.558)
$lnMofGDP$		0.0643 (1.639)	0.0703* (1.733)	0.0385 (0.913)	0.0326 (0.789)
$lnTradeofGDP$		1.005*** (4.700)	1.047*** (4.646)	0.975*** (4.464)	0.949*** (4.432)
$FPOI$		2.073*** (3.939)	2.065*** (3.910)	1.400** (2.525)	0.949 (1.639)
$lnExrate$			0.144 (0.613)	−0.0149 (−0.061)	−0.136 (−0.557)
$Open$				4.107*** (3.456)	4.598*** (3.885)
$Regime$					0.104** (2.243)
常数项	6.263*** (12.696)	−1.822* (−1.933)	−2.248* (−1.916)	−5.494*** (−3.721)	−6.529*** (−4.304)
观测值	461	107	107	104	104
R^2	0.147	0.520	0.517	0.559	0.577

注：括号内为 T 统计量，*、** 和 *** 分别表示在 10%、5% 和 1% 的水平上显著。回归结果基于个体固定效应。

为了缓解与前部分类似的内生性问题，本部分采用联立方程方法做基准回归模型的稳健性检验。联立方程的设定如下两式。在联立方程组中，共有 $lnReserveofGDP$ 和 $lnIcurrency$ 两个内生变量，剩余变量均为外生变量。由于短期资本流动、广义货币发行量、资本市场开放程度、汇率体制、汇率与外汇储备规模的双向因果关系，因此外汇储备的金融稳定计量模型去除此类变量，具体设定为(7-11)式。(7-12)式从外汇储备规模、经济规模、经济发展水平、国际货币发行经济体基准利率考察了货币国际化程度的决定因素。(7-11)式排斥了人口、人均 GDP 及基准利率等三个外生变量,即有三个外生变量可用,属于过度识别,(7-12)式排斥了贸易开放度外生变量,属于恰好识别。作为参照,表 7-11 中的(1)列是联立方程中单方程 OLS 估计结果。作为对照,表 7-11 中的(2)列是 2SLS 估计结果,表 7-11 中的(3)列是 3SLS 估计结果,表 7-11 中的(4)列是似不相关回归估计结果。

$$lnReserveofGDP_{i,t} = \beta_0 + \beta_1 lnIcurrency_{i,t} + \beta_2 lnTradeofGDP_{i,t} + u_i + \epsilon_{i,t} \quad (7-11)$$

$$lnIcurrency_{i,t} = \beta_0 + \beta_1 lnReserveofGDP_{i,t} + \beta_2 lnPopulation_{i,t} + \beta_3 lnGDPpercapita_{i,t} + \beta_4 domesticrate_{i,t} + u_i + \epsilon_{i,t} \quad (7-12)$$

表 7-11 估计结果显示,货币国际化程度显著减少国际货币发行经济体的外汇储备规模。贸易开放度越大,外汇储备规模越大。此外,本国基准利率对货币国际化程度的影响并不明确。这是因为,本币利率提高对货币国际化有两个方面的作用。一方面,本币利率提高,国内银根收紧,本币汇率提升,有助于提升对本币信心促进国际化进程;另一方面,本币利率提高,银根收紧导致本币流通量减少,抑制了本币境外流通的能力。

表 7-11 稳健性检验 1 使用替代性估计方法

解释变量	(1) 联立方程 OLS	(2) 联立方程 2SLS	(3) 联立方程 3SLS	(4) 似不相关回归
	方程 1 被解释变量:$lnReserveofGDP$			
$lnIcurrency$	−0.715 *** (−7.949)	−4.190 *** (−4.222)	−4.190 *** (−4.237)	−1.227 *** (−14.415)
$lnTradeofGDP$	0.653 *** (7.163)	1.320 *** (4.898)	1.320 *** (4.915)	0.705 *** (7.908)
_cons	0.577 (1.310)	7.867 *** (3.499)	7.867 *** (3.512)	1.854 *** (4.317)

(续表)

解释变量	(1) 联立方程 OLS	(2) 联立方程 2SLS	(3) 联立方程 3SLS	(4) 似不相关回归
	方程2 被解释变量：$lnIcurrency$			
$lnReserveofGDP$	−0.235*** (−8.248)	−0.617** (−2.069)	−1.130*** (−5.336)	−0.360*** (−13.408)
$lnPopulation$	−0.106*** (−5.868)	−0.160*** (−3.391)	−0.229*** (−5.455)	−0.123*** (−7.007)
$lnGDPpercapita$	−0.030 2 (−0.483)	−0.457 (−1.347)	−0.946*** (−3.996)	−0.008 30 (−0.142)
$domesticrate$	0.014 8* (1.763)	−0.012 7 (−0.541)	−0.064 0*** (−3.679)	0.011 2 (1.432)
$\_cons$	5.175*** (7.506)	11.05** (2.387)	18.12*** (5.373)	5.428*** (8.382)
N	425	425	425	425
R^2	0.186	N/A	N/A	0.123

注：括号内为T统计量，*、** 和 *** 分别表示在10%、5%和1%的水平上显著。回归结果基于个体固定效应的联立方程估计。

本部分进一步考察模型中的遗漏变量问题。基于与前部分类似原因，本章在基准回归模型中分别加入1997年亚洲金融危机、2008年全球金融危机、2010—2012年欧债危机及2013年美联储削减恐慌哑变量，观察解释变量系数估计有无变化。模型回归结果分别列于表7-12的(1)列到(4)列。货币国际化程度变量在分别加入四个金融危机哑变量后仍然稳健，贸易开放度和资本市场开放度也在四个模型结果中显著正向影响外汇储备规模。汇率体制变量统计不再显著。1997年亚洲金融危机和2008年全球金融危机显著降低了国际货币发行经济体的外汇储备规模。但2013年美联储削减恐慌带来国际货币发行经济体外汇储备规模增加。其原因可能是美联储宣称削减买债导致债息上升，从而引发加息预期，导致国际货币向国际货币发行经济体回流，从而带来国际货币发行经济体外汇储备规模增加。

表 7-12　稳健性检验 2 加入金融危机哑变量

解释变量	被解释变量：$lnReserveofGDP$			
	(1) 1997年亚洲金融危机	(2) 2008年全球金融危机	(3) 2010—2012年欧债危机	(4) 2013年美联储削减恐慌
$lnIcurrency$	−0.510* (−2.460)	−0.448* (−2.052)	−0.476* (−2.123)	−0.484* (−2.135)
$lnMofGDP$	0.0312 (1.059)	0.0321 (1.177)	0.0315 (1.090)	0.0315 (1.038)
$lnTradeofGDP$	0.937** (2.881)	1.039** (3.427)	0.942** (2.851)	0.904** (2.653)
$FPOI$	0.898* (2.101)	0.802 (1.950)	0.978 (1.951)	0.964* (2.180)
$lnExrate$	−0.130 (−0.342)	−0.229 (−0.615)	−0.133 (−0.347)	−0.154 (−0.399)
$Open$	4.394** (2.848)	4.595** (3.116)	4.578** (2.837)	4.639** (2.870)
$Regime$	0.108 (0.921)	0.107 (1.021)	0.102 (0.864)	0.101 (0.878)
$crisisA$	−0.164* (−2.157)			
$crisisB$		−0.202** (−2.926)		
$crisisC$			0.0248 (0.301)	
$crisisD$				0.127* (2.219)
常数项	−6.219** (−3.098)	−6.826** (−3.481)	−6.473** (−3.010)	−6.328** (−2.907)
观测值	104	104	104	104
R^2	0.606	0.611	0.595	0.598

注：括号内为 T 统计量，*、** 和 *** 分别表示在 10%、5% 和 1% 的水平上显著。回归结果基于个体固定效应。

表 7-13 进一步加入其他控制变量，改善遗漏变量导致的统计偏误。表 7-13 中的(1)列加入代表经济规模的人口变量后，货币国际化程度仍然显著降低外汇储备规模。表 7-13 中的(2)列单独加入代表一

第七章 本国货币政策外溢效应与外汇储备规模需求:理论模型与实证检验

国经济发展水平的人均 GDP 变量后,货币国际化程度解释变量估计系数仍为负值。表 7-13 中的(3)列控制一国基准利率后,货币国际化程度估计系数绝对值变大,且统计显著。表 7-13 中的(4)列在同时加入以上三个控制变量后,货币国际化程度能够显著降低国际货币发行经济体的外汇储备规模。金融稳定解释变量中,贸易开放度增加外汇储备规模,资本市场开放程度也相应增加外汇储备规模;控制变量中,人口和基准利率显著降低其外汇储备规模。其原因可能是对于国际货币发行经济体而言,其人口规模并非其经济规模适合代理变量,所以人口增加,外汇储备规模却不一定随之增加;另外,国内基准利率提高代表本国银根收紧,本国货币流通量减少,根据理论模型与实证检验假设部分(7-5)式,则外汇储备规模相应减少。

表 7-13 稳健性检验 3 加入其他控制变量

解释变量	被解释变量:$lnReserveofGDP$			
	(1) 加入人口变量	(2) 加入人均 GDP 变量	(3) 加入基准利率	(4) 综合模型
$lnIcurrency$	−0.471* (−2.064)	−0.235 (−1.015)	−0.810*** (−4.856)	−0.603** (−3.063)
$lnMofGDP$	0.0377 (1.442)	0.0722 (1.862)	0.0257 (1.036)	0.0760* (2.171)
$lnTradeofGDP$	1.082*** (8.015)	1.096*** (5.710)	0.688 (1.734)	1.028*** (6.882)
$FPOI$	0.845 (1.719)	1.064 (1.874)	0.723 (1.109)	0.635 (0.783)
$lnExrate$	0.00774 (0.026)	−0.525 (−1.121)	−0.348 (−0.975)	−0.552 (−1.977)
$open$	4.130* (2.332)	5.587** (3.410)	3.386* (2.204)	3.335* (2.280)
$Regime$	0.109 (0.909)	0.125 (1.190)	0.102 (1.141)	0.135 (1.657)
$lnPopulation$	−1.004 (−1.051)			−1.781* (−2.365)
$lnGDPpercapita$		−0.299 (−1.707)		−0.325 (−1.735)

(续表)

解释变量	被解释变量：lnReserveofGDP			
	(1) 加入人口变量	(2) 加入人均GDP变量	(3) 加入基准利率	(4) 综合模型
$domesticrate$			−0.031 7*** (−4.116)	−0.038 7* (−2.404)
$\_cons$	10.30 (0.609)	−5.664** (−3.508)	−2.864 (−1.239)	28.67 (1.971)
N	104	104	103	103
R^2	0.603	0.611	0.644	0.680

注：括号内为T统计量，*、**和***分别表示在10%、5%和1%的水平上显著。回归结果基于个体固定效应。

以上分析确认了货币国际化程度对国际货币发行经济体外汇储备规模的显著负向解释能力。本章使用与前文相同的方法对国际货币发行经济体进行进口交易需求和金融稳定需求的结构转型检验。进口交易需求解释变量的结构变化区间为1998—2001年、2007—2008年及2011—2014年，涵盖了1997年亚洲金融危机后、2008年全球金融危机前期、2010—2012年欧债危机及2013年美联储削减恐慌危机发生期间。金融稳定需求解释变量的结构变化区间发生在1998—2001年及2008—2014年，与进口交易需求解释变量相似，涵盖了区域性金融危机和全球金融危机时间范围。货币国际化程度的结构变化区间位于2003—2004及2007—2008年，发生在1997亚洲金融危机之后与2008年全球金融危机前期。可以发现，各关键解释变量的结构性变化区间与金融危机的发生息息相关。

基于以上结构变化共同区间，本章进一步进行综合模型分时段回归，同时做进口交易需求模型及金融稳定需求模型解释变量的联合显著性检验，结果如表7-14所示（受限于样本量，结果剔除了样本期5年及以下的检验结果）。由各模型解释变量联合显著性检验可知，金融稳定需求而非进口交易需求才是国际货币发行经济体外汇储备规模变动的主要影响因素。与非国际货币发行经济体类似，金融危机前后，外汇储备规模变动对金融稳定因素的反馈更加明显。1997年亚洲金融

第七章 本国货币政策外溢效应与外汇储备规模需求:理论模型与实证检验

危机发生后的2000—2002年结构转变时点前的子样本模型中,金融稳定因素对外汇储备规模有着显著解释能力;2007年和2008年结构转变时点前的子样本模型中,金融稳定解释变量由之前的不具备解释能力变为联合统计显著,表明金融危机发生前和发生时,国际货币发行经济体外汇储备规模变动同样体现其金融稳定诉求。剔除2007年和2008年等时点后,金融稳定因素经历了2003—2010年的转变过程,在此区间内,金融稳定随着时间推移成为国际货币发行经济体外汇储备规模变动的主要驱动因素。

表7-14 国际货币发行经济体外汇储备规模影响因素结构转型检验结果

可能结构变化时间点	解释变量联合显著性检验(P值)			
	结构变化时间点之前		结构变化时间点之后	
	进口交易需求	金融稳定需求	进口交易需求	金融稳定需求
2000年	0.294 9	0.000 0	0.084 8	0.000 0
2001年	0.475	0.015 7	0.381 4	0.109 7
2002年	0.473 7	0.038 6	0.612 8	0.128 0
2003年	0.237 6	0.125 3	0.648 1	0.000 0
2004年	0.331 7	0.217 8	0.893 6	0.001 7
2005年	0.199 4	0.199 1	0.950 9	0.000 0
2006年	0.238 7	0.521 6	0.897 7	0.002 9
2007年	0.138 3	0.005 5	0.589 9	0.000 0
2008年	0.069 2	0.025 1	0.367 6	0.121 7
2009年	0.034 7	0.237 0	0.116 2	0.000 2
2010年	0.275 3	0.272 9	0.100 9	0.000 0

第五节 本章小结

本章将全球国别面板数据分为国际货币发行经济体和非国际货币发行经济体两个子样本,研究外汇储备规模影响因素由传统进口交易需求到金融稳定需求的转型,同时针对国际货币发行经济体,研究了货币国际化程度带来的本国货币政策外溢效应与一国外汇储备规模的关系。结果显示,随着金融全球化的发展,非国际货币发行经济体的外汇储备规模影响因素经历着从传统进口交易需求向金融稳定需求的转变过程,国际货币发行经济体的外汇储备规模主要由金融稳定动机驱动,货币国际化程度有效降低本国外汇储备规模。本章的研究结果对货币国际化、金融稳定和外汇储备规模管理具有以下启示。

一是要根据我国实体经济发展和金融环境稳定需求,动态调整外汇储备规模,维持人民币汇率基本稳定,助推人民币国际化进程。人民币国际化的前提是保持对内对外币值的基本稳定,而适度外汇储备规模对于短期内的汇率调控不可或缺。一国货币国际化的成功,最终更有助于促进金融稳定,减少货币当局对外汇储备的规模需求。

二是配合外汇储备规模调整,通过宏观审慎措施维持金融稳定。货币国际化进程伴随着一国资本项目的不断开放和汇率安排的灵活性不断加强,此类制度安排会给正处于完善进程中的一国金融制度等基础设施带来金融不稳定的压力。协调货币国际化进程、维护本国金融稳定,需要货币当局采取短期资本管控、逆周期调节等宏观审慎措施,维持金融稳定,满足外汇储备规模需求。

三是人民币国际化进程需要在维持金融稳定的前提下促进产业结构转型升级,保持我国经济发展后劲,一国货币的高度国际化最终是本国经济力量在货币领域的投影。货币国际化是一个循序发展的过程,特别是在人民币国际化稳步推进的当前阶段,资本项目开放和人民币汇率形成机制的逐步完善应适应国情稳步推进,这对人民币国际化的进程有益无害;而在人民币储备被国际社会普遍接受之后,我国的外汇储备规模也会经历着向适度规模波动收敛的动态调整过程。

第八章 中国如何选择人民币国际化合作伙伴：双边货币互换协议影响因素的实证检验

第一节 引 言

第七章从本币国际化带来的本国货币政策外溢效应的角度出发，对本币国际化、金融稳定与外汇储备规模需求的关系进行了理论解释，并实证检验了货币国际化程度与外汇储备规模需求的关系，以及外汇储备驱动因素从进口交易需求到金融稳定需求的结构转型。本章和第九章进一步对人民币国际化中的两个关键问题进行研究。本章首先对人民币国际化进程中双边货币互换协议的影响因素进行实证检验。

自 2009 年以来，按照党中央、国务院的决策部署，我国开始以贸易投资便利化、自由化为重点，建立健全便利人民币跨境和国际使用的政策框架和基础设施，从而促进人民币国际化进程。2016 年 10 月 1 日，人民币正式纳入国际货币基金组织 SDR 货币篮子。自 2018 年以来，人民币跨境使用政策进一步优化，相关基础设施继续完善，人民币国际化取得新进展。近年来，人民币在跨境贸易结算和直接投资中的使用份额逐年扩大，投融资货币功能持续深化，储备货币功能逐渐显现。2018 年 3 月 26 日，以人民币计价结算的原油期货正式挂牌交易，这有助于推动人民币成为大宗商品计价结算货币，促进人民币在全球贸易中的使用。

自1976年1月成立牙买加货币体系①以来,金本位与金汇兑本位制瓦解,信用货币种类及金额急剧增加。当前国际货币体系为全球金融稳定带来了不稳定因素。货币供应量和存放款的增长通常大幅超出实体经济增速,经济发展对信用依赖程度不断增加。现有的"一超多元"、美元独大的国际货币体系被普遍认为是一种过渡性的不健全的体系,需要进行彻底的改革。近年来,人民币能否取代美元,已经成为值得讨论的热门话题,国际上对此观点不一。有鉴于中国经济的增长,越来越多的研究人员认为人民币将很快在全球储备体系中扮演重要角色(Eichengreen,2011[169],2011[211];Prasad 和 Ye,2012[212];Roubini,2009[213])。也有学者认为,当前人民币国际化还有不少不利因素,包括中国尚未形成霸权地位、私营部门在经济整体中处于弱势地位、国际通行规则缺失、缺乏安全联盟等方面(Injoo Sohn,2015[214])。

当前经济形势下,全球"去美元化"面临着美联储步入加息缩表周期、美国挑起贸易摩擦为全球政策环境带来不确定性等困局。在上述背景下,新兴经济体在全球多边金融机构中谋求更大话语权的多年努力受阻,特别是修正美国在 IMF 中独大的一票否决机制,始终难以达成②。为保障本国金融稳定,新兴经济体转向新兴市场内部寻求金融合作以实现"去美元化"。近年来,新兴经济体积极参与双边货币互换,并开始构建以多边货币互换为基础的跨区域货币合作框架。2010年3月正式生效的清迈倡议多边化、2014年7月与金砖国家开发银行同时成立的金砖国家应急储备安排,是促进新兴经济体金融稳定的重要举措。

自2009年人民币国际化启动以来,我国货币当局主导的双边货币

---

① 牙买加货币体系主要特征:包括美元、欧元、英镑、日元、SDR、在基金组织的储备头寸及黄金在内的多元化的国际储备体系,包括固定汇率到自由浮动汇率制等多元化的汇率制度及通过汇率、利率、国际金融市场以及 IMF 的协调作用等多种国际收支的调节手段。

② 截至2018年7月21日,美国在 IMF 拥有票数 831 407 张,投票权占比为 16.52%,拥有事实上的一票否决权。数据来源:IMF 官网信息 http://www.imf.org/external/np/sec/memdir/members.aspx#U。

互换协议(bilateral swap agreement,BSA)①作为人民币国际化的一部分，近几年发展成效显著。在 2008 年全球金融危机期间，美联储通过临时双边货币互换，为别国央行或货币当局提供了近 6 000 亿美元的货币互换，避免了信贷紧缩和清算交割危机，减小了对实体经济的冲击。与美联储主导的货币互换不同，我国推行的双边本币互换安排是国家间经济金融领域合作深化的表现，有利于便利双方贸易投资中使用本币，规避汇率风险，同时也在维护金融市场稳定和为金融市场提供紧急流动性支持方面发挥了重要作用。

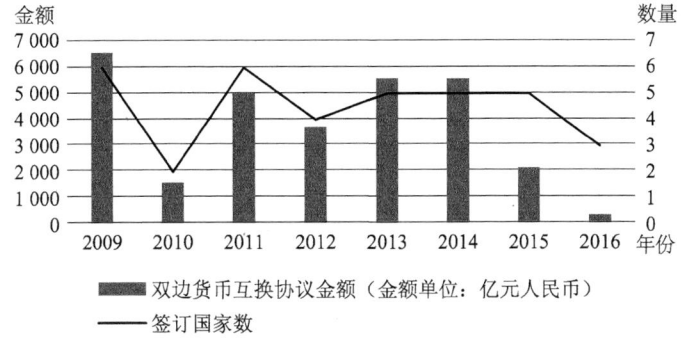

图 8-1　2009—2016 年我国双边货币互换协议签订情况
数据来源：中国人民银行官网。

自 2008 年以来，我国不断推动对外货币合作，与境外央行或货币当局的本币互换合作成效显著。根据中国人民银行发布的《2017 年人民币国际化报告》，截至 2016 年年末，中国人民银行已与中国香港、韩国、马来西亚、欧元区、瑞士、俄罗斯等 36 个国家和地区的中央银行或货币当局签署了双边本币互换协议，协议总金额超过 3.3 万亿元人民币。截至 2016 年年末，境外中央银行或货币当局累计动用 3 655.31 亿元人民币，余额为 221.49 亿元人民币；中国人民银行累计动用外币

---

① 中国人民银行对双边货币互换协议的定义为：中央银行间的本币互换协议是指一国(或地区)的中央银行(或货币当局)与另一国(或地区)的中央银行(或货币当局)签订一个协议，约定在一定的条件下，任何一方可以一定数量的本币交换等值的对方货币，用于双边贸易投资结算或为金融市场提供短期流动性支持，到期后双方换回本币，资金使用方同时支付相应利息。协议签署时属于备用性质，在实际发起动用前双方不发生债权债务关系。协议签署规模为一方可动用另一方货币的最大金额。

折合1 128.41亿元人民币,余额折合77.58亿元人民币。

截至2016年,签订双边货币互换协议的36个国家有超过一半来自"一带一路"沿线国家。"一带一路"是我国开展区域间经济体合作的重要举措,也是人民币可以进一步发挥国际货币作用的重要舞台。Zhang等(2017)[215]评估了人民币国际化对中国与其合作伙伴特别是"一带一路"倡议沿线国家和地区的经济一体化的意义。实证显示,双边货币互换协议将提高中国与其合作伙伴之间双边贸易30.4%,对于"一带一路"倡议沿线国家和地区来说,其效果更显著。人民币互换协议通过促进双边贸易,有利于中国与"一带一路"倡议沿线国家和地区的经济一体化进程。

我国货币当局与相关中央银行或货币当局的合作将继续加强,双边本币互换机制和双边本币结算协定将进一步完善,双边货币合作将在便利两国贸易和投资、维护金融稳定方面继续发挥积极作用。人民币正式加入SDR货币篮子标志着人民币国际化进入新的发展阶段。2017年,我国继续以服务实体经济为出发点和落脚点,积极有为、扎实推进人民币国际化,保持人民币在全球货币体系中的稳定地位。①

因此,继续推进双边本币互换协议的签订,不仅有利于"去美元化"的实施,也有利于在加息周期下,规避美元汇率升值对双边本币互换协议签订国家和地区的不利影响,促进双边贸易发展和双边直接投资稳步增加、维持区域金融稳定和促进实体经济发展。以"一带一路"为依托,推进人民币国际化进程,是在全球货币政策正常化引发的加息周期进程中,应对美元霸权、促进区域间国际金融稳定、为各国实体经济发展营造良好金融发展环境的重要举措。因此,研究人民币国际化进程中双边本币互换协议的驱动影响因素,对人民币国际化和"一带一路"倡议具有十分重要的现实意义。本书通过实证数据分析我国双边本币互换协议的驱动因素及变化趋势,以期为我国货币当局进一步

---

① 中国人民银行《2017年人民币国际化报告》。

推进双边互换协议从而推进人民币国际化进程提供合理的数据基础和有针对性的政策建议。

本章接下来的内容安排如下：第二节是理论解释和实证检验假设，第三节是实证方案设计和数据说明，第四节是实证结果分析，第五节是本章小结。

第二节 实证检验假设

BSA是涉及双边货币当局的互换协议。因此，实证检验中从签订BSA的双方来考虑其驱动因素更合理。我国央行有关报告也使用双方合作之类的提法："与相关中央银行或货币当局的合作将继续加强，双边本币互换机制和双边本币结算协定将进一步完善，双边货币合作将在便利两国贸易和投资、维护金融稳定方面继续发挥积极作用。"[①]因此，本书假设BSA签订双方是因BSA的收益而签约。这些收益同时包括了经济和地缘政治方面，即签订BSA对签约双方能够达成帕累托改进的结果。自由贸易协定（free trade agreement，FTA）、优惠贸易协定或者双边投资协议的签订方可能会存在一方获益一方受损的情况，即如果一方属于出口导向型经济体或者进行大规模海外投资，则合约签订的另一方存在出口竞争力削弱或者FDI流入被动增加的情况。与之相对，BSA属于公共品（public goods），企业既可以继续使用原有货币进行贸易结算，也可以使用人民币进行结算。BSA签约节奏和扩张进程并非单纯由需求方决定，也需要考虑供给侧即我国货币当局的决定。BSA属于人民币国际化组成部分之一。此外，BSA协议也有签约成本，其中包括合同签约谈判成本、说服本国银行兑换人民币的成本等方面。如果该国与中国贸易投资联系并不紧密，且该国经济规模有限，则对于该国央行而言，与我国货币当局签订BSA的前期成本相比而言难以忽略。此外，如果该国追随中国倡导的国际新秩序，

---

① 中国人民银行《2017年人民币国际化报告》。

或与中国保持较为密切的政治合作或外交伙伴关系,也会增加两国BSA签订的概率。

本书中的事实上的贸易投资联系是指两国之间的进出口贸易和直接投资联系;法律上的经济一体化指的是双方由于紧密的贸易投资联系进一步用协议形式拓展的贸易或者投资协议,如自由贸易协定、优惠贸易协定或者双边投资协议;政治合作是指两国在紧密的贸易投资联系基础上拓展的某种形式的政治、外交或者军事合作关系,如上海合作组织,或者通过外交手段确立的某种形式的伙伴关系等。

基于以上讨论,本书认为,两国之间事实上的经济相互依赖将会增加BSA的签约概率。因此,本书预期中国与潜在BSA签约国较为密切的贸易和投资联系应当伴随着较高的签约概率。如果一国与中国存在较强的经济依存度,当中国成为净出口或者直接投资的目的国或者来源国之后,BSA通过为两国隔离国际流动性冲击提供融资,降低两国企业跨境汇兑的交易成本等益处,提升潜在签约国与中国签订BSA的概率。因此,本书基于经济角度提出以下假设。

假设1:当其他条件不变时,事实上的贸易投资联系将会增加双方签订BSA的概率。

Mansfield和Milner(2012)[216]指出,PTA是旨在通过改善和稳定每个成员与其他参与者市场的联系来促进成员国之间的经济一体化的正式协议。BIT是在"在两国之间制定投资规则,并为解决与投资有关的争议制定行动方案"(Allee和Peinhardt,2010[217])。虽然PTA或者FTA降低关税和非关税贸易壁垒,BIT降低了东道国政府征收外国直接投资的风险,但BSA通过消除使用第三方货币的需要,在进行贸易和直接投资时缓解了流动性不足压力和降低了跨境汇兑风险。FTA或者PTA和BIT通过提升违约成本巩固双边贸易投资联系,而BSA则为双方贸易投资合作缓解了流动性压力和汇率风险,而且拓展了双边经济和政治合作的前景和便利程度。BSA可被视为PTA和BIT的自然延伸,提供两国之间有关货币汇兑的正式合作。因此,本书认为法律上的经济一体化将会增加BSA的签约概率。基于以上讨论,本书提出假设2。

假设2：其他条件不变时，贸易投资一体化协议将会增加双方签订BSA的概率。

本书预期当中国与潜在签约国有较为紧密的政治合作或者外交伙伴关系时，或者潜在签约国对中国引导的国际新秩序有偏好，潜在签约国与中国签订BSA的概率也会增加，即当与中国维持较密切的政治外交关系时，相应的潜在签约国会对通过投资人民币储备资产对我国的人民币国际化战略提供支持，当对中国引导的国际秩序有偏好时，与中国签订BSA的概率也会增加。因此，本书基于政治经济学角度提出假设3和假设4。

假设3：当其他条件不变时，与中国具备政治合作或者外交伙伴关系的国家与中国签订BSA的概率会增加。

假设4：当其他条件不变时，支持中国倡导的国际新秩序的国家与中国签订BSA的概率会增加。

第三节　实证方案和数据说明

为了验证所提出的实证检验假设，本书构建包括125个国家和地区2003—2016年的年度平衡面板数据。样本中包含了所有数据可得的货币政策独立的国家和地区。鉴于中国香港在中国人民银行BSA中的重要地位且香港特别行政区拥有自己的货币，基准回归样本中也将香港特别行政区包括在内。本节包含三部分内容：首先是变量定义和数据来源，其次是数据描述性统计和相关性检验，最后是计量模型设定。

一、变量定义和数据来源

本书关心的被解释变量是中国与其他国家（地区）是否签订BSA，因此将BSA定义为二值变量。当中国与该国（地区）在给定年份签订BSA或者处于双方BSA存续期（通常为3年）内时取值为1，否则为0。

同时，本书也收集 BSA 在存续期内的金额数据，作为稳健性检验使用的被解释变量。有关 BSA 的数据由笔者根据中国人民银行官网数据整理而得。

本书中的解释变量根据实证检验假设分为三组。

第一组是事实上的贸易投资联系变量。事实上贸易联系的解释变量包括三个变量：一是样本国家或地区（以下简称"样本国家"）对中国的贸易依存度，以样本国家对中国货物进出口金额与样本国家货物进出口总金额之比表示。根据上部分分析的 BSA 对贸易的两种机制，即为隔离外生金融冲击融资和降低成员国企业跨境汇兑的交易成本，BSA 将会同时使进口和出口受益。假设两个样本国家对中国出口依存度相同，但样本国家 A 比样本国家 B 对中国的进口依存度更高，则预期样本国家 A 和中国签订 BSA 的概率更高。因此，本书以样本国家对中国进出口金额总和占其全部进出口金额的比例来衡量样本国家对中国的贸易依存度。如果样本国家对中国的贸易依存度较高，则 BSA 签约概率增大。二是中国对样本国家的贸易依存度。与样本国家对中国的贸易依存度相似，中国对样本国家的贸易依存度以中国对样本国家的货物进出口金额与中国货物进出口总金额之比来衡量。如果中国对样本国家的贸易依存度更高，则 BSA 的签约概率也会相应增大。三是中国和样本国家的贸易相互依存度。由于 BSA 是中国与样本国家之间的协议，预计更高水平的贸易相互依赖性将进一步增加 BSA 的签约概率。为了捕捉这种效应，本书同时加入两种贸易依存度的交互项，考察中国和样本国家的贸易相互依存度对 BSA 签约概率的影响。以上数据根据 IMF DOT（direction of trade，DOT）相关数据整理而得。

类似的，事实上的投资联系也包括三个解释变量：一是样本国家对中国的 FDI 依存度，以样本国家对中国的 FDI 流出与流入绝对值之和与样本国家 FDI 流出与流入绝对值之和的比例来衡量。二是中国对样本国家的贸易依存度，以中国对样本国家的 FDI 流出与流入绝对值之和与中国 FDI 流出与流入绝对值之和的比值来衡量。预期两种 FDI 依赖度增加，则样本国家与中国 BSA 签约概率增加。三是中国和样本国家的 FDI 相互依存度。相应的,中国与样本国家的 FDI 相互依赖度提升,则 BSA 签约概率也会增大。因此,加入中国和样本国家的 FDI 依赖度的交互项来捕捉样本国家和中国 FDI 相互依赖度对 BSA 签约概率的影响。预期以上三个变量会对中国和样本国家 BSA 签约概率产生正向影响。FDI 数据来自国家外汇管理局《中国对外投资统计公报》、国家统计局中国利用外国直接投资数据以及联合国贸易和发展会议(united nations conference on trade and development,UNCTAD)中有关世界各国的 FDI 数据。

第二组是通过协议形式固定下来的两国之间贸易投资一体化变量,其中主要包括两个解释变量。第一个解释变量是 FTA(自由贸易协议),当中国与样本国家在给定年份处于 FTA 的存续期则赋值为 1,否则为 0。中国与样本国家之间签订 FTA 自由贸易协议,标志着更紧密的贸易一体化和经济合作的承诺。而 BSA 的签订将会进一步打破双边贸易汇兑壁垒。因此,预期 FTA 解释变量对被解释变量 BSA 具有正向的影响。第二个解释变量是 BIT(双边投资协议),当中国与样本国家在给定年份处于双边投资协议的存续期内则赋值为 1,否则为 0。与 FTA 的效应类似,由于 BSA 处于 FTA 和 BIT 的上层,具有降低双边贸易和投资汇兑壁垒的作用,因此预期 BIT 解释变量同样会对被解释变量 BSA 的签订概率产生正向的影响。FTA 的数据来自中国商务部有关贸易协议的信息①,BIT 的数据来自 UNCTAD 有关全球投资协议的数据②。

第三组是从政治角度出发的基于政治经济学的解释变量,包括三个解释变量。第一个解释变量是上海合作组织(the shanghai cooperation organisation,SCO)身份。如果样本国家在给定年份属于 SCO 成员国、观察员国或者对话伙伴国,赋值为 1,否则为 0。更紧密的政治联系通常伴随着更紧密的经济联系。SCO 成立于 2001 年,是增进以共同安全为主要目标的政府间联盟组织。鉴于 SCO 的主要目的是增进成员

---

① http://fta.mofcom.gov.cn/english/index.shtml。
② http://investmentpolicyhub.unctad.org/IIA/CountryBits/42。

国的政治经济安全等各领域合作[1],本书预期如果样本国家拥有 SCO 身份,则其与中国签订 BSA 的概率会增加。SCO 变量数据来自上海合作组织官方网站。

第二个解释变量是外交伙伴关系(partner),给定年份样本国家与中国通过外交途径建立或已建立全面战略(合作)伙伴关系、战略(合作)伙伴关系、全面(合作)伙伴关系、合作伙伴关系或创新的战略合作伙伴关系等各种伙伴关系则赋值为 1,否则为 0。与 SCO 解释变量相似,本书预期外交伙伴关系也会对 BSA 签约概率产生正向的影响。外交伙伴关系的数据由笔者根据我国外交部网站有关公报整理而得[2]。

第三个解释变量是样本国家与中国的理想点距离。引入该变量的目的是检验样本国家对中国倡导的国际秩序偏好程度变量对 BSA 签约概率的影响。Bailey 等(2017)[218]使用联合国大会的投票记录估算了国际事务中一国的理想位置即理想点变量。理想点数据允许通过允许跨期比较,将联合国议程变更从国家偏好变动区分出来,研究认为,理想点距离能较准确地代表某国对国际秩序的偏好程度。因此,本书认为,样本国家与中国的理想点距离适合代表样本国家对中国国际秩序的偏好程度。理想点距离数据来自 Bailey 等(2017)[218]。

此外,实证检验还加入了有关控制变量。首先,样本国家的能源资源符合中国的经济和安全利益。如果样本国家富有能源资源,则中国与其签订 BSA 的概率有可能会增大。因此,本书使用样本国家石油生产数据作为控制变量之一,用给定年份内石油日均产量百万桶(million barrels)代表样本国家能源资源禀赋,数据来自美国能源信息管理局(energy information agency,EIA)[3]。其次,本书对常规重力模型变量进行了控制。控制变量包括样本国家 GDP、人均 GDP,以上数据来自

---

[1] http://chn.sectsco.org/about_sco/:上海合作组织的宗旨是加强各成员国之间的相互信任与睦邻友好,鼓励成员国在政治、经贸、科技、文化、教育、能源、交通、旅游、环保及其他领域的有效合作,共同致力于维护和保障地区的和平、安全与稳定,推动建立民主、公正、合理的国际政治经济新秩序。

[2] http://www.fmprc.gov.cn/web/ziliao_674904/1179_674909/.

[3] https://www.eia.gov/petroleum/data.php.

世界银行的世界发展指标（world development indicators，WDI）。此外，本书还对样本国家距离中国的距离变量进行了控制，数据来自CEPII①。实证中使用的变量的具体情况如表8-1所示。

表8-1 变量、变量定义及数据来源

变量名	编码	变量定义	来源
双边货币互换协议	BSA	给定年份处于BSA存续期则为1，否则为0	中国人民银行
双边货币互换金额	BSAn	给定年份BSA存续期内的金额	中国人民银行
样本国家的贸易依存度	TradeDP	给定年份样本国家对中国货物进出口总金额除以样本国家货物进出口总额	根据IMF DOT数据计算
样本国家出口依存度	EXDP	给定年份样本国家对中国货物出口金额除以样本国家出口总额	根据IMF DOT数据计算
样本国家进口依存度	IMDP	给定年份样本国家对中国货物进口金额除以样本国家货物进口总额	根据IMF DOT数据计算
中国的贸易依存度	TradeDC	给定年份中国对样本国家货物进出口金额除以中国货物进出口总额	根据IMF DOT数据计算
中国出口依存度	EXDC	给定年份中国对样本国家货物出口金额除以中国出口总额	根据IMF DOT数据计算
中国进口依存度	IMDC	给定年份中国对样本国家货物进口金额除以中国货物进口总额	根据IMF DOT数据计算
样本国家的FDI依存度	FDIDP	给定年份样本国家与中国FDI流量总和（FDI净流出与净流出的绝对值之和）除以样本国家FDI流出入总额	国家外汇管理局《中国对外投资统计公报》、国家统计局中国利用外国直接投资数据以及UNCTAD数据
样本国家FDI流出依存度	FDIDPout	给定年份样本国家对中国FDI净流出金额除以样本国家FDI净流出总额	国家外汇管理局《中国对外投资统计公报》、国家统计局中国利用外国直接投资数据以及UNCTAD数据
样本国家FDI流入依存度	FDIDPin	给定年份样本国家从中国获得的FDI净流入金额除以样本国家FDI净流入总额	国家外汇管理局《中国对外投资统计公报》、国家统计局中国利用外国直接投资数据以及UNCTAD数据

---

① http://www.cepii.fr/CEPII/en/bdd_modele/presentation.asp?id=6。

(续表)

变量名	编码	变量定义	来源
中国 FDI 依存度	$FDIDC$	给定年份中国对样本国家 FDI 流量总和(FDI 净流出与净流出的绝对值之和)除以中国 FDI 流出入总额	国家外汇管理局《中国对外投资统计公报》、国家统计局中国利用外国直接投资数据以及 UNCTAD 数据
中国 FDI 流出依存度	$FDIDCout$	给定年份中国对样本国家 FDI 净流出金额除以中国 FDI 净流出金额	国家外汇管理局《中国对外投资统计公报》、国家统计局中国利用外国直接投资数据以及 UNCTAD 数据
中国 FDI 流入依存度	$FDIDPin$	给定年份中国从样本国家获得的 FDI 净流入金额除以中国 FDI 净流入总额	国家外汇管理局《中国对外投资统计公报》、国家统计局中国利用外国直接投资数据以及 UNCTAD 数据
自由贸易协定	FTA	给定年份样本国家与中国已签订自由贸易协定时取值为 1,否则为 0	根据中国商务部信息整理
双边投资协定	BIT	给定年份样本国家与中国已签订双边投资协定时取值为 1,否则为 0	UNCTAD 双边投资协议数据
上海合作组织	SCO	给定年份样本国家属于上海合作组织成员国、观察员国或对话样本国家时取值为 1,否则为 0	上海合作组织网站信息
伙伴关系	$Partner$	给定年份样本国家与中国通过外交途径建立或已建立伙伴关系的国家赋值为 1,否则为 0	根据中国外交部信息整理
政体	$Polity$	样本国家给定年份的政体得分	Marshall 等(2013) Polity Ⅳ 数据
反腐指数	$CorruptionControl$	世界银行核算	Wolrd Bank WGI
政府效率	$Goveffectiveness$	世界银行核算	Wolrd Bank WGI
政治稳定性	$PoliticalStability$	世界银行核算	Wolrd Bank WGI
私营部门制度环境指数	$RegQuality$	世界银行核算	Wolrd Bank WGI
法治系数	$RuleofLaw$	世界银行核算	Wolrd Bank WGI
样本国家与中国理想点距离	$IdealPC$	给定年份根据联合国大会投票记录估计	Bailey 等(2017)[218]
石油产量	Oil	给定年份样本国家日均石油产量(单位:百万桶)	US EIA

(续表)

变量名	编码	变量定义	来源
石油出口金额	$Oilex$	给定年份样本国家石油出口金额	UN Comtrade 数据
样本国家国内生产总值	GDP	给定年份样本国家 GDP	World Bank WDI
样本国家人均国内生产总值	$GDPpercapita$	给定年份样本国家人均 GDP	World Bank WDI

二、变量描述性统计和相关性检查

数据集中选入125个国家和地区2003—2016年的数据,每个变量共计1 750个观测值。BSA单笔合约均值为32.2亿元人民币,最大值为自2011年与中国香港签署的4 000亿元人民币等值港币互换合约,其次是与韩国自2011年签署的3 600亿元人民币等值韩元互换合约、与英国自2015年签署的3 600亿元人民币等值英镑互换合约以及自2013年与新加坡签署的3 000亿元人民币等值新加坡元互换合约。从描述性统计可以看出,人民币国际化进程中BSA似乎有区域化到全球化的发展趋势,本书将对此进行实证检验。另外,中国对样本国家的贸易依存度和FDI依存度均值明显小于样本国家对中国的依存度均值。而且样本国家的出口依存度均值、进口依存度均值都明显大于中国对样本国家的进出口依存度均值,FDI流入及流出依存度也呈现类似情况。究竟是样本国家对中国的贸易投资依存度还是中国对样本国家的贸易投资依存度对BSA合约签订概率有决定性影响,本书将进行相关实证性检验。

表8-2 变量描述性统计

变量	观测值	均值	标准差	最小值	最大值
$SwapD$	1 750	0.03	0.18	0.00	1.00
$SwapN$(单位:亿元人民币)	1 750	32.2	274.6	0.00	4 000.00
$Distance$(单位:千米)	1 750	8.93	4.03	0.96	19.30

(续表)

变量	观测值	均值	标准差	最小值	最大值
GDP(单位：亿美元)	1 725	4 690.00	15 400.00	1.48	169 000.00
$GDP\,per\,capita$(单位：美元)	1 725	15 720.44	18 601.07	193.87	91 594.18
Oil(单位：百万桶每日)	1 750	1.22	3.46	0.00	24.76
$Oilex$(单位：亿美元)	1 506	173	392	0	3 720
$TradeDC$	1 686	0.01	0.02	0.00	0.16
$TradeDP$	1 668	0.09	0.09	0.00	0.81
$FDIDC$	1 327	0.01	0.05	0.00	0.67
$FDIDP$	1 056	0.04	0.15	0.00	1.98
BIT	1 750	0.66	0.47	0.00	1.00
FTA	1 750	0.11	0.32	0.00	1.00
SCO	1 750	0.10	0.31	0.00	1.00
$Partner$	1 750	0.33	0.47	0.00	1.00
$Polity$	1 596	4.43	6.15	−10.00	10.00
$CorruptionControl$	1 750	0.12	1.07	−1.81	2.47
$GovernmentEffectiveness$	1 750	0.19	1.00	−1.89	2.44
$PoliticalStability$	1 750	−0.03	0.98	−3.18	1.69
$RegQuality$	1 750	0.19	0.97	−2.34	2.26
$RuleofLaw$	1 750	0.12	1.02	−2.18	2.10
$IdealPC$	1 417	0.81	0.73	0.00	3.35
$Asia$	1 750	0.26	0.44	0.00	1.00
$EXDP$	1 673	0.07	0.12	0.00	0.88
$EXDC$	1 705	0.01	0.02	0.00	0.21
$IMDP$	1 689	0.09	0.07	0.00	0.48
$IMDC$	1 686	0.01	0.02	0.00	0.18
$FDIDPin$	1 462	0.08	1.46	−27.00	42.07
$FDIDPout$	1 233	0.10	1.12	−16.03	20.56
$FDIDCin$	1 409	0.01	0.05	0.00	0.64
$FDIDCout$	1 649	0.01	0.05	−0.02	0.70

有关各变量的相关系数如表8-3所示，可以看出，除了用于政体解释变量的世界银行的世界治理指标相关系数较高之外，其他各解释变量相关性都较低，证明综合模型内没有严重的多重共线性问题。

第八章 中国如何选择人民币国际化合作伙伴：双边货币互换协议影响因素的实证检验

表 8-3 变量相关系数表

变量	SwapD	Dist1	GDP	GDPpercapita	Oil	TradeDC	TradeDP	FDIDC	FDIDP	BIT	FTA	SCO	Partner	Polity	Corrupt	Gov	Stability	Quality	Law	IdealPC	Asia
SwapD	1.0																				
Dist1	-0.1	1.0																			
GDP	0.0	-0.1	1.0																		
GDPpercapita	0.0	-0.2	0.3	1.0																	
Oil	0.0	0.0	0.1	0.1	1.0																
TradeDC	0.1	-0.2	0.8	0.2	0.1	1.0															
TradeDP	0.2	-0.1	0.1	-0.2	0.1	0.3	1.0														
FDIDC	0.1	-0.2	0.6	0.3	0.0	0.8	0.2	1.0													
FDIDP	0.1	-0.1	0.0	-0.1	-0.1	0.0	0.4	0.2	1.0												
BIT	0.1	-0.4	0.0	0.2	0.0	0.1	0.0	0.1	0.0	1.0											
FTA	0.2	-0.4	0.0	-0.2	-0.1	0.1	0.4	0.1	0.3	0.2	1.0										
SCO	0.1	-0.4	0.3	-0.3	-0.1	0.3	0.2	-0.1	0.2	0.2	0.3	1.0									
Partner	0.2	-0.3	0.3	-0.1	0.1	0.1	0.3	0.2	0.2	0.2	0.4	0.3	1.0								
Polity	0.2	0.2	0.3	0.2	-0.4	0.1	-0.1	0.0	0.0	0.1	0.1	-0.1	0.1	1.0							
Corrupt	0.0	-0.1	0.3	0.8	-0.1	0.2	-0.2	0.3	-0.1	0.2	-0.1	-0.3	0.0	0.4	1.0						
Gov	0.0	-0.2	0.3	0.8	-0.1	0.3	-0.2	0.3	-0.1	0.3	0.0	-0.3	0.0	0.4	1.0	1.0					
Stability	0.0	0.0	0.2	0.7	-0.1	0.2	-0.1	0.2	0.0	0.1	-0.2	-0.2	-0.1	0.2	0.8	0.7	1.0				
Quality	0.0	-0.2	0.3	0.8	-0.1	0.3	-0.2	0.3	-0.1	0.2	0.0	-0.3	0.0	0.4	0.9	1.0	0.7	1.0			
Law	0.0	-0.2	0.3	0.8	-0.1	0.3	-0.3	0.3	-0.1	0.2	-0.3	-0.2	0.0	0.4	1.0	1.0	0.8	1.0	1.0		
IdealPC	0.0	-0.1	0.3	0.6	-0.1	0.2	-0.2	0.2	-0.2	0.1	0.0	-0.2	-0.1	0.5	0.6	0.7	0.5	0.7	0.7	1.0	
Asia	0.1	-0.6	0.0	-0.1	0.2	0.2	0.3	0.2	0.2	0.2	0.4	0.4	0.2	-0.4	-0.2	-0.2	-0.3	-0.2	-0.2	-0.4	1.0

三、计量模型设定

考虑到 Logit 模型对观测值有较高要求,本书选取的数据是面板数据。由于被解释变量属于二值变量,因此使用了离散面板数据模型。离散面板数据模型主要有两类,一类是面板 Probit 模型,另一类是面板 Logit 模型。由于 Probit 模型要求随机误差项服从正态分布且只能估计面板随机效应模型,而 Logit 模型由于其随机误差项的特殊分布,可以估计随机效应模型和固定效应模型,因此,本书采取面板 Logit 模型对数据进行分析,同时使用面板 Probit 模型进行稳健性检验。

根据先前提出的实证检验假设,本书设定如下五个 Logit 模型。为了缓解模型中的内生性问题,本书将所有解释变量滞后 1 期。第一个模型是基于实证检验假设 1 的事实上的贸易投资联系模型,见(8-1)式,其中关键解释变量是两国贸易依存度交互项($TradeDP_{i,t-1}$ · $TradeDC_{i,t-1}$)、样本国家贸易依存度($TradeDP_{i,t-1}$)、中国贸易依存度($TradeDC_{i,t-1}$)、两国 FDI 依存度交互项($FDIDP_{i,t-1}$ · $FDIDC_{i,t-1}$)、样本国家 FDI 依存度($FDIDP_{i,t-1}$)和中国 FDI 依存度($FDIDC_{i,t-1}$)。$Z_{i,t-1}$ 是控制变量。为了控制双向因果及内生性问题,本书将计量模型中所有解释变量滞后 1 期。

第二个模型是基于实证检验假设 2 的贸易投资一体化模型,见(8-2)式,其中关键解释变量是自由贸易协定($FTA_{i,t-1}$)和双边投资协议($BIT_{i,t-1}$)。

第三个模型是基于实证检验假设 3 的政治或者外交合作模型,见(8-3)式,其中关键解释变量是上海合作组织变量($SCO_{i,t-1}$)和外交合作伙伴关系($Partner_{i,t-1}$)。

第四个模型是基于实证检验假设 4 的国际秩序偏好模型,见(8-4)式,其中关键解释变量是样本国家与中国的理想点距离($IdeaPC_{i,t-1}$)。

$$f_{fact}(BSA_{it} \mid X_{it}, \theta_{fact}) = \text{logit}^{-1}[\beta_0 + \beta_1 TradeDP_{i,t-1} \cdot TradeDC_{i,t-1}$$

$$+\beta_2 TradeDP_{i,t-1} + \beta_3 TradeDC_{i,t-1}$$
$$+\beta_4 FDIDP_{i,t-1} \cdot FDIDC_{i,t-1}$$
$$+\beta_5 FDIDP_{i,t-1} + \beta_6 FDIDC_{i,t-1}$$
$$+\beta_7 Z_{i,t-1}\Big] \quad (8\text{-}1)$$

$$f_{law}(BSA_{it} \mid X_{it}, \theta_{fact}) = \text{logit}^{-1}\Big[\gamma_0 + \gamma_1 FTA_{i,t-1} + \gamma_2 BIT_{i,t-1}$$
$$+ \gamma_3 Z_{i,t-1}\Big] \quad (8\text{-}2)$$

$$f_{politics}(BSA_{it} \mid X_{it}, \theta_{fact}) = \text{logit}^{-1}\Big[\alpha_0 + \alpha_1 SCO_{i,t-1} + \alpha_2 Partner_{i,t-1}$$
$$+ \alpha_3 Polity_{i,t-1} + \alpha_4 Corrupt_{i,t-1}$$
$$+ \alpha_5 Gov_{i,t-1} + \alpha_6 Stability_{i,t-1}$$
$$+ \alpha_7 Quality_{i,t-1} + \alpha_8 Law_{i,t-1}$$
$$+ \beta_9 Z_{i,t-1}\Big] \quad (8\text{-}3)$$

$$f_{Order}(BSA_{it} \mid X_{it}, \theta_{fact}) = \text{logit}^{-1}(\delta_0 + \delta_1 IdeaPC_{i,t-1} + \delta_2 Z_{i,t-1}) \quad (8\text{-}4)$$

$$f_{full}(BSA_{it} \mid X_{it}, \theta_{full}) = \text{logit}^{-1}\Big[\lambda_0 + \lambda_1 TradeDP_{i,t-1} \cdot TradeDC_{i,t-1i,t-1}$$
$$+ \lambda_2 TradeDP_{i,t-1} + \lambda_3 TradeDC_{i,t-1}$$
$$+ \lambda_4 FDIDP_{i,t-1} \cdot FDIDC_{i,t-1}$$
$$+ \lambda_5 FDIDP_{i,t-1} + \lambda_6 FDIDC_{i,t-1}$$
$$+ \lambda_7 FTA_{i,t-1} + \lambda_8 BIT_{i,t-1} + \lambda_9 SCO_{i,t-1}$$
$$+ \lambda_{10} IdealPC_{i,t-1} + \lambda_{11} Z_{i,t-1}\Big] \quad (8\text{-}5)$$

本书在以上四个模型的基础上，经过逐步回归，最后获得综合模型，见(8-5)式。预期模型中各变量系数方向如表8-4所示。

表 8-4　关键解释变量对 BSA 签约概率的预测关系

实证假设	解释变量	系数	预期符号
事实贸易投资联系	样本国家贸易依存度×中国贸易依存度	λ_1	+
	样本国家贸易依存度	λ_2	+
	中国贸易依存度	λ_3	+
	样本国家 FDI 依存度×中国 FDI 依存度	λ_4	+
	样本国家 FDI 依存度	λ_5	+
	中国 FDI 依存度	λ_6	+
贸易投资一体化	自由贸易协定	λ_7	+
	双边投资协议	λ_8	+
政治合作	上海合作组织	λ_9	+
国际秩序偏好	联合国投票与中国理想点距离	λ_{10}	−

第四节　实证结果分析

本章对面板数据进行固定效应和随机效应的 Hausman 检验,根据检验结果,使用面板 Logit 随机效应模型进行分析。

一、基本回归结果分析

表 8-5 是基于实证检验假设 1 和假设 2 的回归结果。所有模型被解释变量都是双边货币互换协议签约概率(根据 Logit 模型,以对数优势比表示)。表 8-5 的(1)列考察贸易依存度对 BSA 签约概率的影响。在中国贸易依存度、样本国家贸易依存度及中国贸易依存度与样本国家贸易依存度的交互项三个关键解释变量中,样本国家对中国的贸易依存度及贸易依存度的交互项显著性水平达到了 1%,样本国家对中国的贸易依存度每增加 1 个单位,则 BSA 签约概率的对数优势比增加 12.68 倍。除此之外,控制变量中,样本国家与中国的距离变量在 5% 的水平上统计显著且为负值,表明与中国地理位置相距越远,则 BSA 签约概率越小。这表明我国 BSA 遵循着从近到远,由区域化到国际化

发展的原则。此外,样本国家经济规模的代理变量 GDP 及人均 GDP 取对数两个控制变量均在 5% 及以上的水平上统计显著,表明样本国家经济规模对 BSA 签约概率有着正向影响。表 8-5 的(2)列是单独加入了 FDI 依存度的回归分析结果。三个关键解释变量中,中国 FDI 依存度和样本国家 FDI 依存度都在 1% 的水平上统计显著。样本国家 FDI 依存度增大 BSA 签约概率的结果符合预期。而中国 FDI 依存度则降低了 BSA 概率,原因可能是中国长期以来是利用外资大国,FDI 流入成为外汇储备的主要来源之一,外汇储备的增加降低了中国与相应样本国家签署 BSA 的概率。根据这个猜测,中国对伙伴国的 FDI 流入依存度将会减小 BSA 签约概率。另外,我国签署 BSA 协议的主要目的是配合人民币国际化的人民币输出而非外汇储备换入,因此我国 FDI 流量的增加反而会减小 BSA 签约概率。类似的解释有"直接投资对中国经济发展和贸易成长作出了积极贡献,其中 ODI 对经济增长的推动作用远大于 FDI,直接投资能够多渠道扩大人民币使用范围,发挥高效的杠杆作用,可以成为人民币国际化重要的助推器"[①],即海外直接投资也就是样本国对中国的 FDI 流入依存度应当能够扩大人民币使用范围,从而提升我国央行与样本国家央行的 BSA 签约概率。对于以上两个猜测,本书将在稳健性检验部分进一步检验。控制变量中距离变量、GDP 和人均 GDP 统计显著且符号符合预期。表 8-5 中的(3)列同时加入了贸易依存度和 FDI 依存度共六个解释变量,结果显示,与前面两个单独贸易联系和投资联系回归模型相符,样本国家贸易依存度、两国贸易依存度交互项、中国 FDI 依存度和样本国家 FDI 依存度对 BSA 签约概率有统计显著的影响且系数符号符合预期。表 8-5 中的(4)列是单独加入了自由贸易协定(FTA)变量的回归结果。可以发现,通过政府层面签订自由贸易协定,能有效增加 BSA 的签约概率,BSA 为双边自由贸易打破跨境汇兑壁垒,是自由贸易在金融领域的自然延伸。表 8-5 中的(5)列单独考察了双边投资协议(BIT)签订对

---

① IMI《2017 年人民币国际化报告》IMI Report No.1708。

BSA 签约概率的影响。与自由贸易协定相似,双边投资协议的签订也能显著增加 BSA 的签约概率。表 8-5 中的(6)列同时考察了贸易投资一体化对 BSA 签约概率的影响。与预期相符,自由贸易协定和双边投资协议能显著增加 BSA 的签约概率。也就是说,如果样本国家与中国已经签订自由贸易协定或者双边投资协议时,该国将成为我国货币当局优先考虑的 BSA 签约对象。表 8-5 中的(7)列是同时包含事实上的贸易投资联系以及法律上的贸易投资一体化,从经济角度考察的综合回归分析结果。样本国家的贸易依存度、贸易依存度的交互项、中国 FDI 依存度、自由贸易协定和双边投资协议等变量统计显著,表明事实上的双边贸易投资联系及法律上的投资一体化能增加 BSA 的签约概率。除此之外,重力模型常规变量 GDP 及人均 GDP 也在 5% 及以上的水平上统计显著,表明样本国家的经济规模也是我国货币当局签署 BSA 的考虑因素之一。

表 8-6 是从政治经济学角度考察的 BSA 回归分析结果及汇总后的回归分析结果。本书在对实证检验假设 3 和假设 4 进行分析时,将政体变量($Polity$)作为控制变量。表 8-6 中的(1)列考察上海合作组织身份对 BSA 签约概率的影响。上海合作组织身份能够明显增加 BSA 签约概率。此外,控制变量中 GDP 统计显著,表明经济规模增加,则 BSA 概率提升。表 8-6 中的(2)列考察了样本国家公共治理因素对 BSA 签约概率影响,共加入反腐指数($Corruption\ Control$)、政府效率($Gov\ Effectiveness$)、政治稳定性($Political\ Stability$)、私营部门发展环境指数($Reg\ Quality$)及法治指数($Rule\ of\ Law$)五项样本国家政治体制特征的代理变量。可以发现,除了反腐指数,其余四个统计变量并不显著,表明体制因素并非我国货币当局 BSA 签约的考虑因素。反腐指数统计显著且为负值。Lin 等(2016)[188] 也有类似发现。原因可能是中国在人民币国际化初期有关 BSA 签约国的选择集中于发展中国家和新兴市场经济体,而此类国家的反腐力度通常较为薄弱。这也是中国货币互换战略从区域化向全球化、从发展中国家和新兴市场向发达经济体拓展的可能性原因之一。基于以上结果,本书在随后的

第八章 中国如何选择人民币国际化合作伙伴：双边货币互换协议影响因素的实证检验

表 8-5 实证分析结果 1

解释变量：BSA

解释变量	(1) 贸易依存度模型	(2) 直接投资依存度模型	(3) 贸易投资综合依存度模型	(4) 自由贸易协定模型	(5) 双边投资协议模型	(6) 经济一体化模型	(7) 经济因素综合模型
L.Dist1	-0.411** [0.198]	-1.739*** [0.333]	-0.558* [0.321]	-0.513* [0.298]	-1.108*** [0.307]	-0.331 [0.514]	-0.178 [0.355]
L.logofGDP	2.801*** [0.717]	10.22*** [0.912]	4.155*** [1.323]	9.403*** [0.797]	11.50*** [0.648]	8.352*** [0.569]	5.391*** [1.724]
L.logofGDPpercapita	1.610** [0.658]	3.959*** [1.408]	2.318** [1.058]	2.053 [1.413]	1.654 [1.243]	2.555*** [0.920]	2.715** [1.226]
L.logofoil	0.0202 [0.326]	-0.184 [0.772]	-0.133 [0.484]	-0.701 [0.508]	-0.477 [0.543]	-0.719 [0.484]	0.0512 [0.566]
L.lnTradeDC	-0.239 [1.023]		2.676 [2.052]				2.759 [2.147]
L.lnTradeDP	12.68*** [2.262]		20.62*** [4.865]				24.18*** [5.667]
L.lnTradeDPDC	0.853*** [0.287]		1.890*** [0.671]				2.392*** [0.739]

(续表)

解释变量	(1) 贸易依存度 模型	(2) 直接投资 依存度模型	(3) 贸易投资依存 度综合模型	解释变量：BSA (4) 自由贸易 协定模型	(5) 双边投资 协议模型	(6) 经济一体化 模型	(7) 经济因素 综合模型
L.lnFDIDC		−2.273*** [0.555]	−1.484** [0.609]				−1.290* [0.694]
L.lnFDIDP		2.222*** [0.541]	1.102* [0.572]				0.815 [0.626]
L.lnFDIDPDC		0.0236 [0.0598]	−0.00619 [0.0613]				−0.0113 [0.07001]
L.FTA				14.01*** [4.979]		12.56** [5.336]	8.165** [3.745]
L.BIT					10.39* [6.053]	7.548** [3.777]	9.490*** [3.640]
常数项	−73.38*** [20.00]	−315.9*** [26.27]	−101.2*** [36.75]	−278.7*** [23.90]	−337.4*** [25.06]	−262.6*** [13.86]	−148.8*** [49.89]
样本量	1527	984	969	1606	1606	1606	969
Log-Likelihood	−253.2	−198.6	−153.6	−305.7	−309.8	−297.7	−139.3

注：括号内数字为标准差，***、**和*表示 $p<0.01$，$p<0.05$ 和 $p<0.1$ 的水平上显著。

汇总政治经济学模型内剔除本部分治理因素变量的影响。表 8-6 中的(3)列单独考察了样本国家对中国倡导的国际秩序偏好对 BSA 签约概率的影响。代表样本国家与中国联合国投票理想点距离的变量($IdealPC$)在 10% 的水平上统计显著且为负值符合预期,代表与中国的联合国大会投票理想位置距离越远,则 BSA 签约概率越小,反之,BSA 签约概率越大。这证明对中国倡导的国际秩序偏好也是样本国家选择是否与中国签署 BSA 协议的考察因素之一。除此之外,控制变量中距离、样本国家 GDP 都统计显著且符号符合预期。表 8-6 中的(4)列是同时加入了上海合作组织变量和样本国家与中国的理想点距离变量的政治角度综合模型回归结果。上海合作组织身份在 1% 的水平上统计显著且符号符合预期。其中,样本国家与中国在联合国代表大会的理想点距离符号符合预期但统计不再显著。表 8-6 中的(5)列考察了 BSA 签约有没有遵循亚洲区域优先战略,即人民币国际化有无遵循从区域化到国际化的进程。结果显示,亚洲身份解释变量虽然符号为正值,即样本国家为亚洲国家和地区,则 BSA 签约概率增大,但该变量系数统计不显著,因此在汇总模型中,不再加入亚洲变量。表 8-6 中的(6)列是汇总了经济、政治等变量后的汇总回归分析结果。其中,样本国家的贸易依存度、两国贸易依存度的交互项、自由贸易协定、双边投资协议及上海合作组织身份等变量对 BSA 签约概率的正向影响统计显著,与中国的理想点距离变量符号改变方向且统计不再显著。此外,控制变量中代表样本国家经济规模的 GDP 和人均 GDP 变量统计显著且符号符合预期。

表 8-6 实证分析结果 2

解释变量	被解释变量:BSA					
	(1) 政治合作模型	(2) 公共治理模型	(3) 国际秩序偏好模型	(4) 政治因素综合模型	(5) 地理因素模型	(6) 政治经济因素综合模型
$L.Dist1$	0.071 7 [0.762]	−1.187*** [0.374]	−0.921*** [0.229]	0.255 [0.481]	−0.623* [0.333]	0.263 [0.413]
$L.log\,of\,GDP$	11.14*** [1.265]	10.81*** [0.772]	9.000*** [0.775]	10.13*** [0.985]	7.043*** [0.574]	5.317*** [1.977]

(续表)

解释变量	被解释变量：BSA					
	(1) 政治合作模型	(2) 公共治理模型	(3) 国际秩序偏好模型	(4) 政治因素综合模型	(5) 地理因素模型	(6) 政治经济因素综合模型
$L.logofGDPpercapita$	2.121 [1.632]	2.428* [1.439]	0.795 [1.352]	1.770 [1.439]	3.215*** [1.065]	3.736** [1.525]
$L.logofoil$	−0.450 [0.460]	−0.335 [0.493]	−0.380 [0.531]	−0.384 [0.515]	−0.364 [0.386]	−0.139 [0.638]
$L.Polity$	0.0766 [0.108]	0.171 [0.138]	0.0944 [0.102]	0.0931 [0.110]		−0.0628 [0.174]
$L.SCO$	31.77*** [7.259]			31.55*** [7.614]		10.43** [5.166]
$L.CorruptionControl$		−6.868*** [1.669]				
$L.GovEffectiveness$		1.996 [1.489]				
$L.PoliticStability$		−0.936 [0.585]				
$L.RegQuality$		0.974 [1.619]				
$L.RuleofLaw$		−0.596 [1.904]				
$L.IdealPC$			−1.597* [0.842]	−1.250 [0.863]		1.008 [1.322]
$Asia$					5.037 [4.741]	
$L.lnTradeDC$						3.483 [2.534]
$L.lnTradeDP$						22.37*** [5.911]
$L.lnTradeDPDC$						2.192** [0.879]
$L.lnFDIDC$						−1.232 [0.757]

(续表)

解释变量	被解释变量：BSA					
	(1) 政治合作模型	(2) 公共治理模型	(3) 国际秩序偏好模型	(4) 政治因素综合模型	(5) 地理因素模型	(6) 政治经济因素综合模型
$L.lnFDIDP$						1.043 [0.835]
$L.lnFDIDPDC$						0.018 8 [0.098 3]
$L.FTA$						9.031** [4.199]
$L.BIT$						8.671*** [3.233]
常数项	−335.5*** [31.26]	−312.0*** [21.99]	−247.7*** [18.85]	−302.9*** [26.71]	−222.0*** [17.33]	−159.3*** [58.83]
样本量	1 476	1 476	1 322	1 322	1 606	895
Log-Likelihood	−291.1	−285.9	−266.4	−257.8	−323.4	−125.2

注：括号内数字为标准差，***、** 和 * 表示 $p<0.01$，$p<0.05$ 和 $p<0.1$ 的水平上显著。

二、进一步分析与稳健性检验

基准回归分析结果表明，样本国家的贸易依存度、样本国家的贸易依存度与中国的贸易依存度的交互项对BSA签约概率有统计显著的正向影响。究竟是出口依存度还是进口依存度影响了BSA的签约概率？为了进一步分析，本部分在回归中加入了样本国家出口依存度（$EXDP$）、中国出口依存度（$EXDC$）、样本国家进口依存度（$IMDP$）、中国进口依存度（$IMDC$）及相应的交互项，结果列示在表8-7中。表8-7中的(1)列至(4)列是在加入了两国的进出口依存度上分别加入四种进出口依存度后的结果。从表8-7中的(1)列可以看出，样本国家的出口依存度、中国的进口依存度及样本国家的出口依存度与中国的出口依存度的交互项统计显著，但中国的进口依存度对BSA签约概率产生负向影响，表明对样本国家的进口依存度会减小BSA的签约概率。此外，自由贸易协定、双边投资协议、上海合作组织身份及控制变量中的GDP及人均GDP均统计显著且符号符合预期。表8-7中的(2)列至(4)列加入了样本国家出口依存度与中国进口依存度、样本国家进口依存度与中国进口依存度、样本国家进口依存度与中国出口依存度三个交互项的回归结果,其系数为正符合预期但统计均不显著,而样本国家的出口依存度在四个回归中对BSA签约概率起到正向影响,也从侧面表明了我国经济增长正经历着从传统的出口拉动型增长方式向内需拉动型增长方式的转变。除此之外,上海合作组织身份、自由贸易协定、双边投资协议及控制变量中的GDP及人均GDP均统计显著且符号符合预期,证明前述回归分析结果较为稳健,通过政治经济学角度、贸易一体化角度及重力模型变量角度能够对BSA签约概率给予较为稳健的解释。

表8-7 稳健性检验结果1

解释变量	被解释变量:BSA			
	(1) 加入两国出口依存度交互项	(2) 加入样本国出口与中国进口依存度交互项	(3) 加入两国进口依存度交互项	(4) 加入样本国出口与中国进口依存度交互项
$L.Dist1$	0.249 [0.481]	0.217 [0.522]	0.227 [0.502]	0.234 [0.534]
$L.logofGDP$	6.691*** [2.485]	7.980*** [2.544]	7.719*** [2.530]	8.082*** [2.519]
$L.logofGDPpercapita$	4.625** [2.004]	4.901** [2.088]	4.913*** [1.861]	5.039*** [1.911]
$L.logofoil$	−0.590 [0.881]	−0.610 [0.868]	−0.576 [0.828]	−0.676 [0.935]
$L.Polity$	−0.0784 [0.193]	−0.0719 [0.197]	−0.0717 [0.196]	−0.0858 [0.198]
$L.lnEXDP$	17.46*** [5.243]	12.95*** [4.850]	10.22*** [2.451]	12.37*** [3.919]
$L.lnEXDC$	3.039 [3.104]	−1.373 [1.829]	−1.334 [1.879]	−1.269 [1.865]
$L.lnIMDP$	2.985 [1.985]	2.970 [2.059]	7.393 [7.371]	5.486 [4.674]
$L.lnIMDC$	−2.778* [1.433]	−1.932 [2.517]	−1.410 [3.228]	−3.064** [1.552]

(续表)

解释变量	被解释变量：BSA			
	(1) 加入两国出口依存度交互项	(2) 加入样本国出口与中国进口依存度交互项	(3) 加入两国进口依存度交互项	(4) 加入样本国出口与中国进口依存度交互项
L.lnEXDPEXDC	1.428* [0.850]			
L.lnFDIDC	−0.962 [0.891]	−0.695 [0.893]	−0.752 [0.890]	−0.769 [0.910]
L.lnFDIDP	0.622 [0.904]	0.836 [0.931]	0.657 [0.933]	0.696 [0.963]
L.lnFDIDPDC	0.004 04 [0.108]	0.050 3 [0.109]	0.027 6 [0.111]	0.030 2 [0.117]
L.FTA	9.129* [5.069]	10.03* [5.664]	10.22* [5.273]	10.27* [5.655]
L.BIT	9.366** [4.531]	10.23** [4.984]	10.45** [4.900]	10.49** [4.857]
L.SCO	12.44** [6.110]	13.12** [6.425]	12.90** [5.998]	13.18** [6.000]
L.lnEXDPIMDC		0.439 [0.773]		
L.lnIMDPIMDC			0.743 [1.189]	
L.lnIMDPEXDC				0.874 [1.511]
常数项	−214.7*** [79.97]	−269.0*** [79.82]	−259.8*** [79.67]	−274.6*** [77.24]
样本量	934	934	934	934
Log-Likelihood	−122.6	−123.8	−123.8	−123.7

注：括号内数字为标准差，***、** 和 * 表示 $p<0.01$，$p<0.05$ 和 $p<0.1$ 的水平上显著。

为了进一步分析究竟是直接投资流入依存度还是直接投资流出依存度对BSA签约概率产生影响，本部分在加入样本国家的FDI流入依存度($FDIDPin$)、样本国家的FDI流出依存度($FDIDPout$)、中国的FDI流入依存度($FDIDCin$)、中国的FDI流出依存度($FDIDCout$)的基础上，分别加入两国FDI流出流入的交互项，分析结果如表8-8所示。总体来说，FDI依存度经分解后，除了中国的FDI流入依存度在四个回归中仍然统计显著,且对 BSA 签约有负向影响之外,其余 FDI 依存度及交互项统计不再显著,而样本国家贸易依存度、两国贸易依存度的交互项、自由贸易协定及控制变量中的 GDP 和人均 GDP 在四个回归中统计显著且符号符合预期、双边投资协议及上海合作组织身份在加入两国 FDI 流入依存度交互项、样本国家 FDI 流入依存度及中国 FDI 流出依存度交互项后统计显著且符号符合预期,证明通过事实上的贸易联系、法律上的贸易一体化、投资一体化、政治经济学及重力模型角度对 BSA 签约概率的解释比较稳健。

表 8-8 稳健性检验结果 2

解释变量	被解释变量:BSA			
	(1) 两国 FDI 流入依存度交互项	(2) 样本国 FDI 流入中国 FDI 流出依存度交互项	(3) 样本国 FDI 流出中国 FDI 流入依存度交互项	(4) 两国 FDI 流出依存度交互项
L.Dist1	0.058 3 [0.394]	0.051 5 [0.396]	0.018 1 [0.412]	−0.192 [0.466]
L.logofGDP	3.797** [1.882]	3.764** [1.884]	4.309* [2.241]	5.145** [2.612]
L.logofGDPpercapita	4.125** [1.633]	4.198*** [1.612]	3.891** [1.678]	4.003** [1.759]
L.logofoil	0.053 0 [0.654]	0.068 0 [0.662]	0.067 0 [0.660]	0.165 [0.726]
L.Polity	0.079 3 [0.205]	0.095 2 [0.204]	0.079 1 [0.202]	0.114 [0.219]
L.lnTradeDC	5.254 [3.704]	5.511 [3.665]	4.958 [3.443]	3.197 [3.645]
L.lnTradeDP	21.22*** [7.830]	21.51*** [7.915]	23.43*** [7.914]	22.84*** [8.438]
L.lnTradeDPDC	2.250* [1.258]	2.313* [1.270]	2.587** [1.138]	2.412** [1.216]
L.lnFDIDPin	0.949 [0.847]	0.421 [0.665]	0.611 [0.457]	0.535 [0.473]
L.lnFDIDPout	0.269 [0.416]	0.343 [0.432]	0.408 [0.452]	0.381 [0.485]

(续表)

解释变量	被解释变量：BSA			
	(1) 两国FDI流入依存度交互项	(2) 样本国FDI流入中国FDI流出依存度交互项	(3) 样本国FDI流出中国FDI流入依存度交互项	(4) 两国FDI流出依存度交互项
$L.lnFDIDCin$	−1.382* [0.734]	−1.548** [0.624]	−1.482** [0.667]	−1.608** [0.764]
$L.lnFDIDCout$	−0.702 [0.508]	−1.047 [0.652]	−0.586 [0.520]	−0.388 [0.541]
$L.lnFDIDPinFDIDCin$	0.021 5 [0.100]			
$L.FTA$	8.548** [3.975]	8.628** [3.956]	8.950** [4.397]	9.249* [4.830]
$L.BIT$	8.997** [3.500]	8.829** [3.529]	6.228 [4.788]	8.853 [6.317]
$L.SCO$	7.915* [4.604]	7.887* [4.538]	7.071 [4.650]	5.722 [4.882]
$L.lnFDIDPinFDIDCout$		−0.054 5 [0.077 2]		
$lnFDIDPoutFDIDCin$			−0.008 48 [0.019 6]	
$lnFDIDPoutFDIDCout$				−0.005 84 [0.033 5]
常数项	−122.2** [60.66]	−123.7** [61.30]	−130.6* [69.08]	−163.5** [82.07]
样本量	661	661	572	517
Log-Likelihood	−108.3	−108.0	−98.99	−92.99

注：括号内数字为标准差，***、** 和 * 表示 $p<0.01$、$p<0.05$ 和 $p<0.1$ 的水平上显著。

表8-9通过更换解释变量、缩小样本范围及更换计量方法做进一步的稳健性检验。其一，为了进一步考察政治合作关系对BSA签约概率的影响，表8-9中的(1)列使用外交伙伴关系(partner)替代了上海合作组织(SCO)变量。结果显示，外交伙伴关系在10%的水平上统计显著且符号符合预期。除此之外，样本国家的贸易依存度、两国贸易依存度交互项、自由贸易协定、双边投资协议等关键解释变量及控制变

量中的 GDP 和人均 GDP 的系数显著且符号符合预期。其二,香港特别行政区作为人民币国际化的窗口,无论是事实上的贸易投资联系、经济一体化,都达到较高的水平。虽然香港特别行政区拥有独立的法定货币,但其货币政策的独立性仍然仍需进一步提升。基于这个原因,加入香港特别行政区是否导致 BSA 签约概率产生估计偏误?为了验证这一问题,表 8-9 中的(2)列剔除了香港特别行政区样本进行回归。结果显示,样本国家贸易依存度、两国贸易依存度的交互项、自由贸易协定、双边投资协议、上海合作组织身份等关键解释变量统计显著且符号符合预期,控制变量中 GDP 及人均 GDP 统计显著且符号符合预期,进一步验证了回归分析结果具有较强的稳健性。其三,本书使用样本国家石油产量作为 BSA 签约概率的控制变量之一,但在实践中样本国家可能没有意愿或者根本没有能力全部出口本国生产的石油,因此,样本国家的石油出口金额可能是两国签署 BSA 时对样本国家石油资源的更好的控制变量。因此,表 8-9 中的(3)列将控制变量石油产量改为石油出口金额,做进一步回归分析。结果发现,关键解释变量样本国家贸易依存度、两国贸易依存度交互项、自由贸易协定、双边投资协议及上海合作组织身份等关键解释变量及控制变量中的 GDP 和人均 GDP 变量统计显著且符号符合预期,再次证明了回归结果具有较强的稳健性。其四,为了进一步考察结果的稳健性,表 8-9 中的(4)列引入 BSA 协议签约金额作为被解释变量,根据面板固定效应与随机效应 Hausman 检验结果,采用面板固定效应模型做进一步分析。分析结果显示,样本国家贸易依存度、中国贸易依存度、两国贸易依存度的交互项、样本国家 FDI 依存度、两国 FDI 依存度交互项、自由贸易协定及双边投资协议统计显著,双边投资协议统计显著但符号与预期相反,这可能是在面板固定效应回归中,距离和上海合作组织身份因时间维度无变化被剔除出回归导致的结果。表 8-9 中的(5)列使用面板 Probit 模型对数据进行了回归。结果显示,样本国家贸易依存度、两国贸易依存度交互项、自由贸易协定、双边投资协议、上海合作组织身份等关键解释变量及控制变量中的 GDP 和人均 GDP 系数统计显著且符号符合预期,表明模型分析结果具有较强的稳健性。

表8-9 稳健性检验结果3

解释变量	被解释变量:BSA				
	(1) 外交合作模型	(2) 剔除香港地区	(3) 采用石油出口金额	(4) 面板固定效应模型	(5) 面板Probit模型
$L.Dist1$	0.001 18 [0.318]	0.218 [0.404]	0.172 [0.365]		0.113 [0.220]
$L.logofGDP$	4.069** [1.683]	4.944*** [1.800]	4.544*** [1.733]	11.71** [5.891]	2.782*** [0.964]
$L.logofGDPpercapita$	2.495** [1.150]	3.820** [1.535]	3.469** [1.421]	−2.557 [7.247]	2.108** [0.839]
$L.logofoil$	−0.000 092 0 [0.524]	−0.195 [0.619]		−0.133 [1.471]	−0.092 5 [0.333]
$L.Polity$	−0.090 4 [0.154]	−0.039 1 [0.173]	−0.012 1 [0.163]	0.081 0 [0.159]	−0.020 5 [0.097 1]
$L.lnTradeDC$	2.818 [2.255]	3.337 [2.622]	2.345 [2.813]	3.547* [1.975]	1.831 [1.415]
$L.lnTradeDP$	20.28*** [5.417]	23.00*** [6.288]	20.71*** [6.388]	16.01*** [3.640]	12.76*** [3.214]
$L.lnTradeDPDC$	2.035*** [0.764]	2.260** [0.919]	1.927* [0.985]	1.952*** [0.485]	1.246*** [0.483]
$L.lnFDIDC$	−1.032 [0.715]	−1.139 [0.749]	−1.113 [0.732]	−0.133 [0.473]	−0.676 [0.423]
$L.lnFDIDP$	0.807 [0.776]	0.947 [0.815]	1.156 [0.805]	1.642*** [0.609]	0.556 [0.455]
$L.lnFDIDPDC$	0.006 83 [0.093 2]	0.015 5 [0.096 8]	0.031 1 [0.093 6]	0.104** [0.046 2]	0.007 29 [0.054 3]
$L.FTA$	6.923** [3.251]	8.833** [4.137]	8.500** [3.885]	6.632** [2.853]	4.849** [2.203]
$L.BIT$	8.234** [3.414]	9.313*** [3.609]	8.649** [3.351]	−3.172** [1.585]	5.171*** [1.969]
$L.Partner$	2.757* [1.438]				

(续表)

解释变量	被解释变量：BSA				
	(1) 外交合作 模型	(2) 剔除 香港地区	(3) 采用石油 出口金额	(4) 面板固定 效应模型	(5) 面板 Probit 模型
L.SCO		9.327* [4.889]	8.751* [4.544]		5.142* [2.662]
logofOilex			0.252 [0.526]		
常数项	−115.3** [49.72]	−149.7*** [54.42]	−145.7*** [53.79]	−241.4** [111.9]	−84.08*** [29.28]
样本量	934	934	885	934	934
Log-Likelihood	−131.9	−131.9	−129.5	−2810.7	−131.6

注：括号内数字为标准差，***、** 和 * 表示 $p<0.01$，$p<0.05$ 和 $p<0.1$ 的水平上显著。

第五节 本 章 小 结

　　本书从人民币国际化角度出发，对人民币国际化组成部分之一的双边货币互换协议签订的驱动因素进行了实证研究。研究发现，基于事实上的贸易依赖能够促进我国与样本国家之间双边货币互换协议的签订，基于事实上的直接投资依赖对双边货币协议的签订也获得了部分实证数据支持，通过自由贸易协定或者双边投资协议，以协议的形式将双边贸易投资关系固定下来形成的贸易投资一体化，能够有效地增加 BSA 签约的可能性。另外，从政治经济学的角度来看，通过使用联合国投票数据计算的样本国家与我国之间的理想点距离作为样本国家的对中国倡导的国际新秩序的偏好程度的代理变量进行实证分析可以发现，样本国家出于对我国倡导的国际新秩序的追随，也能增大两国之间 BSA 签订的概率。不仅如此，本书通过使用上海合作组织身份作为样本国家与我国开展的政治安全合作的代理变量进行实证分析发现，政治合作能够增大 BSA 签约概率；通过使用外交伙伴关系作为外交关系的代理变量实证分析发现，样本国家与我国通过外交合作确立的各种伙伴关系身份,也能有效增大 BSA 的签约概率。总体而言,BSA 签约既是贸易投资联系和贸易投资一体化在货币合作方面的自然延伸,也是样本国家与我国政治外交合作的成果之一。人民币国际化的推进过程不是单纯的经济过程,它不仅是人民币不断输出以及人民币国际影响力不断提升的过程,同时也是其他国家和地区主要储备货币相对地位下降的过程,这是一个相关国家经济利益和政治格局重新调整的博弈过程。

基于以上研究结论,本书针对通过双边货币互换协议的进一步发展提出以下政策建议。

一是通过政治及外交合作,借力"一带一路"建设,继续强化人民币在贸易结算和直接投资中的使用。贸易结算和直接投资使用是人民币国际化的基础功能之一,通过与"一带一路"沿线国家的政治与外交合作,继续提高人民币在贸易投资结算中的使用程度,进一步提升人民币的国际使用程度和范围。

二是继续稳步扩大双边互换协议范围。随着人民币使用范围和区域不断变广,为了进一步扫清双边贸易投资的跨境汇兑障碍,继续扩大双边货币互换协议签订范围,从促进双边贸易投资联系到以人民币为载体的国际贸易投资一体化不断发展和深化。

三是助力推进人民币国际化进程,完善国内金融市场基础设施。从长远来看,人民币国际化进程的不断推进最终需要完善的国内金融市场基础设施为人民币提供双向流动机制。在贸易结算和直接投资使用不断扩大的同时,人民币国际化的进一步发展方向应是推进人民币在金融交易中的使用。只有在人民币成为金融交易中主要使用货币和主要投资对象之后,人民币储备需求才会逐渐上升,而我国的外汇储备需求规模才会相应地经历由多到少再到新的适度规模的动态调整过程。

第九章 人民币储备需求的驱动因素：基于"一带一路"倡议的实证检验

第一节 引　　言

第八章就双边货币互换协议的影响因素进行研究,发现双边货币互换协议签约既是贸易投资联系和贸易投资一体化在货币合作方面的自然延伸,也是样本国家与我国政治外交合作的成果之一。本章进一步就人民币储备需求的驱动因素基于"一带一路"倡议进行实证检验。

自2009年以来,按照党中央、国务院的决策部署,我国开始以贸易投资便利化、自由化为重点,建立健全便利人民币跨境和国际使用的政策框架和基础设施,从而推进人民币国际化进程。人民币国际化经历了从跨境贸易结算功能、跨境直接投资收付功能到作为国际储备货币承担价值贮藏功能不断前进的过程。2016年10月1日,人民币正式纳入国际货币基金组织SDR货币篮子,人民币被正式认可为国际储备货币。近年来,人民币储备货币功能逐渐显现。IMF于2017年首次公布人民币储备信息。截至2017年第4季度,全球外汇储备中的美元规模升至6.28万亿美元,但美元在已分配外汇储备中占比从上季度的63.5%降至62.7%,为连续第4个季度下降,并创2013年第4季度以来最低水平。美元仍然是全球主要央行持有规模最大的储备货币。与之相对,人民币在全球外汇储备中占比连续2个季度上升。截至

第九章 人民币储备需求的驱动因素:基于"一带一路"倡议的实证检验

2017年第4季度,人民币外汇储备规模从第3季度的1 083.7亿美元增至1 228.0亿美元,在整体已分配外汇储备中占比1.23%,而2016年第4季度末为1.08%。

英镑在19世纪和20世纪初占据主流储备货币地位。美元在第二次世界大战后成为国际主流储备货币。鉴于中国经济的增长,越来越多的研究人员认为人民币将很快在全球储备体系中扮演重要角色。(Eichengreen,2011[169];Roubini,2009[213])。不少文献认为储备货币的决定因素是使用惯性(Helleiner 和 Kirshner,2009[227];Shih 和 Steinberg,2012[219];Strange,1971[151];Zimmermann,2002[228])。

从一国货币迈出国际化的第一步到逐步成为国际储备货币是一个循序渐进的过程。成为国际储备货币发行国的好处包括推迟经济调整的力量,为其金融机构提供更多业务,降低国际借贷成本,提高全球声望以及提高海外军事力量投放能力等方面(Chinn 和 Frankel,2007[152];Cohen,2006[220],2012[221],2013[222],2015[223];Eichengreen,2013[224];Norrlof,2010[225];Subramanian,2011[226])。

自2009年人民币国际化启动以来,人民币作为国际储备的需求也经历了稳步发展的过程。挪威最早在2006年就将人民币纳入外汇储备。此外,直到2010年,包括白俄罗斯、中国香港和马来西亚等国家和地区的货币当局开始投资人民币储备资产。据作者不完全统计,截至2016年年末,共有40多个国家和地区将人民币纳入储备。截至2018年第1季度末,共有60多个国家和地区将人民币纳入外汇储备①。投资人民币储备的境外央行或货币当局自2008年开始呈现加速增长的趋势。

随着人民币储备功能的逐步显现,人民币也越来越多应用于双边直接投资支付中。从表9-1可以看出,自2013年我国推进"一带一路"

---

① 数据来自中国人民银行《中国货币政策执行报告(2018年第1季度)》。

建设开始,逐步出现了我国海外直接投资人民币使用明显增加,外国直接投资中人民币使用有所下降的局面。2016年,对外直接投资(ODI)人民币收付金额1.06万亿元,同比增长44.2%;外商直接投资(FDI)人民币收付金额1.4万亿元,同比下降11.9%。这一现象与我国推行海外直接投资谋求区域合作共同发展的"一带一路"建设密不可分。为推进"一带一路"建设,我国政府出资400亿美元,于2014年成立丝路基金以推动亚洲地区经济发展。该基金向"一带一路"沿线国家的基建、开发、产业合作等项目提供融资。"一带一路"沿线国家大多属于发展中国家和转型经济体,经济发展后发优势强劲,与中国经济具有良好的互补性。2017年,习近平总书记又宣布向该基金增资1 000亿元人民币,加大向"一带一路"沿线国家的海外直接投资力度。"一带一路"建设的全面推进,成为人民币流通的关键板块。一系列重大项目开工建设,对外开放新格局日益巩固,为人民币国际化向更深层次、更高水平发展搭建了使用与流通的广阔平台。2017年,我国对"一带一路"沿线国家和地区直接投资金额达144亿美元,双边贸易规模为7.4万亿元,同比增长17.8%。

从表9-1跨境直接投资人民币收付金额可以看出,随着"一带一路"倡议的提出,我国的跨境直接投资尤其是海外直接投资也呈现出跨越式发展的局面。随着海外直接投资中人民币收付金额大幅增加,纳入人民币储备的境外央行或货币当局数目也相应增加,即随着海外直接投资中人民币收付功能的稳步提升,人民币储备需求也随之增加。但在"一带一路"倡议引入的人民币国际化前期,中国的海外直接投资(overseas direct investment,ODI)中人民币收付金额并不占据优势地位,仍然有不少国家和地区的央行或货币当局纳入人民币储备。究竟是何种因素驱动了人民币国际化前期阶段的人民币储备需求?随着人民币国际化进程的稳步推进,人民币储备需求的驱动因素有无发生变化?本书就人民币储备需求进行实证研究,以期为我国货币当局推进人民币国际化进程提供数据基础和有针对性的政策建议。

表 9-1　2010—2016 年跨境直接投资人民币收付金额

金额单位：亿元人民币

时间	对外直接投资	外商直接投资	合计
2010 年	56.8	223.6	280.3
2011 年	265.9	1 006.8	1 272.7
2012 年	311.9	2 591.9	2 903.8
2013 年	866.8	4 570.9	5 437.6
2014 年	2 244.1	9 605.5	11 849.6
2015 年	7 361.7	15 871.0	23 232.7
2016 年	10 618.5	13 987.7	24 606.2
累计	21 725.7	47 857.4	69 582.9

数据来源：中国人民银行《2017 年人民币国际化报告》。

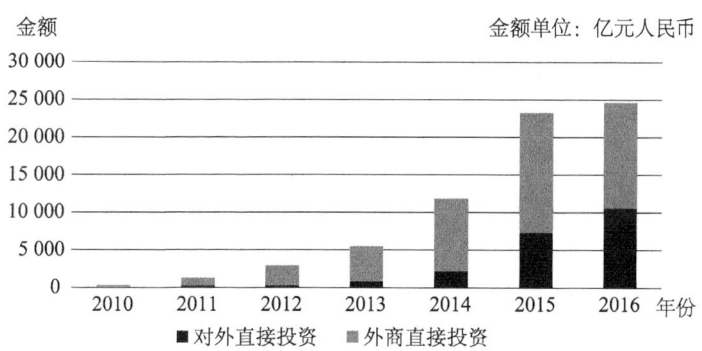

图 9-1　2010—2016 年我国跨境直接投资人民币收付金额对比

本章接下来的内容安排如下：第二节是理论解释和实证检验假设，第三节是实证方案设计和数据说明，第四节是实证结果分析，第五节是本章小结。

第二节　实证检验假设

地缘政治因素影响储备货币偏好的观念在国际关系研究由来已

久(Helleiner 和 Kirshner,2009[227])。Strange(1971)[151]认为,英镑成为国际货币的部分原因在于英国的影响力。与英国保持密切联系的国家强烈支持这种货币。研究表明,西德在20世纪60年代对美元的支持与样本国家与美国的双边安全关系直接相关(Zimmermann,2002[228])。研究指出,美国近距离的军事盟友倾向于成为美元的坚定支持者(Murphy,2006[229];Posen,2008[230])。Norrlof(2010)[225]认为,受益于美国军事统治地位的国家易于支持美元的国际货币地位。最后,Cohen(2015)[223]证实了储备货币发行国的军事联系和外交政策对该国货币的国际需求有影响。

Liao 和 McDowell(2016)[157]研究发现,反对美国引导的国际秩序①,或者支持中国倡导的国际秩序的国家和地区的货币当局倾向于投资人民币储备。国家对国际秩序的偏好影响其是否投资人民币储备的决定(Ikenberry,2009[231])。当前所谓的美国式"自由主义"国际秩序②在很大程度上反映了美国的利益和价值观,也有学者认为,中国倡导的国际秩序正在形成,并挑战美国主导的"自由主义"国际秩序的现状,而当前各个国家和地区对国际秩序的偏好并不一致。一些国家支持美国主导的国际秩序,也有一些国家更偏好中国倡导的国际新秩序。随着国家对国际秩序的偏好从美国主导的模式转向中国倡导的模式,储备多元化为人民币国际化提供了更多的可能性。也就是说,境外央行和货币当局投资人民币资产的决定不仅仅是一种经济选择,更是一种政治行为。它标志着一个国家或地区倾向于降低美国的全球影响力并支持中国倡导的新的国际秩序。本书认为,人民币国际化的前期阶段离不开政府主导的推进货币国际化的行为。在前期阶段,人民币国际储备需求的主要驱动力仍然是国家对不同国际秩序的偏好。基于以上讨论,本书提出假设1。

假设1:当其他条件不变时,在人民币国际化的前期阶段,国际秩

---

① 国际秩序即管理国家互动和行为的规则、原则和制度。
② 尤其是近年来,特朗普政府挑起贸易摩擦,反对经济全球化和贸易自由化,这是对正常国际秩序的严重破坏。

序偏好远离美国或接近中国的国家和地区易于持有人民币储备。

随着人民币国际化进程的稳步推进,人民币储备功能逐步显现,2016年人民币加入SDR货币篮子,是人民币承担国际储备货币功能的里程碑事件。人民币储备功能的逐步显现,与人民币承担海外直接投资的收付功能密不可分。对于对中国有海外直接投资依赖的国家和地区而言,随着人民币海外直接投资收付功能的日益提升,持有人民币储备可以降低跨境汇兑交易成本,规避使用第三方货币带来的汇率风险。因此,借助"一带一路"倡议的海外直接投资驱动力,人民币作为国际储备货币的吸引力不断提升,人民币的国际储备需求也不断增加。基于以上讨论,本书提出假设2。

假设2:当其他条件不变时,在"一带一路"倡议启动后的人民币国际化的中期阶段,对中国有海外直接投资流入依赖的境外央行或货币当局易于持有人民币储备。

此外,本书也检验了对人民币储备需求的传统经济因素。传统研究认为,持有国际储备的主要用途是满足一国进口交易需求。此外,Liao和Mcdowell(2016)[157]认为,当一国持有国际储备超出进口交易需求时,样本国家货币当局倾向于多元化的储备投资战略,因此可能易于投资人民币储备。其他国家和地区出于对中国的出口或者海外直接投资依赖方面的工具考量因素,也会倾向于持有人民币储备。已有研究认为,当外汇储备面对外生金融压力时,其可以作为金融安全资产,干预外汇市场,增加公众信心,维持金融稳定。根据以上讨论,本书也就人民币储备的进口交易需求、央行储备资产多元化最优组合需求、经济依赖产生的工具考量需求、金融稳定驱动因素进行实证分析,最后基于以上各种政治、经济方面的因素得出汇总后的综合实证模型。

第三节 实证方案和数据说明

为了验证所提出的实证检验假设,本书构建包括125个国家和地区2003—2016年的平衡面板数据。样本中包含了所有数据可得的货币政策独立的国家和地区。鉴于中国香港在我国人民币国际化中的重要地位且香港作为中国特别行政区拥有自己的货币,基准回归样本中也将中国香港特别行政区包括在内。本节包含三部分内容:首先是变量定义和数据来源,其次是数据描述性统计和相关性检验,最后是计量模型设定。

一、变量定义和数据来源

本书研究的被解释变量是二值变量,即观察给定国家或地区的央行或货币当局在给定年份有无投资人民币储备资产。如果投资人民币储备资产,则赋值为1,否则为0。更为理想的变量是可以获得给定境外央行或货币当局在给定年份的人民币储备资产具体金额,但由于各个国家和地区(以下简称"各国")的央行对其持有的储备资产具体币种及投资金额保密,公开渠道难以获得这类信息。因此,本书在已有研究所获得数据的基础上通过各国的央行官方网站、媒体报道获得其持有人民币储备资产的信息,这类信息能够确认该央行或货币当局是否投资人民币储备资产,但对投资的具体金额一般不予披露。因此,基于此类信息,本书将人民币储备需求定义为二值变量进行分析。有关境外央行或货币当局是否投资人民币资产的数据信息来自其官网信息、Google News Alert、Reuters、WSJ、Bloomberg 等公开媒体渠道。截至 2016 年年末通过公开信息渠道所获得已投资人民币储备资产的央行和货币当局共计 40 家。

根据先前的实证检验假设,本书包含了以下解释变量。

第一个解释变量从属于人民币储备需求的国际秩序偏好模型。数据来自 Bailey 等(2017)[218]基于联合国投票数据计算的理想点数据。联合国大会的投票记录已成为衡量各国对外交政策偏好的标准数据来源。大多数论文使用各国投票相似性的二元指标。Bailey 等(2017)[218]使用动态序数空间模型来估计国家理想点位置,该理想点在单一维度上反映了各国距离美国主导的国际秩序的位置,同时使用有关联合国议程内容的信息,使估计值在时间上具有可比性。与现有指标相比,理想点估计值更好地将信号与噪声分开以确定外交政策是否转向,允许更好的跨期比较,对联合国议程的变化不敏感。因此,本书使用其估计数据作为各国国际秩序偏好的代理变量,在此基础上计算出一国与中国和美国的理想点距离,分别作为对中国倡导的国际秩序的偏好程度及对美国主导的国际秩序的偏好程度的代理变量。

第二个解释变量是从传统重商主义出发的人民币储备的进口交易需求,从属于人民币储备的进口交易需求模型。选取的关键解释变量是一国对中国的进口依赖度,以样本国家或地区(以下简称"样本国家")从中国的进口额占样本国家全部进口额的比例来表示。样本国家从中国进口金额越多,则对中国的进口依赖程度越大,从而相应地容易产生人民币储备需求。在稳健性检验部分,本书将进口依赖度替换为样本国家从中国进口金额占其样本国家 GDP 的比例表示。数据来自 IMF DOT(direction of trade,DOT)数据库。

第三个解释变量外汇储备充足程度从属于最优资产组合模型。当一国央行或货币当局持有储备资产超出交易需求需要时,它就倾向于考虑多元化其储备资产投资组合。当储备资产相应增加时,该国或该地区则易于投资人民币储备。选择的关键解释变量是一国外汇储备充足程度,以一国持有的外汇储备占据该国进口金额的比例表示。数据来自世界银行世界发展指标数据(world development indicators,WDI)。

第四个解释变量从属于工具考量模型,对储备币种的偏好程度也是样本国家政策制定者工具考量的函数。当中国是其出口市场或者是其 FDI 资金流入的来源国及其外援提供国时,样本国家会出于工具考量,投资人民币储备资产。由于中国对外国的外援数据没有系统性的数据来源,因此针对工具考量模型,本书选取了两个关键解释变量:一是一国对中国出口依存度,以样本国家对中国出口金额占该国出口总金额来表示。二是一国对中国 FDI 流入依存度,以样本国家从中国获得 FDI 流入金额占该国 FDI 总流入金额的比例来表示。数据来自国家外汇管理局中国对外直接投资统计公报及 UNCTAD 世界各国对外直接投资统计数据。

第五个解释变量从属于人民币储备需求的金融稳定模型,包括五个解释变量。一是一国金融发展深度变量,以一国广义货币发行量占该国 GDP 的比例表示;金融发展深度与外汇储备需求预测呈非线性关系,当一国处于金融发展初期,其对外汇储备需求会增加;当一国处于金融发展后期,金融基础设施和宏观审慎监管措施进一步完善,其对外汇储备的金融稳定需求将会逐渐减少。二是一国贸易开放度,以样本国家进出口贸易总额占其 GDP 的比例来表示。三是一国资本市场开放程度,以 Chinn 和 Ito(2006)[202]基于 IMF 汇兑安排及汇兑限制年度报告一国资本项目管制程度的二值变量计算而得的资本市场开放程度指标作为代理变量;金融开放对实际外汇储备需求具有正反两方面的影响。一方面是"波动效应",金融开放度的提高代表短期资本流动波动性增加,需要更多的外汇储备应对风险冲击;另一方面是"替代效应",更高金融开放程度代表官方管制程度的降低,本国居民可能更多地选择其他收益率更高的资产替代官方储备,从而对外汇储备的需求降低。四是一国短期债务占 GDP 的比例,根据 Guidotti-Greenspan 规则,一国外汇储备规模应当至少能覆盖样本国家 1 年以内到期的外部债务。五是一国短期资本流动金额,本书采取间接法计算,即短期国际资本流动规模＝外汇储备余额－经常账户余额－FDI 余额(韩乾等,2017[200];陈创练等,2017[201]),采用间接法核算的短期国际资本流动规模同时包括了官方和非官方的短期资本流动,能够更准确地测度一国短期国际资本流动规模。当短期资本流动增加时,可能会导致一国外汇储备的金融稳定需求也相应增加。以上数据除了资本市场开放程度指数来自 Chinn 和 Ito(2006)[202]论文数据外,其余数据均根据世界银行的 WDI 数据计算而得。

在以上五个模型中同时加入如下控制变量:一是传统重力模型变量,包括一国距离中国的地理距离、GDP 及人均 GDP 等变量,本部分数据来自世界银行 WDI 数据。二是根据现有研究(Shih 和 Steinberg;2012[219]),一国央行或货币当局独立性影响该储备货币币种选择,因此,本书根据 Liao 和 Mcdowell(2016)[157]的做法,控制变量加入根据 Dreher 等(2008)[232]的央行行长不正常退职哑变量指标,控制央行行长独立性对人民币储备需求的影响,在稳健性检验中使用替代性指标央行行长不正常退职累计次数变量进一步分析。三是考虑到当我国央行与别国央行签订双边货币互换协议时,由于人民币的可得性提高,也可能会给人民币储备需求带来正向的统计偏误,因此稳健性检验部分加入双边货币互换协议哑变量和双边互换货币协议变量做进一步分析;双边货币互换协议数据是笔者根据中国人民银行官方网站数据整理而得。四是由于政体差异,也有可能带来人民币储备需求的变化,因此,在基准模型中加入根据 Marshall 等(2014)[233]政体变量数据控制政体差异对人民币储备需求的影响,在稳健性检验中选取替换性指标即世界银行的全球治理指标(world governance indicators,WGI)做稳健性检验。本书在进一步分析中考察了地理位置因素、政治合作和外交合作因素以及贸易投资一体化协议因素对人民币储备需求的影响。有关变量的细节内容参见表 9-2。

表 9-2 变量、变量定义及数据来源

变量名	编码	变量定义	来源
人民币储备需求	$RMBresreve$	给定年份样本国家央行持有人民币储备资产则为1,否则为0	根据境外央行或货币当局官网信息、Google News、Reuters、WSJ、Bloomberg 等媒体信息整理而得
样本国家与中国理想点距离	$IdealPC$	给定年份根据联合国大会投票记录估计	Bailey 等(2017)[218]
样本国家与美国理想点距离	$IdealPU$	给定年份根据联合国大会投票记录估计	Bailey 等(2017)[218]
对中国的进口依存度	$IMDP$	给定年份样本国家从中国货物进口金额除以该国总进口金额	根据 IMF DOT 数据计算
对中国的进口依存度2(以GDP占比衡量)	$IMDPGDP$	给定年份样本国家从中国货物进口金额除以该国 GDP	根据 IMF DOT 数据与世界银行 WDI 数据计算
外汇储备进口充足率	$Reservesinmonthsofimports$	以进口交易需求衡量的样本国家外汇储备充足率	世界银行 WDI 数据
对中国的出口依存度	$EXDP$	给定年份样本国家对中国货物出口金额除以该国货物总出口金额	根据 IMF DOT 数据计算

(续表)

变量名	编码	变量定义	来源
对中国的 FDI 流入依存度	$FDIDPin$	给定年份样本国家从中国获得的 FDI 净流入金额除以该国 FDI 净流入总金额	国家外汇管理局《中国对外投资统计公报》及 UNCTAD 各国 FDI 数据
金融市场发展深度指标	$MofGDP$	样本国家广义货币发行量/GDP	世界银行 WDI 数据
资本市场开放程度指数	$open$	基于 IMF 汇兑安排及汇兑限制年度报告中关于资本账户开放情况的二元变量计算而得	Chinn 和 Ito(2006)[202]
贸易开放程度	$TradeofGDP$	样本国家货物进出口金额总和/该国 GDP	根据世界银行 WDI 计算
短期外债 GDP 占比	$ShortDebtofGDP$	一国短期外债/该国 GDP	根据世界银行 WDI 计算
短期资本流动	$FPOI$	短期国际资本流动规模＝外汇储备余额－经常账户余额－FDI 余额	根据世界银行 WDI 计算
自由贸易协定	FTA	给定年份样本国家与中国签订自由贸易协定为 1,否则为 0	根据中国商务部信息整理
双边投资协定	BIT	给定年份样本国家与中国签订双边投资协定为 1,否则为 0	UNCTAD BIT 数据
上合组织	SCO	给定年份样本国家属于上海合作组织成员国、观察员国或对话伙伴国为 1,否则为 0	上海合作组织网站
伙伴关系	$Partner$	给定年份与中国通过外交途径建立或已建立各种伙伴关系赋值为 1,否则为 0	根据中国外交部公告声明信息整理
政体	$Polity$	给定年份样本国家政体得分	Marshall 等(2014) Polity Ⅳ 数据
反腐指数	$Corruption\text{-}Control$	世界银行核算	世界银行 WGI 数据
政府效率	$Goveffectiveness$	世界银行核算	世界银行 WGI 数据
政治稳定性	$Political\ Stability$	世界银行核算	世界银行 WGI 数据
私营部门发展制度环境友善指数	$RegQuality$	世界银行核算	世界银行 WGI 数据
法治系数	$RuleofLaw$	世界银行核算	世界银行 WGI 数据
公民参与指数	$Voice$	世界银行核算	世界银行 WGI 数据
样本国家国内生产总值	GDP	给定年份样本国家 GDP	世界银行 WDI 数据

(续表)

变量名	编码	变量定义	来源
样本国家人均国内生产总值	*GDPpercapita*	给定年份样本国家人均GDP	世界银行WDI
央行行长不正常退职次数	*ActualTurnover*	自2009年以来给定年份样本国家央行行长实际调整次数	Dreher等（2008）
央行行长不正常退职哑变量	*TurnoverDummy*	给定年份样本国家央行行长若有任期未满前调整为1，否则为0	Dreher等（2008）
双边货币互换协议	*BSA*	给定年份样本国家与中国签订了双边货币互换协议则为1，否则为0	中国人民银行
双边货币互换金额	*BSAn*	给定年份样本国家与中国双边货币互换协议存续期内金额	中国人民银行
人民币兑美元汇率	*CHY*	1美元兑换人民币金额	DataStream
亚洲地理位置哑变量	*Asia*	样本国家属于亚洲国家为1，否则为0	中国外交部网站信息
欧洲地理位置哑变量	*Europe*	样本国家属于欧洲国家为1，否则为0	中国外交部网站信息
美洲地理位置哑变量	*America*	样本国家属于美洲国家为1，否则为0	中国外交部网站信息

三、变量描述性统计和相关性检查

表9-3是变量描述性统计。基于联合国投票记录估计计算的理想点距离数据显示，入选国家样本与美国之间的理想点距离均值远远大于其与中国之间的理想点距离。总体而言，美国倡导的国际秩序与样本国家追求的国际秩序相距较远，中国倡导的国际秩序与样本国家追求的国际秩序相距较近。

表9-3 变量描述性统计

变量	观测值	均值	标准差	最小值	最大值
RMBreserve	1 750	0.020 6	0.142 0	0	1
Polity	1 596	4.431 7	6.148 6	−10	10
Dist1（单位：千公里）	1 750	8.925 0	4.030 4	0.955 7	19.297 5
GDP（单位：美元）	1 725	4.69E+11	1.54E+12	1.48E+08	1.69E+13

(续表)

变量	观测值	均值	标准差	最小值	最大值
$GDPpercapita$（单位：美元）	1 725	15 720.44	18 601.07	193.866 9	91 594.18
$Turnoverdummy$	1 178	0.086 6	0.281 3	0	1
$IdealPC$	1 417	0.814 0	0.733 8	0.002 2	3.352 6
$IdealPU$	1 417	2.800 9	0.869 1	0.110 5	4.518 0
$IMDP$	1 689	0.094 1	0.072 7	9.35E−05	0.478 2
$IMDPGDP$	1 679	0.050 6	0.222 0	2.15E−05	5.908 3
$Reservesinmonthsofimports$	1 472	5.157 2	5.765 6	0.032 9	79.237
$EXDP$	1 673	0.070 0	0.118 7	9.07E−07	0.881 3
$FDIDPin$	1 462	0.078 1	1.463 0	−26.995 3	42.073 8
$MofGDP$	1 403	67.875 8	76.599 5	5.920 3	977.012 2
$open$	1 573	0.585 5	0.380 2	0	1
$TradeofGDP$	1 692	91.066 1	56.671 7	0.167 4	442.620 0
$ShortDebtofGDP$	963	9.363 5	33.101 1	0	499.465 4
$FPOI$	1 481	24.038 5	26.962 2	−43.329 1	315.972 7
$SwapD$	1 750	0.085 7	0.280 0	0	1
$lnSwapN$（单位：亿美元）	1 750	1.959 7	6.353 2	0	24.906 1
$CorruptionControl$	1 750	0.117 9	1.070 4	−1.813 4	2.470 0
$GovEffectiveness$	1 750	0.188 9	1.003 2	−1.891 5	2.440 0
$PoliticalStability$	1 750	−0.031 3	0.983 4	−3.180 8	1.688 1
$RegQuality$	1 750	0.194 2	0.969 4	−2.344 1	2.260 5
$Ruleoflaw$	1 750	0.124 7	1.020 9	−2.178 5	2.100 3
$Voice$	1 750	0.094 6	0.984 8	−2.233 3	1.801 0
$Asia$	1 750	0.264 0	0.440 9	0	1
$Europe$	1 750	0.256 0	0.436 5	0	1
$America$	1 750	0.192 0	0.394 0	0	1
SCO	1 750	0.104 0	0.305 3	0	1
$Partner$	1 750	0.329 1	0.470 0	0	1
BIT	1 750	0.658 3	0.474 4	0	1
FTA	1 750	0.114 8	0.318 9	0	1
CHY	1 750	7.019 9	0.764 7	6.102 0	8.277 0

(续表)

变量	观测值	均值	标准差	最小值	最大值
Asia	1 750	0.264	0.440 9	0	1
Europe	1 750	0.256	0.436 5	0	1
America	1 750	0.192	0.394 0	0	1

表9-4为各主要解释变量之间的相关系数。除了进口依存度与出口依存度、短期债务GDP占比和贸易开放度指标相关系数较高,其余各解释变量之间相关系数都较低,证明综合模型内没有严重的多重共线性问题。

三、计量模型设定

考虑到Logit模型对观测值有较高要求,本章使用了面板数据。由于被解释变量属于二值变量,因此使用了离散面板数据模型。离散面板数据模型主要有两类,一类是面板Probit模型,另一类是面板Logit模型。由于Probit模型要求随机误差项服从正态分布且只能估计面板随机效应模型,而Logit模型由于其随机误差项的特殊分布,可以估计随机效应模型和固定效应模型,因此本书采取面板Logit模型对数据进行分析,同时使用面板Probit模型进行稳健性检验。

根据前文的实证检验假设,第一个模型是国际秩序偏好模型,见(9-1)式。其中,$IdealPointDist_{it-1}$是各国与中国或美国基于联合国投票数据估计和计算的理想点距离,Z_{it-1}是包括各国与中国签订的双边货币互换协议哑变量、政体变量、各国与中国或者美国之间的地理距离、GDP、人均GDP以及境外央行行长不正常退职的哑变量等控制变量。$RmbR_{it}$为人民币储备需求哑变量。为了控制解释变量与被解释变量的双向因果关系及内生性问题,本书将所有解释变量滞后1期。X_{it-1}是样本观测值,θ_{IO}代表关于国际秩序模型的参数估计向量(以下模型类似不再赘述)。在接下来的模型设定中,控制变量与国际秩序模型保持一致。

第二个模型是人民币储备需求的进口交易需求模型,见(9-2)式。其中,$ImportDep_{it-1}$代表样本国家对中国的进口依存度。

表 9-4 各主要解释变量相关系数

变量	Polity	Dist1	GDP	GDPpercapita	TurnoverDummy	IdealPC	IMDP	Reservesinmonthsofimports	EXDP	FDIDPin	MofGDP	open	TradeofGDP	ShortDebtoGDP	FPOI
Polity	1.00														
Dist1	0.34	1.00													
GDP	0.23	0.11	1.00												
GDPpercapita	0.18	0.34	0.37	1.00											
TurnoverDummy	-0.02	-0.05	-0.05	-0.08	1.00										
IdealPC	0.22	0.07	-0.01	0.24	-0.02	1.00									
IMDP	0.04	-0.13	0.09	-0.06	0.05	-0.17	1.00								
Reservesinmonthsofimports	-0.03	0.00	0.10	0.10	-0.07	-0.04	0.01	1.00							
EXDP	0.17	-0.26	0.02	0.01	0.08	-0.08	0.58	-0.05	1.00						
FDIDPin	-0.13	-0.08	-0.03	-0.08	-0.01	0.01	0.17	0.04	0.02	1.00					
MofGDP	-0.02	-0.22	0.02	0.23	-0.08	-0.09	-0.06	0.30	-0.06	-0.06	1.00				
open	0.31	0.32	-0.14	0.10	-0.09	-0.03	-0.13	-0.02	0.10	-0.08	0.04	1.00			
TradeofGDP	-0.01	-0.14	-0.33	0.15	-0.04	0.06	-0.16	-0.08	0.11	-0.12	0.42	0.19	1.00		
ShortDebtoGDP	-0.06	0.01	-0.15	0.18	-0.02	0.19	0.00	-0.15	-0.04	-0.03	0.27	0.20	0.50	1.00	
FPOI	0.02	-0.10	-0.21	0.15	-0.07	0.06	-0.04	0.58	0.12	-0.04	0.62	0.28	0.43	0.23	1.00

第九章 人民币储备需求的驱动因素：基于"一带一路"倡议的实证检验

第三个模型是央行储备资产多元化最优组合模型，见(9-3)式。其中，$ResImport_{it-1}$ 是从进口交易需求角度衡量的样本国家外汇储备充足率。

第四个模型出于一国对中国经济依赖的工具考量模型，见(9-4)式。其中，$EXDP_{it-1}$ 是样本国家对中国的出口依存度，$FDIDPin_{it-1}$ 是样本国家对中国的直接投资净流入依存度。

第五个模型是人民币储备需求的金融稳定模型，见(9-5)式。其中，M_{it-1} 是样本国家广义货币发行量占该国 GDP 的比例，是样本国家金融发展深度的代理变量。$Trade_{it-1}$ 是样本国家货物进出口金额总和占据样本国家 GDP 比例，是一国贸易开放程度的代理变量。$Open_{it-1}$ 是 Chinn 和 Ito（2006）[202]关于一国资本市场开放程度的代理变量，$Debt_{it-1}$ 是样本国家的短期债务占据 GDP 的比例。$FPOI_{it-1}$ 是样本国家的短期资本流动金额。

第六个模型是中国经济基本面模型，见(9-6)式。关键解释变量是中国 GDP 规模 $\ln Cgdp_{it-1}$。

第七个模型是在以上模型基础上形成的综合模型，见(9-7)式。

$$f_{IO}(RmbR_{it} \mid X_{it-1}, \theta_{IO}) = \log it^{-1}\left[\alpha_0 + \alpha_1 IdealPointDist_{it-1} + \alpha_2 Z_{it-1}\right] \quad (9-1)$$

$$f_{TN}(RmbR_{it} \mid X_{it-1}, \theta_{TN}) = \log it^{-1}\left[\beta_0 + \beta_1 \operatorname{Im} portDep_{it-1} + \beta_2 Z_{it-1}\right] \quad (9-2)$$

$$f_{OP}(RmbR_{it} \mid X_{it-1}, \theta_{OP}) = \log it^{-1}\left[\delta_0 + \delta_1 Res\operatorname{Im} port_{it-1} + \delta_2 Z_{it-1}\right] \quad (9-3)$$

$$f_{IC}(RmbR_{it} \mid X_{it-1}, \theta_{IC}) = \log it^{-1}\left[\gamma_0 + \gamma_1 EXDP_{it-1}\right.$$

$$+ \gamma_2 FDIDPin_{it-1} + \gamma_3 Z_{it-1} \Big] \tag{9-4}$$

$$f_{FS}(RmbR_{it} \mid X_{it-1}, \theta_{FS}) = \log it^{-1} \Big[\eta_0 + \eta_1 M_{it-1} + \eta_2 Trade_{it-1}$$
$$+ \eta_3 Open_{it-1} + \eta_4 Debt_{it-1}$$
$$+ \eta_5 FPOI_{it-1} + \eta_6 Z_{it-1} \Big] \tag{9-5}$$

$$f_{CN}(RmbR_{it} \mid X_{it-1}, \theta_{CN}) = \log it^{-1} (\phi_0 + \phi_1 \ln Cgdp_{it-1} + \phi_2 Z_{it-1}) \tag{9-6}$$

$$f_{Full}(RmbR_{it} \mid X_{it-1}, \theta_{Full}) = \log it^{-1} \Big[\lambda_0 + \lambda_1 IdealPointDist_{it-1}$$
$$+ \lambda_2 IMDP_{it-1} + \lambda_3 ResImport_{it-1}$$
$$+ \lambda_4 EXDP_{it-1} + \lambda_5 FDIDPin_{it-1}$$
$$+ \lambda_6 M_{it-1} + \lambda_7 Trade_{it-1}$$
$$+ \lambda_8 Open_{it-1} + \lambda_9 Debt_{it-1}$$
$$+ \lambda_{10} FPOI_{it-1} + \lambda_{11} \ln Cgdp_{i,t-1}$$
$$+ \lambda_{12} Z_{it-1} \Big] \tag{9-7}$$

表 9-5 列出了各主要解释变量对人民币储备需求发生概率的预测关系。

表 9-5 各主要解释变量对人民币储备需求概率的预测关系

实证假设	解释变量	系数	预期符号
人民币储备的国际秩序偏好需求	联合国投票与中国理想点差距	λ_{1C}	−
	联合国投票与美国理想点差距	λ_{1U}	+
人民币储备的进口交易需求	样本国家对中国进口依存度	λ_2	+
人民币储备的多元化最优组合投资需求	样本国家储备对进口充足比率	λ_3	+
人民币储备的经济考量需求	样本国家对中国出口依存度	λ_4	+
	样本国家对中国 FDI 流入依存度	λ_5	+

(续表)

实证假设	解释变量	系数	预期符号
人民币储备的金融稳定需求	样本国家金融市场发展程度	λ_6	不确定
	样本国家贸易开放程度	λ_7	不确定
	样本国家资本市场开放程度	λ_8	不确定
	样本国家短期债务	λ_9	＋
	样本国家短期资本流动	λ_{10}	＋
人民币储备的中国经济基本面模型	中国经济规模	λ_{11}	＋

第四节 实证结果分析

人民币储备需求面板 Logit 固定效应与随机效应 Hausman 检验结果见表9-6。根据检验结果，本书基于面板 Logit 随机效应模型进行回归。

基于"一带一路"倡议引入前后跨境人民币支付金额的明显变化的事实，本书同时对2013年是否存在结构性变化进行检验，检验方法是加入2013年哑变量 d，当时间为2013年前时，取值为0，当时间为2013年及以后时，取值为1。同时加入国际秩序解释变量与2013年哑变量 d 的交互项，查看关键解释变量的解释力度在2013年前后有无发生显著变化，检验结果见表9-6。结果显示，对于中国秩序解释变量，发生显著性变化；对于美国国际秩序，没有发生显著性变化。因此基于检验结果，本书将对样本进行全样本和2013年前后的子样本做面板 Logit 随机效应回归。

表9-6 面板 Logit 回归检验结果

类别	Hausman 检验
面板 Logit 固定效应与随机效应	chi2(7)＝9.56 Prob＞chi2＝0.214 7

(续表)

类别	Wald 检验
中国秩序解释变量检验结果	chi2(2)=5.78 Prob>chi2=0.055 7
美国秩序解释变量检验结果	chi2(2)=3.08 Prob>chi2=0.214 3

一、基准回归结果分析

表9-7是根据假设1的中国秩序与美国秩序计量模型的基准回归结果。根据前述假设及2013年我国推行"一带一路"倡议后中国ODI数据的变化情况,本书首先针对人民币储备需求的两种国际秩序偏好模型基于全样本区间及"一带一路"倡议推行前后的两个子样本数据进行回归。表9-7中的(1)列至(3)列是一国与中国理想点距离的国际秩序偏好模型分别在三个样本区间的回归结果。"一带一路"倡议切入前的人民币国际化进程的前期阶段,各国与中国的理想点距离变量系数估计值在5%的显著性水平上统计显著且为负值,表明各国与中国的基于联合国大会投票的理想点距离越小,则样本国家央行持有人民币储备的可能性(根据Logit模型,这种发生的可能性或者概率以对数优势比表示)越大,一国与中国的理想点距离越大,则样本国家央行持有人民币储备的可能性越小。除此之外,控制变量中的GDP也在10%的水平上统计显著,表明一国经济规模越大,则样本国家央行持有人民币储备的可能性也越大。相对而言,"一带一路"倡议推行后,各国与中国理想点距离变量改变方向且统计不再显著,表明"一带一路"倡议切入后,一国对中国的国际秩序偏好对其央行是否投资人民币储备资产不再具备解释能力。除此以外,控制变量中双边货币互换协议变量在全样本及"一带一路"切入前的子样本回归中显著为正,且在"一带一路"切入前的子样本回归中系数明显变大,表明在"一带一路"切入前的人民币国际化前期阶段,一国与中国签订双边货币互换协议,则其央行投资人民币储备资产的概率明显增加,"一带一路"切入后,双边货

币互换协议变量不再显著,表明"一带一路"切入后,双边货币互换协议不再是人民币储备需求的主要驱动因素。表9-7中的(4)列至(6)列则是一国与美国理想点距离的国际秩序偏好模型分别基于全样本区间以及"一带一路"切入前后的两个子样本区间的三种回归结果,关键解释变量一国与美国的理想点距离的系数在全样本及"一带一路"切入前为正值符合预期,代表一国与美国的理想点距离越大,则样本国家持有人民币储备的可能性越大。但该变量系数统计并不显著。在"一带一路"切入后该变量系数改变方向且统计不再显著,证明各国对美国引导国际秩序的偏好不足以影响该国投资人民币储备的决策。以上两种国际秩序偏好模型的回归结果表明,人民币国际化前期阶段,各国出于对中国倡导的国际秩序的赞同会增加其央行持有人民币储备的可能性,但出于对美国倡导的国际秩序的不认同并不足以增加其持有人民币储备的可能性。当今世界是多极的世界,中美并非单纯竞争的关系,也不存在由于国际秩序的不完全同向而导致对货币选择的非此即彼的关系。

表 9-7 基准回归结果 1:中国秩序与美国秩序基准模型

解释变量	被解释变量:RMBreserve					
	(1) 中国秩序 全样本	(2) 中国秩序 B&R前	(3) 中国秩序 B&R后	(4) 美国秩序 全样本	(5) 美国秩序 B&R前	(6) 美国秩序 B&R后
L.SwapD	1.555*** [0.468]	2.332*** [0.658]	0.561 [0.732]	1.687*** [0.456]	2.713*** [0.639]	0.548 [0.730]
L.Polity	0.053 2 [0.044 5]	0.040 1 [0.053 4]	0.145 [0.131]	0.040 3 [0.047 1]	0.007 67 [0.055 3]	0.151 [0.133]
Dist1	−0.023 4 [0.045 0]	−0.060 1 [0.059 6]	0.042 0 [0.075 9]	−0.015 5 [0.046 2]	−0.053 3 [0.063 6]	0.034 6 [0.074 5]
L.logofGDP	0.221 [0.138]	0.331* [0.197]	0.128 [0.216]	0.223 [0.140]	0.316 [0.202]	0.120 [0.213]
L.logofGDPpercapita	0.042 1 [0.210]	0.161 [0.274]	−0.257 [0.404]	−0.078 8 [0.203]	−0.104 [0.256]	−0.163 [0.393]
L.TurnoverDummy	0.054 3 [0.642]	0.426 [0.721]	0 [.]	0.037 2 [0.643]	0.463 [0.721]	0 [.]

(续表)

解释变量	被解释变量：RMBreserve					
	(1) 中国秩序 全样本	(2) 中国秩序 B&R 前	(3) 中国秩序 B&R 后	(4) 美国秩序 全样本	(5) 美国秩序 B&R 前	(6) 美国秩序 B&R 后
L. IdealPC	−0.571 [0.405]	−1.318** [0.670]	0.333 [0.590]			
L. IdealPU				0.194 [0.332]	0.290 [0.468]	−0.110 [0.570]
常数项	−9.458*** [3.356]	−12.77*** [4.954]	−5.782 [4.975]	−9.427** [3.769]	−11.77** [5.410]	−5.792 [5.824]
N	1 031	771	240	1 031	771	240
Log-Likelihood	−122.4	−68.01	−45.15	−123.3	−70.04	−45.29

注：括号内数字为标准差，***、** 和 * 表示 $p<0.01$、$p<0.05$ 和 $p<0.1$ 的水平上显著。

表 9-8 中的(1)列至(3)列和(4)列至(6)列分别是外汇储备的进口交易需求和央行多元化资产组合计量模型的回归结果。进口交易需求模型的估计结果显示，"一带一路"切入前的子样本回归中，进口依存度系数估计值为正且在 5% 的显著性水平上统计显著，即一国对中国的进口交易需求越大，则其央行投资人民币储备的概率越大。央行多元化资产组合模型估计结果显示，"一带一路"切入前的子样本回归中储备进口充足率系数估计值在 10% 的显著性水平上统计显著且系数为正符合预期，表示一国央行持有储备资产越充足，越可能使其储备资产投资组合多元化，从而投资人民币资产。但这个系数估计值较小，其经济意义不够显著。

表 9-8 基准回归结果 2：进口交易需求与最优资产组合模型

解释变量	被解释变量：RMBreserve					
	(1) 进口需求 全样本	(2) 进口需求 B&R 前	(3) 进口需求 B&R 后	(4) 资产组合 全样本	(5) 资产组合 B&R 前	(6) 资产组合 B&R 后
L. SwapD	1.478*** [0.461]	2.392*** [0.587]	0.882 [0.801]	1.798*** [0.439]	2.863*** [0.581]	0.786 [0.766]

(续表)

解释变量	被解释变量:RMBreserve					
	(1) 进口需求 全样本	(2) 进口需求 B&R 前	(3) 进口需求 B&R 后	(4) 资产组合 全样本	(5) 资产组合 B&R 前	(6) 资产组合 B&R 后
$L.Polity$	0.013 9 [0.036 3]	−0.037 1 [0.041 6]	0.166 [0.134]	0.022 4 [0.038 4]	−0.017 3 [0.044 1]	0.162 [0.130]
$Dist1$	−0.002 89 [0.042 1]	−0.013 2 [0.053 0]	0.057 9 [0.079 6]	−0.001 53 [0.043 2]	−0.030 5 [0.057 1]	0.054 2 [0.075 7]
$L.logofGDP$	0.154 [0.133]	0.235 [0.177]	0.162 [0.238]	0.174 [0.131]	0.304* [0.183]	0.049 2 [0.208]
$L.logofGDPpercapita$	−0.061 2 [0.175]	−0.060 5 [0.218]	−0.281 [0.367]	−0.105 [0.171]	−0.163 [0.217]	−0.159 [0.333]
$L.TurnoverDummy$	−0.032 8 [0.633]	0.411 [0.700]	0 [.]	−0.043 6 [0.636]	0.365 [0.704]	0 [.]
$L.lnIMDP$	0.446 [0.331]	1.017** [0.469]	−0.535 [0.601]			
$L.Reservesinmonth-sofimports$				0.030 7 [0.024 6]	0.041 5* [0.024 6]	−0.074 1 [0.095 9]
常数项	−6.082* [3.128]	−6.755* [4.098]	−7.856 [5.638]	−7.583*** [2.922]	−10.38** [4.171]	−4.281 [4.497]
N	1 116	836	258	1 072	803	246
Log-Likelihood	−134.8	−78.43	−45.71	−134.2	−79.47	−45.20

注:括号内数字为标准差,***、** 和 * 表示 $p<0.01$、$p<0.05$ 和 $p<0.1$ 的水平上显著。

表 9-9 中的(1)列至(3)列、(4)列至(6)列和(7)列至(9)列分别是一国出于对中国的出口依赖和 FDI 流入依赖而投资人民币储备的工具考量模型、外汇储备的金融稳定需求模型及中国经济因素模型在三个样本区间内的回归结果。在全样本区间内,对中国的海外直接投资流入的依存度在 5% 的显著性水平上统计显著,表明一国越依赖中国的海外直接投资流入,则其投资人民币储备资产的可能性也越大。在全样本区间内,人民币储备的金融稳定需求的回归结果显示,五个关键解释变量中,只有一国资本市场开放程度统计显著且为负值,表明一国资本账户开放程度越大,其对人民币储备的金融稳定需求规模越小。一国资本市场的开放程度通常是循序渐进的过程,需要各种配套

表9-9 基准回归结果3：工具考虑需求、金融稳定需求与中国经济因素需求模型

被解释变量：$RMBreserve$

解释变量	(1) 工具考虑 全样本	(2) 工具考虑 B&R前	(3) 工具考虑 B&R后	(4) 金融稳定 全样本	(5) 金融稳定 B&R前	(6) 金融稳定 B&R后	(7) 中国因素 全样本	(8) 中国因素 B&R前	(9) 中国因素 B&R后
$L.SwapD$	1.407*** [0.510]	2.410*** [0.693]	0.822 [0.830]	1.041 [0.688]	2.622*** [0.817]	0 [．]	1.045** [0.461]	1.666*** [0.599]	0.783 [0.750]
$L.Polity$	0.0262 [0.0407]	−0.0244 [0.0490]	0.152 [0.126]	0.0508 [0.0622]	−0.0387 [0.0719]	1.334 [1.043]	0.0101 [0.0370]	−0.0389 [0.0431]	0.182 [0.134]
$Dist1$	−0.0192 [0.0552]	−0.0430 [0.0784]	0.0306 [0.0861]	0.00382 [0.0730]	0.0363 [0.0954]	−0.516 [0.523]	−0.0115 [0.0461]	−0.0351 [0.0618]	0.0385 [0.0708]
$L.logofGDP$	0.0391 [0.151]	0.236 [0.225]	−0.0775 [0.231]	0.176 [0.276]	0.595 [0.385]	−2.643 [1.927]	0.216* [0.129]	0.378** [0.184]	0.0477 [0.204]
$L.logofGDPpercapita$	0.0668 [0.189]	−0.0870 [0.261]	0.0871 [0.330]	−0.0777 [0.451]	−0.632 [0.603]	1.414 [3.868]	−0.147 [0.165]	−0.233 [0.211]	−0.123 [0.325]
$L.TurnoverDummy$	0.307 [0.662]	0.723 [0.770]	0 [．]	−0.178 [0.807]	0.427 [0.904]	0 [．]	0.00698 [0.636]	0.301 [0.711]	
$L.lnEXDP$	−0.109 [0.184]	0.122 [0.284]	−0.417 [0.332]						
$L.lnFDIDPin$	0.221** [0.0997]	0.191 [0.140]	0.234 [0.173]						

(续表)

被解释变量：$RMBreserve$

解释变量	(1) 工具考虑 全样本	(2) 工具考虑 B&R 前	(3) 工具考虑 B&R 后	(4) 金融稳定 全样本	(5) 金融稳定 B&R 前	(6) 金融稳定 B&R 后	(7) 中国因素 全样本	(8) 中国因素 B&R 前	(9) 中国因素 B&R 后
$L.lnMofGDP$	−4.522 [3.417]	−7.565 [5.122]	−3.595 [5.490]	−0.369 [0.690]	−0.313 [0.816]	−0.686 [4.708]			
$L.open$				−3.263** [1.338]	−1.545 [1.399]	−24.30 [16.11]			
$L.TradeofGDP$				0.004 72 [0.011 1]	0.011 2 [0.013 6]	−0.073 [0.121]			
$L.ShortDebtofGDP$				−0.024 7 [0.058 1]	−0.027 9 [0.069 1]	0.491 [0.815]			
$L.FPOI$				0.000 293 [0.019 8]	0.011 6 [0.022 6]	−0.307 [0.296]			
$L.lnCgdp$							2.392*** [0.763]	6.371*** [1.808]	−8.229 [5.470]
常数项				−5.349 [5.597]	−13.33* [7.725]	63.22 [43.21]	−78.2*** [22.64]	−197.9*** [53.48]	239.2 [162.4]
N	720	518	187	583	439	104	1 126	843	260
Log-$Likelihood$	−99.95	−52.72	−38.86	−68.99	−45.33	−7.768	−130.1	−70.29	−44.94

注：括号内数字为标准差，***、** 和 * 表示 $p<0.01$，$p<0.05$ 和 $p<0.1$ 的水平上显著。

的金融基础设施和宏观审慎政策的不断完善,更开放的资本市场通常伴随着更灵活的汇率制度,当一国不需要持有大额外汇储备干预外汇市场调控本币汇率和稳定公众对本币汇率预期时,其对储备资产的需求也会相应降低。人民币储备需求的中国经济基本面因素需求模型估计结果显示,全样本区间中国 GDP 规模能够显著增加各国央行投资人民币储备资产的概率,尤其是"一带一路"切入前,中国 GDP 规模对投资人民币储备资产概率的系数估计值明显变大,表明人民币国际化前期,出自对中国经济基本面因素的信心,也成为各国央行投资人民币储备资产的驱动因素之一。

表 9-10 中的(1)列至(3)列是基于各国对中国倡导的国际秩序偏好模型加入各个模型中统计显著的变量,将 2013 年作为分界线,分别基于"一带一路"切入前的人民币国际化进程的初级阶段及"一带一路"切入后人民币国际化进程的中间阶段的回归结果,(4)列至(6)列则是基于美国秩序偏好的三个样本区间的回归结果。表 9-10 中的(2)列显示,在人民币国际化进程前期,各国与中国理想点距离在 10% 的水平上统计显著,对中国倡导的国际秩序偏好能够解释人民币国际化前期境外央行对人民币储备资产的需求。与中国的理想点距离每减少一个单位,则样本国家央行投资人民币储备的可能性(以对数优势比表示)提升到原来的 1.684 倍。此时,各国对中国 FDI 流入依存度的系数为正符合预期,表明对中国的 FDI 流入依存度有助于提升人民币储备需求,但该系数在前期阶段统计不显著且其绝对值也较小,表明此时各国对中国的 FDI 流入依存度还不足以成为人民币储备需求的驱动因素。表 9-10 中的(3)列是基于中国提倡的国际秩序偏好人民币储备需求的综合模型在"一带一路"切入后人民币国际化进程的中间阶段的回归结果。结果显示,与中国的理想点距离系数改变方向,表明与中国理想点距离对人民币储备需求产生反向作用。与之相对,各国对中国的 FDI 流入依存度变量系数增加为人民币前期阶段系数的约 20 倍且在 5% 的水平上统计显著,表明各国对中国的 FDI 流入依存度越高,则其央行投资人民币储备的可能性也越大,即"一带一路"切入后人

民币国际化进程进一步推进的一段时期内,对中国的 FDI 流入依存度成为人民币储备需求的主要驱动因素。此时,一国资本市场开放程度系数为负值且统计显著,表明一国资本市场开放程度越高,外汇储备的金融稳定需求越少,从而该国央行投资人民币储备资产的概率减小。此外,中国经济规模在全样本回归和"一带一路"切入前回归系数估计结果统计显著,表明中国经济基本面的吸引度也是各国央行特别是在人民币国际化前期阶段投资人民币储备资产的影响因素之一。控制变量中双边货币互换协议的系数估计与中国 GDP 规模系数估计类似,表明人民币国际化前期阶段,一国与中国签署双边货币互换协议,也是其央行投资人民币储备资产的影响因素之一。表 9-10 中的(4)列至(6)列基于美国国际秩序偏好的人民币储备需求的综合模型结果显示,在人民币国际化进程的初级阶段,各国与美国的理想点距离系数符号符合预期,表明与美国倡导的国际新秩序距离越远,则样本国家央行投资人民币储备的可能性越大,但在人民币国际化的中期阶段,该变量系数符号改变。并且在两个阶段内,各国与美国的理想点距离变量系数统计不显著,表明各国对美国的理想点距离不足以成为人民币储备需求的驱动因素。其他关键解释变量与中国秩序偏好模型结果一致,表明估计结果具有较强的稳健性。

表 9-10　基准回归结果:基于中国国际秩序偏好和美国国际秩序偏好的综合模型

解释变量	被解释变量:$RMBreserve$					
	(1) 中国秩序 全样本	(2) 中国秩序 B&R 前	(3) 中国秩序 B&R 后	(4) 美国秩序 全样本	(5) 美国秩序 B&R 前	(6) 美国秩序 B&R 后
$L.SwapD$	0.918* [0.550]	1.436* [0.838]	0.490 [0.982]	0.934* [0.547]	1.581* [0.852]	0.471 [0.979]
$L.Polity$	0.0533 [0.0521]	0.0428 [0.0700]	0.250 [0.205]	0.0523 [0.0544]	0.0198 [0.0683]	0.220 [0.194]
$Dist1$	−0.0231 [0.0533]	−0.0649 [0.0754]	0.0430 [0.105]	−0.0213 [0.0535]	−0.0576 [0.0794]	0.0420 [0.104]
$L.logofGDP$	−0.0113 [0.179]	0.300 [0.272]	−0.193 [0.321]	−0.0170 [0.178]	0.241 [0.271]	−0.188 [0.317]

(续表)

解释变量	被解释变量：RMBreserve					
	(1) 中国秩序 全样本	(2) 中国秩序 B&R 前	(3) 中国秩序 B&R 后	(4) 美国秩序 全样本	(5) 美国秩序 B&R 前	(6) 美国秩序 B&R 后
L. logofGDPpercapita	0.230 [0.299]	0.090 9 [0.416]	0.167 [0.546]	0.210 [0.297]	−0.086 0 [0.413]	0.199 [0.535]
L. TurnoverDummy	0.301 [0.674]	0.397 [0.821]		0.294 [0.674]	0.549 [0.798]	
L. IdealPC	−0.185 [0.451]	−1.684* [1.006]	1.252 [0.787]			
L. lnIMDP	−0.183 [0.238]	0.012 0 [0.344]	−0.777 [0.800]	−0.182 [0.239]	0.040 6 [0.366]	−0.773 [0.791]
L. Reservesinmonthsofimports	0.006 81 [0.038 9]	0.025 5 [0.052 2]	−0.049 3 [0.107]	0.006 23 [0.039 7]	0.020 6 [0.050 3]	−0.051 4 [0.115]
L. lnFDIDPin	0.131 [0.108]	0.022 3 [0.163]	0.452** [0.212]	0.132 [0.109]	0.018 3 [0.160]	0.446** [0.209]
L. open	−0.876 [0.856]	0.804 [1.183]	−3.910** [1.649]	−0.890 [0.858]	0.678 [1.178]	−3.848** [1.618]
L. lnCgdp	2.294** [1.049]	7.149*** [2.773]	−4.246 [6.337]	2.347** [1.074]	7.550*** [2.803]	−7.075 [6.189]
L. IdealPU				0.106 [0.413]	0.741 [0.713]	−1.154 [0.748]
常数项	−72.11** [31.18]	−221.3*** [82.68]	125.5 [188.2]	−73.76** [32.66]	−233.1*** [84.38]	213.3 [185.0]
N	659	474	171	659	474	171
Log-Likelihood	−90.39	−40.65	−32.55	−90.44	−41.83	−32.62

注：括号内数字为标准差，***、** 和 * 表示 $p<0.01$、$p<0.05$ 和 $p<0.1$ 的水平上显著。

二、稳健性检验与进一步分析

本部分基于中国倡导的国际秩序偏好的人民币储备需求的综合模型做稳健性检验。考虑到人民币储备作为人民币标价资产，人民币的对外价值变动即人民币汇率变动应该会对人民币储备资产需求造成影响，即当人民币汇率面临下行压力时，人民币储备需求相应减少，反之则增加。为了控制人民币汇率变动对人民币储备需求造成的影响，表 9-11 中的(1)列至(3)列是中国理想点距离的国际秩序偏好综合模型加入人民币汇率控制变量后,分别基于全样本区间以及在"一带一路"切入前后的子样本区间的回归结果。结果显示,加入人民币汇率控制变量后,综合模型中与中国理想点距离、对中国FDI流入依存度、一国资本市场开放程度、中国GDP规模以及双边货币互换协议哑变量等关键解释变量系数符号及其统计显著性在三个回归结果中基本不发生改变,表明模型结果具有较强的稳健性。另外,人民币汇率在全样本区间回归中的系数为负号且统计显著,表明当人民币贬值时,各国投资人民币储备资产的可能性降低,反之则增加,即总体而言,人民币储备需求也受人民币汇率变动的影响。"一带一路"切入前,人民币汇率变量系数估计为正值且统计显著,表明人民币国际化前期阶段,各国央行对人民币储备需求除了各关键解释变量的影响外,与人民币汇率呈同向变动,即人民币汇率越贬值,则需求越大,反之则越小。这似乎与经济常识相悖。原因可能是人民币国际化前期阶段经历2008年全球金融危机,我国在2008—2010年维持了事实上的固定汇率制度,此时在岸人民币汇率难以反映人民币的事实对外价格。这一时期正是人民币国际化前期阶段各国央行投资人民币储备资产的高峰期,其中,2010年、2011年和2012年间分别有3家、11家和8家央行和货币当局投资人民币储备资产,占据人民币国际化前期阶段人民币储备投资央行和货币当局总数的95%以上。因此,回归结果呈现人民币储备需求与人民币汇率存在正相关关系。因为离岸人民币汇率数据自2011年开始可得,所以本书暂时不能进一步检验人民币国际化前期阶段离岸人民币汇率与外汇储备需求的变动关系。

截至2016年年末,我国已与36个国家和地区的央行或货币当局签订了双边货币互换协议(以下简称"BSA")。如果一国货币当局与我国签订了BSA,则样本国家货币当局就能相对比较容易地将本国货币换为人民币,用于贸易结算及直接投资收付等。因此,BSA的签订会增加样本国家央行投资人民币储备资产的可能性。为了进一步确认BSA对人民币储备需求的正向影响,本书进一步基于中国国际秩序偏好综合模型,将 BSA 哑变量替换为 BSA 签约金额变量进行稳健性检验,表 9-11 中的(4)列至(6)列分别列出了替换 BSA 哑变量为 BSA 实际签约金额变量后,基于全样本区间以及"一带一路"切入前后的两个子样本的回归结果。结果显示,关键解释变量各国与中国的理想点距离、各国对中国的 FDI 流入依存度、资本市场开放程度及中国 GDP 规模在三个回归中无论加入双边货币互换协议哑变量还是双边货币互换协议金额变量,都保持了基准回归中的系数符号及显著性变化,即在"一带一路"切入前的人民币前期阶段中,与中国的理想点距离越大,则样本国家央行投资人民币储备资产的可能性越小,反之则越大。而"一带一路"切入后的人民币国际化进程的中期阶段,与中国的理想点距离变量的系数方向发生变化且统计不显著,表明出于对中国倡导的国际秩序的追随的政治考虑不能解释境外央行投资人民币储备资产的概率。与之相对,各国对中国的 FDI 流入依存度及其资本市场开放程度则成为人民币储备需求的驱动因素。此外,在两个阶段的回归中,无论是双边货币互换协议哑变量还是双边货币互换协议实际金额变量,都在"一带一路"切入前的回归中符号为正且统计显著,表明在人民币国际化的前期阶段,如双边货币互换协议等国家层面的推动因素成为人民币储备需求的驱动因素之一;但在人民币国际化进一步发展的阶段,出于对中国海外投资依赖以及各国资本市场开放程度等经济层面因素则在人民币储备需求的驱动因素中占据主导地位。

表 9-11 稳健性检验:加入人民币汇率(CHY)控制变量与替换 BSA 变量

解释变量	被解释变量:RMBreserve					
	(1) 加入 CHY 全样本	(2) 加入 CHY B&R 前	(3) 加入 CHY B&R 后	(4) 替换 Swap 全样本	(5) 替换 Swap B&R 前	(6) 替换 Swap B&R 后
L.CHY	−4.281** [2.169]	18.85** [9.131]	−11.24 [7.934]			
L.SwapD	0.999* [0.557]	1.435* [0.853]	0.369 [0.998]			

(续表)

解释变量	被解释变量：RMBreserve					
	(1) 加入CHY 全样本	(2) 加入CHY B&R前	(3) 加入CHY B&R后	(4) 替换Swap 全样本	(5) 替换Swap B&R前	(6) 替换Swap B&R后
L.Polity	0.049 5 [0.052 6]	0.048 9 [0.072 3]	0.207 [0.202]	0.051 7 [0.052 3]	0.041 6 [0.070 0]	0.232 [0.202]
Dist1	−0.015 6 [0.053 2]	−0.073 6 [0.076 4]	0.048 6 [0.106]	−0.025 9 [0.052 1]	−0.066 0 [0.075 6]	0.029 0 [0.097 5]
L.logofGDP	−0.013 0 [0.180]	0.331 [0.278]	−0.141 [0.326]	−0.028 6 [0.180]	0.292 [0.273]	−0.209 [0.320]
L.logofGDPpercapita	0.222 [0.301]	0.102 [0.418]	0.072 0 [0.541]	0.184 [0.302]	0.087 6 [0.415]	0.139 [0.543]
L.IdealPC	−0.131 [0.451]	−1.879* [1.059]	1.339* [0.811]	−0.140 [0.448]	−1.660* [1.007]	1.210 [0.789]
L.lnIMDP	−0.151 [0.228]	0.032 6 [0.344]	−0.716 [0.811]	−0.207 [0.232]	0.018 0 [0.345]	−0.897 [0.807]
L.Reservesinmonthsofimports	0.007 91 [0.038 3]	0.017 9 [0.055 4]	−0.055 4 [0.107]	0.011 3 [0.039 2]	0.024 8 [0.052 2]	−0.049 8 [0.108]
L.lnFDIDPin	0.136 [0.108]	0.021 1 [0.161]	0.458** [0.218]	0.122 [0.110]	0.023 1 [0.162]	0.449** [0.215]
L.open	−0.833 [0.859]	1.009 [1.199]	−3.512** [1.612]	−0.739 [0.853]	0.777 [1.178]	−3.616** [1.701]
L.lnCgdp	−6.518 [4.419]	59.64** [26.50]	−20.82 [14.84]	2.190** [1.054]	7.177*** [2.773]	−4.443 [6.344]
L.SwapNindollar				0.051 3** [0.024 0]	0.061 9* [0.036 8]	0.034 1 [0.042 4]
常数项	215.8 [144.0]	−1 891.5** [840.4]	686.3 [482.9]	−68.45** [31.34]	−221.9*** [82.68]	131.7 [188.6]
N	659	474	171	659	474	171
Log-Likelihood	−88.18	−37.60	−31.47	−89.51	−40.70	−32.35

注：括号内数字为标准差，***、**和*表示 $p<0.01$、$p<0.05$ 和 $p<0.1$ 的水平上显著。

本章进一步通过替换解释变量的方法对基准回归结果进行稳健性检验。表 9-12 中的(1)列至(3)列是将控制变量中政体变量进一步细分为反腐指数（CorruptionControl）、政府效率（GovEffectiveness）、政治稳定性（PoliticStability）、私营部门发展制度环境友善指数（RegQuality）、法治系数（RuleofLaw）及公民参与指数（Voice）作为控制变量，基于全样本以及"一带一路"切入前后两个子样本区间的回归结果。结果显示，使用替代性政体指标后，关键解释变量除了与中国的理想点距离符号符合预期但统计不再显著外，一国对中国的 FDI 流入依存度、一国资本开放程度、中国 GDP 规模及双边货币互换协议在模型的两个阶段回归中的系数方向和显著性都未发生变化，表明模型结果具有较强的稳健性。值得注意的是，在"一带一路"切入前的人民币国际化前期阶段，虽然系数并不显著，但政治稳定性与法治系数都与一国央行投资人民币储备的可能性成反比，这可能是人民币国际化前期，与我国央行签约双边货币互换协议的境外央行或货币当局多数集中于发展中国家和新兴市场经济体①，这些国家群体在前期阶段更倾向于偏好中国倡导的国际政治经济新秩序，从而支持人民币国际化并有可能投资人民币储备资产。在人民币国际化进程的中期阶段，经济因素取代因国际秩序偏好产生的货币追随，更广范围内的国家央行投资人民币储备资产，相应的，这两个变量的符号也由负号变为正号。表 9-12 中的(4)列至(6)列进一步将各国对中国的进口依存度变量（从中国进口金额/总进口金额）替换为以 GDP 作为比较基准的变量（从中国进口金额/该国 GDP），基于全样本以及"一带一路"切入前后两个子样本进行回归。结果表明，除了控制变量双边货币互换协议和解释变量资本市场开放程度变量系数符号不再显著外，与中国理想点距离、FDI 流入依存度和中国经济规模等关键解释变量的系数符号和显著性不发生改变。

---

① 这些国家由于历史原因，其政治稳定性和法治力度有待进一步完善。

表 9-12 稳健性检验:替换政体(Polity)变量与替换进口依存度变量(IMDP)

解释变量	被解释变量					
	(1) 替换政体 全样本	(2) 替换政体 B&R 前	(3) 替换政体 B&R 后	(4) 替换进口 依存度 全样本	(5) 替换进口 依存度 B&R 前	(6) 替换进口 依存度 B&R 后
L.CorruptionControl	0.673 [1.052]	1.369 [1.415]	0.292 [1.858]			
L.GovEffectiveness	−1.096 [1.151]	−0.924 [1.717]	−2.227 [2.664]			
L.PoliticStability	0.0385 [0.435]	−0.565 [0.755]	0.440 [0.875]			
L.RegQuality	0.850 [1.002]	0.518 [1.634]	0.667 [1.872]			
L.RuleofLaw	0.329 [1.437]	−0.222 [1.946]	2.052 [2.870]			
L.Voice	0.00498 [0.543]	0.104 [0.778]	0.405 [1.527]			
L.SwapD	1.081* [0.592]	1.982* [1.040]	0.907 [1.112]	0.785 [0.542]	1.293 [0.809]	−0.732 [1.162]
Dist1	0.00163 [0.0661]	−0.0566 [0.0966]	0.128 [0.140]	−0.0343 [0.0542]	−0.0637 [0.0769]	0.170 [0.128]
L.logofGDP	0.0997 [0.219]	0.284 [0.358]	0.112 [0.374]	−0.0105 [0.172]	0.350 [0.267]	0.296 [0.353]
L.logofGDPpercapita	−0.265 [0.482]	−0.118 [0.703]	−0.841 [0.988]	0.267 [0.293]	0.111 [0.405]	−0.203 [0.715]
L.TurnoverDummy	0.369 [0.675]	0.0732 [0.938]	0 [.]	0.323 [0.669]	0.452 [0.817]	0 [.]
L.IdealPC	−0.112 [0.477]	−1.454 [1.064]	1.311 [0.890]	−0.246 [0.450]	−1.836* [0.989]	1.982* [1.155]
L.lnIMDP	−0.189 [0.252]	0.0368 [0.387]	−0.905 [0.882]			
L.Reservesinmonthsofimports	0.0194 [0.0418]	0.0314 [0.0582]	0.000917 [0.101]			
L.lnFDIDPin	0.132 [0.116]	0.0233 [0.166]	0.437* [0.240]	0.115 [0.107]	0.0266 [0.163]	0.538* [0.325]
L.open	−1.387 [0.952]	0.548 [1.508]	−4.016** [1.826]	−0.929 [0.870]	0.756 [1.189]	−2.766 [1.932]

(续表)

解释变量	被解释变量					
	(1) 替换政体 全样本	(2) 替换政体 B&R 前	(3) 替换政体 B&R 后	(4) 替换进口 依存度 全样本	(5) 替换进口 依存度 B&R 前	(6) 替换进口 依存度 B&R 后
L.lnCgdp	2.405** [1.082]	7.152** [2.845]	−6.864 [6.926]	2.288** [1.043]	7.202*** [2.763]	−31.40* [17.25]
L.Polity				0.055 1 [0.050 1]	0.038 5 [0.066 9]	0.130 [0.219]
L.lnIMDPGDP				−0.061 2 [0.265]	0.021 6 [0.305]	0.171 [0.982]
常数项	−73.77** [32.13]	−219.2*** [84.77]	204.4 [206.0]	−71.94*** [30.97]	−224.0*** [82.38]	924.0* [512.2]
N	672	483	175	684	491	118
Log-Likelihood	−89.45	−39.85	−31.11	−91.57	−40.98	−19.25

注：括号内数字为标准差，***、**和*表示 $p<0.01$、$p<0.05$ 和 $p<0.1$ 的水平上显著。

本部分将各国央行独立性代理变量央行不正常退职哑变量更换为央行不正常退职次数变量，使用面板 Probit 模型以及使用混合 Logit 回归进一步做稳健性检验。表9-13中的(1)列至(3)列列出了使用央行独立性替代变量后的基于全样本区间以及"一带一路"切入前后的两个子样本的回归结果。结果显示，除了各国与中国理想点距离解释变量在"一带一路"导入前统计不再显著，一国 FDI 流入依存度、资本市场开放程度、中国 GDP 规模及控制变量双边货币互换协议哑变量的系数方向和统计显著性不发生变化，证明基准回归有较好的稳健性。表9-13中的(4)列至(6)列使用面板 Probit 模型进行三个样本区间的回归。结果显示，各关键解释变量及控制变量的估计系数符号和方向不发生变化，证明基准回归结果有较强的稳健性。表9-13中的(7)列至(9)列是基于混合 Logit 的回归结果，除了控制变量双边货币互换协议哑变量统计不显著，其他关键解释变量的系数符号和统计显著性不发生变化，证明基准回归结果具备较强的稳健性。

表9-13 稳健性检验：替换央行独立性哑变量和使用替代性估计方法

解释变量：$RMBreserve$

解释变量	(1) 替代央行独立性变量 全样本	(2) 替代央行独立性变量 B&R前	(3) 替代央行独立性变量 B&R后	(4) Probit 全样本	(5) Probit B&R前	(6) Probit B&R后	(7) Pooled Logit 全样本	(8) Pooled Logit B&R前	(9) Pooled Logit B&R后
$L.SwapD$	0.903 [0.550]	1.439** [0.711]	0.411 [0.950]	0.499* [0.267]	0.860** [0.433]	0.234 [0.479]	0.918 [0.635]	1.436 [0.980]	0.490 [1.160]
$L.Polity$	0.0505 [0.0518]	0.0499 [0.0581]	0.248 [0.193]	0.0259 [0.0240]	0.0243 [0.0341]	0.114 [0.0927]	0.0533 [0.0497]	0.0428 [0.0695]	0.250 [0.178]
$Dist1$	−0.0228 [0.0531]	−0.0560 [0.0655]	0.0132 [0.103]	−0.0108 [0.0248]	−0.0340 [0.0358]	0.0223 [0.0532]	−0.0231 [0.0543]	−0.0649 [0.0757]	0.0430 [0.106]
$L.logofGDP$	−0.0266 [0.178]	−0.0506 [0.219]	−0.178 [0.308]	−0.0069 [0.0854]	0.147 [0.139]	−0.100 [0.164]	−0.0113 [0.160]	0.300 [0.200]	−0.193 [0.302]
$L.logofGDPpercapita$	0.239 [0.302]	0.159 [0.368]	0.254 [0.543]	0.113 [0.140]	0.0458 [0.211]	0.086 [0.279]	0.230 [0.281]	0.0909 [0.342]	0.167 [0.498]
$L.ActualTurnover$	0.143 [0.527]	0.0102 [0.0568]	0.0774 [0.892]						
$L.IdealPC$	−0.185 [0.448]	−0.700 [0.621]	1.033 [0.763]	−0.127 [0.216]	−0.826* [0.482]	0.697* [0.417]	−0.186 [0.405]	−1.684** [0.740]	1.252*** [0.445]
$L.lnIMDP$	−0.177 [0.234]	−0.113 [0.254]	−0.894 [0.776]	−0.0869 [0.124]	−0.0059 [0.168]	−0.415 [0.402]	−0.183 [0.157]	0.0120 [0.203]	−0.777 [0.782]

（续表）

解释变量：RMBreserve

解释变量	(1) 替代央行独立性变量 全样本	(2) 替代央行独立性变量 B&R前	(3) 替代央行独立性变量 B&R后	(4) Probit 全样本	(5) Probit B&R前	(6) Probit B&R后	(7) Pooled Logit 全样本	(8) Pooled Logit B&R前	(9) Pooled Logit B&R后
L.Reservesinmonthsofimports	0.006 08 [0.039 0]	0.022 2 [0.043 8]	−0.049 [0.107]	0.003 94 [0.017 9]	0.009 98 [0.027 5]	−0.027 9 [0.049 9]	0.006 81 [0.037 2]	0.025 5 [0.038 7]	−0.049 3 [0.105]
L.lnFDIDPin	0.134 [0.107]	0.037 9 [0.131]	0.427** [0.213]	0.053 2 [0.049 5]	0.002 52 [0.074 1]	0.242** [0.113]	0.131 [0.104]	0.022 3 [0.188]	0.452*** [0.153]
L.open	−0.883 [0.859]	−0.232 [1.019]	−3.63** [1.686]	−0.397 [0.393]	0.409 [0.602]	−2.067** [0.866]	−0.876 [0.889]	0.804 [1.016]	−3.91*** [1.407]
L.lnCgdp	2.172** [1.039]	4.790*** [1.793]	−5.553 [6.355]	1.135** [0.483]	3.522** [1.399]	−1.788 [3.284]	2.294*** [0.689]	7.149*** [2.068]	−4.246 [5.142]
L.TurnoverDummy				0.159 [0.325]	0.191 [0.430]	0 [.]	0.301 [0.722]	0.397 [0.792]	0 [.]
常数项	−68.09** [30.85]	−144*** [53.19]	163.0 [188.0]	−35.84** [14.40]	−109** [41.77]	52.80 [97.31]	−72.1*** [19.84]	−221*** [62.63]	125.5 [155.7]
N	664	542	186	659	474	171	659	474	171
Log-Likelihood	−89.36	−58.15	−33.60	−89.46	−39.96	−32.29	−90.39	−40.65	−32.55

注：括号内数字为标准差，***、** 和 * 表示 $p<0.01$，$p<0.05$ 和 $p<0.1$ 的水平上显著。

此外,为了进一步检验基准回归结果的稳健性,本书同时对基于各国与美国理想点距离的综合模型进行了上述稳健性检验。结果显示,所有模型中除了与美国理想点距离不显著外,其他关键解释变量及控制变量的系数显著性和符号基本不发生变化。限于篇幅,此处不再列出美元国际秩序综合模型的回归结果。

本书的基准回归和稳健性检验结果确认了政治因素和经济因素在人民币国际化进程的不同阶段承担人民币储备需求的主要驱动因素。例如,政治因素中对中国和美国倡导的不同的国际秩序的偏好程度、经济因素中对中国的进口依存度、对中国的FDI流入依存度、一国的资本市场开放程度、中国GDP规模及双边货币互换协议的签订都会成为人民币储备需求在不同阶段的驱动因素之一。此外,人民币国际化进程是否遵循从区域化到国际化的路径?国家的地理位置是否会对样本国家央行投资人民币储备资产的可能性造成影响?政治因素,例如中国开展的政治合作关系、外交伙伴关系是否会对人民币储备需求造成影响?在双边贸易投资联系基础上经济一体化协议是否也能成为人民币储备需求的进一步驱动因素?本部分针对这些问题进行进一步分析。表9-14中的(1)列至(3)列是加入了亚洲、欧洲和美洲地理位置哑变量并基于中国国际秩序偏好的综合模型分别在全样本、"一带一路"切入前后两个子样本进行的回归分析结果。结果显示,在加入地理位置变量后,各关键解释变量系数方向及统计显著性不发生变化,三个地理位置变量系数并不显著,地理位置因素并非人民币储备需求的驱动因素。值得注意的是,无论是人民币国际化的前期阶段还是中期阶段,欧洲国家央行都更倾向于投资人民币储备资产,但这个系数统计并不显著。表9-14中的(4)列至(6)列基于政治因素角度,将标志政治合作的代理变量上海合作组织①成员身份哑变量加入做进

---

① "一带一路"中的"一带"连接亚太地区与欧洲,上海合作组织中的中国、俄罗斯、哈萨克斯坦、吉尔吉斯斯坦、塔吉克斯坦和乌兹别克斯坦及5个观察员国和3个对话伙伴都在丝绸之路上。

一步分阶段分析。结果显示,加入上海合作组织哑变量后模型各关键解释变量系数符号和显著性不发生变化。上海合作组织身份哑变量在"一带一路"切入后为正值,代表政治合作有助于驱动人民币储备需求,但该系数统计并不显著。

表9-14 人民币储备需求的其他影响因素——考虑地理因素和政治合作

解释变量	被解释变量:RMBreserve					
	(1) 地理因素 全样本	(2) 地理因素 B&R 前	(3) 地理因素 B&R 后	(4) 上海合作组织 全样本	(5) 上海合作组织 B&R 前	(6) 上海合作组织 B&R 后
Asia	−0.527 [0.943]	−0.857 [1.243]	1.783 [2.154]			
Europe	0.451 [0.905]	1.586 [1.856]	1.657 [1.920]			
America	0.013 1 [0.872]	0.525 [1.280]	−3.407 [2.453]			
L.SwapD	0.953* [0.549]	1.187 [0.863]	0.381 [0.979]	0.874 [0.545]	1.377* [0.810]	0.329 [0.968]
L.Polity	0.053 0 [0.051 6]	0.040 8 [0.075 0]	0.268 [0.198]	0.054 6 [0.050 9]	0.034 8 [0.066 2]	0.259 [0.188]
Dist1	−0.061 7 [0.097 8]	−0.134 [0.102]	0.366 [0.280]	−0.038 1 [0.057 2]	−0.077 9 [0.080 1]	0.080 3 [0.117]
L.logofGDP	0.061 1 [0.186]	0.484 [0.303]	−0.298 [0.369]	0.017 8 [0.178]	0.328 [0.279]	−0.205 [0.309]
L.logofGDPpercapita	0.227 [0.293]	0.134 [0.416]	0.386 [0.578]	0.223 [0.297]	0.058 9 [0.407]	0.361 [0.572]
L.TurnoverDummy	0.348 [0.680]	0.357 [0.856]	0 [.]	0.364 [0.672]	0.497 [0.817]	0 [.]
L.IdealPC	−0.581 [0.581]	−3.049** [1.488]	1.161 [0.902]	−0.251 [0.444]	−1.739* [0.981]	1.368* [0.797]
L.lnIMDP	−0.158 [0.279]	0.159 [0.528]	−0.310 [0.979]	−0.221 [0.239]	−0.024 5 [0.366]	−0.903 [0.782]
L.lnFDIDPin	0.151 [0.113]	0.127 [0.183]	0.521** [0.234]	0.129 [0.109]	0.020 7 [0.163]	0.413* [0.213]

(续表)

解释变量	被解释变量：RMBreserve					
	(1) 地理因素 全样本	(2) 地理因素 B&R前	(3) 地理因素 B&R后	(4) 上海合作组织 全样本	(5) 上海合作组织 B&R前	(6) 上海合作组织 B&R后
L.open	−0.878 [0.875]	1.047 [1.262]	−4.566** [1.886]	−0.946 [0.863]	0.624 [1.188]	−4.132** [1.731]
L.lnCgdp	2.100** [1.066]	7.258** [2.915]	−6.855 [6.614]	2.308** [1.042]	7.199*** [2.758]	−4.548 [6.309]
L.SCO				−0.253 [0.691]	−0.559 [1.034]	1.351 [1.316]
_cons	−67.42** [31.74]	−227.5*** [86.94]	201.6 [197.5]	−73.05** [31.08]	−222.8*** [82.36]	131.7 [187.8]
N	684	491	179	684	491	179
ll	−90.71	−39.64	−31.82	−91.22	−40.83	−32.71

注：括号内数字为标准差，***、** 和 * 表示 $p<0.01$、$p<0.05$ 和 $p<0.1$ 的水平上显著。

表 9-15 中的(1)列至(3)列加入了外交合作伙伴身份哑变量做进一步回归分析。加入外交合作伙伴变量的回归结果显示，各关键解释变量系数符号和统计显著性未发生变化。此外，外交合作伙伴关系的系数为负值，但统计并不显著，表明截至人民币国际化的当前阶段，外交合作不能成为人民币储备需求驱动因素。表 9-15 中的(4)列至(6)列是加入了双边投资协议的回归结果。除了控制变量双边货币互换协议统计不显著外，各关键解释变量符号和统计显著性未发生变化。此外，双边投资协议符号为正，表明双边投资协议有利于提升人民币储备需求，但该结果在截至目前的人民币国际化进程中统计并不显著。表 9-15 中的(7)列至(9)列是加入了自由贸易协定的回归结果。除了关键解释变量与中国理想点距离与控制变量统计不显著外，其他解释变量系数符号和统计显著性不变，自由贸易协定估计不显著，表明该变量对人民币储备需求截至目前没有解释能力。

表 9-15　人民币储备需求的其他影响因素——考虑外交合作、投资贸易协议

被解释变量：$RMBreserve$

解释变量	(1) 外交伙伴 全样本	(2) 外交伙伴 B&R 前	(3) 外交伙伴 B&R 后	(4) 双边投资 协议全样本	(5) 双边投资 协议 B&R 前	(6) 双边投资 协议 B&R 后	(7) 自由贸易 协定全样本	(8) 自由贸易 协定 B&R 前	(9) 自由贸易 协定 B&R 后
L.Partner	−0.566 [0.567]	−0.296 [0.819]	−0.614 [0.954]						
L.SwapD	0.991* [0.560]	1.333* [0.793]	0.639 [0.966]	0.796 [0.535]	1.182 [0.794]	0.527 [0.946]	0.720 [0.567]	1.106 [0.847]	0.714 [0.971]
L.Polity	0.057 1 [0.051 0]	0.042 0 [0.067 3]	0.258 [0.199]	0.056 4 [0.050 6]	0.041 0 [0.065 1]	0.256 [0.198]	0.043 8 [0.053 9]	0.016 9 [0.075 6]	0.286 [0.210]
Dist1	−0.049 4 [0.057 6]	−0.076 2 [0.082 7]	0.015 5 [0.111]	−0.020 9 [0.055 4]	−0.045 0 [0.075 8]	0.041 8 [0.105]	−0.011 4 [0.063 2]	−0.032 2 [0.092 2]	0.005 84 [0.112]
L.logofGDP	0.099 3 [0.197]	0.395 [0.304]	−0.052 [0.351]	0.000 183 [0.180]	0.297 [0.271]	−0.150 [0.327]	0.009 16 [0.176]	0.313 [0.273]	−0.123 [0.323]
L.logofGDPpercapita	0.161 [0.304]	0.093 6 [0.406]	0.096 8 [0.566]	0.225 [0.302]	0.050 7 [0.422]	0.210 [0.540]	0.237 [0.296]	0.104 [0.405]	0.269 [0.547]
L.TurnoverDummy	0.367 [0.669]	0.465 [0.819]	0 [.]	0.350 [0.673]	0.424 [0.821]	0 [.]	0.343 [0.670]	0.429 [0.822]	0 [.]
L.IdealPC	−0.274 [0.455]	−1.885* [1.006]	1.260* [0.756]	−0.279 [0.453]	−1.935* [0.997]	1.224 [0.762]	−0.125 [0.491]	−1.617 [1.034]	0.938 [0.878]

第九章 人民币储备需求的驱动因素：基于"一带一路"倡议的实证检验

（续表）

被解释变量：$RMBreserve$

解释变量	(1) 外交伙伴 全样本	(2) 外交伙伴 B&R 前	(3) 外交伙伴 B&R 后	(4) 双边投资 协议全样本	(5) 双边投资 协议 B&R 前	(6) 双边投资 协议 B&R 后	(7) 自由贸易 协定全样本	(8) 自由贸易 协定 B&R 前	(9) 自由贸易 协定 B&R 后
L.lnIMDP	−0.207 [0.245]	0.027 4 [0.359]	−0.898 [0.805]	−0.205 [0.222]	0.036 8 [0.321]	−0.934 [0.805]	−0.236 [0.235]	−0.022 4 [0.345]	−0.872 [0.810]
L.lnFDIDPin	0.131 [0.108]	0.031 0 [0.162]	0.436** [0.218]	0.125 [0.108]	0.025 4 [0.161]	0.447** [0.218]	0.120 [0.109]	0.017 5 [0.160]	0.449** [0.215]
L.open	−0.824 [0.866]	0.838 [1.199]	−4.04** [1.683]	−0.861 [0.896]	0.985 [1.290]	−4.081** [1.678]	−0.998 [0.881]	0.626 [1.224]	−4.062** [1.672]
L.lnCgdp	2.461** [1.063]	7.181*** [2.754]	−4.440 [6.292]	2.312** [1.041]	7.283*** [2.772]	−4.944 [6.209]	2.386** [1.056]	7.298*** [2.776]	−5.707 [6.350]
L.BIT				0.441 [0.706]	1.050 [1.213]	0.132 [1.060]			
L.FTA							0.408 [0.697]	0.602 [1.026]	−0.959 [1.429]
_cons	−78.84** [31.85]	−224*** [82.19]	128.1 [187.5]	−73.29** [30.97]	−225.6*** [82.50]	144.0 [184.8]	−75.67** [31.41]	−226.3*** [82.68]	166.1 [188.9]
N	684	491	179	684	491	179	684	491	179
ll	−90.78	−40.91	−33.04	−91.08	−40.54	−33.24	333.9	409.3	387.3

注：括号内数字为标准差。***、** 和 * 表示 $p<0.01$，$p<0.05$ 和 $p<0.1$ 的水平上显著。

第五节 本 章 小 结

自 2009 年我国推行人民币国际化以来,人民币作为国际储备货币的功能逐步显现。截至 2018 年第 1 季度末,已有超出 60 家境外央行或货币当局投资了人民币储备。本书通过面板 Logit 模型对人民币储备需求的驱动因素进行了实证分析。结果发现,在人民币国际化前期,境外央行或货币当局对人民币储备需求的驱动因素主要出于对中国倡导的国际新秩序的支持偏好,双边货币互换协议的签订及中国经济基本面也是其投资人民币储备资产的主要驱动因素;自 2013 年至今,各国对人民币储备需求的驱动因素主要是样本国家对中国直接投资流入的 FDI 流入依存度,同时境外央行或货币当局对人民币储备的需求也和样本国家的资本市场开放程度有关。除此之外,一国的进口需求、金融稳定需求、经济规模等因素也构成了人民币储备需求在不同阶段的部分驱动因素。人民币国际化的过程不仅是人民币不断输出以及其国际影响力不断提升的过程,同时也是现有其他国际主要储备货币相对地位下降的过程,这是一个相关国家利益格局重新调整的博弈过程,也是我国通过"一带一路"建设,与友好国家和地区共谋经济合作共赢发展的过程。基于以上实证分析结果,本书提出以下政策建议。

一是人民币国际化前期,政府推动必不可少。我国应总结英镑、美元等国际性货币国际化进程的经验及欧元国际化进程中的教训,通过必要的政策推动,争取在人民币国际化前期获得更广阔范围内国家和地区的央行对人民币储备的支持。

二是在人民币国际化中期,通过我国经济稳健发展强化中国经济基本面因素增强人民币吸引度,为市场机制留出充分的发展空间。我国应继续扩大人民币在双边贸易结算和直接投资中的使用,借力"一带一路"建设,增加海外投资,让人民币走出国门,力争成为海外直接投资的媒介货币,从而通过海外直接投资促进人民币的国际化进程。

三是在人民币国际化发展的成熟期,不仅要逐步试点人民币在国际金融交易中的使用,使之逐步成为金融交易货币,逐步增强其投资价值,从而最终实现国际化货币的价值贮藏功能,还要逐步完善国内金融市场基础设施,稳步开放资本市场,畅通人民币双向流动机制,进一步推进人民币国际化进程。

四是当前国际政治经济形势复杂多变,应力争妥善处理中美贸易摩擦和分歧,为人民币国际化进程创造较平稳的发展环境,进一步优化我国外汇储备资产的适度规模需求。"当前贸易保护主义严重威胁世界经济健康发展,主要发达国家货币政策转向导致流动性紧缩,冲击国际金融稳定,增大发展中国家金融脆弱性和危机发生概率。当前以及未来相当长的时间里,来自国外宏观政策负面溢出效应的严重冲击会威胁到我国高质量经济发展目标的实现,并将削弱人民币国际化的经济基础"[①]。当前美元加息周期下人民币汇率贬值预期的时期正是境外央行或货币当局抄底投资人民币储备资产的良好时机。从长远来看,中国经济周期性态势持续好转,经济结构持续优化,经济基本面长期向好的趋势没有改变。中国的健康的经济基本面将会支撑人民币成为稳健的储值货币。应借力"一带一路",创新区域合作机制和模式;妥善处理中美贸易摩擦和政策分歧,为人民币国际化进程争取创造较为平稳的发展环境;在促进"一带一路"参与国的相互贸易和投资的同时,进一步推进人民币的国际化使用。随着人民币国际化进程的不断推进,人民币储备需求不断增加,资本市场稳步开放,人民币汇率形成机制更加灵活,我国出于金融稳定资产需求的外汇储备规模也面临着逐步下降到新的适度规模的动态调整过程。

---

① 中国人民大学国际货币研究所《2018年人民币国际化报告》。

第十章　研究结论与政策建议

　　本书从外汇储备的金融稳定需求出发,对中国外汇储备的金融稳定需求规模进行了静态测算,研究了发达经济体货币政策外溢效应下以中国为代表的新兴市场经济体外汇储备金融稳定需求规模的动态调整,实证检验了主要发达经济体货币政策外溢效应对其他经济体外汇储备规模的影响,然后进一步确认了本币国际化程度带来的货币政策外溢效应对本国外汇储备规模的优化作用,外汇储备规模从传统交易需求到金融稳定需求的结构转型和外汇储备维持金融稳定的作用机制。在此基础上,本书进一步研究了人民币国际化进程中双边互换协议和人民币作为国际储备货币的需求驱动因素。

　　本书首先对中国的外汇储备金融稳定需求规模进行了静态测算,然后将利率规则与汇率安排的不同组合纳入 NK－DSGE 模型,研究发达经济体以加息为标志的货币政策外溢效应对我国经济的整体影响及外汇储备金融稳定需求规模的动态调整过程。研究发现,面临临时加息冲击时,通过外汇市场干预实施固定汇率安排,可以通过适度规模储备需求维持汇率目标,从而给予利率政策更大独立空间,在维持短期金融稳定和产出平稳方面优于其他备选政策组合;面临持续加息冲击时,通过外汇市场干预实施管理浮动汇率安排,可根据逆经济风向行事原则权衡调整汇率浮动区间,比单纯使用利率规则实施管理浮动汇率更有效。与外汇市场干预实施固定汇率安排相比,经济波动、储备需求与汇率波动程度相差不大。在持续加息周期内固定汇率安排难以有效实施时,它将是适应我国资本项目日趋开放和人民币国际化稳步推进时期的可行汇率安排。随着汇率安排的动态权衡,外汇储备规模需求也面临不同的动态调整过程。

基于以上理论基础,本书进一步实证检验了发达经济体货币政策对其他经济体外汇储备规模的外溢效应。实证检验部分选取全球155个非国际货币发行经济体1980—2015年的数据,采用固定效应面板数据回归发现,SDR货币篮子内美元、欧元、英镑和日元的货币政策对其他经济体的外汇储备规模有着明显的外溢效应。因此,针对当前主要发达经济体以加息周期为标志的货币政策外溢效应,其他经济体货币当局应根据具体经济形势,采取宏观审慎措施,确保外汇储备规模供给来源充足,优化外汇储备规模管理,满足外汇储备规模需求。在此基础上,本书进一步检验了外汇储备维持金融稳定的作用机制。

本书进一步从本国货币政策的外溢效应的角度,考察了本币国际化对一国外汇储备金融稳定规模需求的优化作用、外汇储备规模需求驱动因素的结构转型以及外汇储备维持金融稳定的作用机制。基于央行通过卖出储备维持固定汇率应对本国居民对银行挤兑的理论模型,本书提出货币国际化、金融稳定和外汇储备规模需求的有关实证检验假设;选取177个国家和地区1980—2015年的数据,并将其区分为非国际货币发行经济体和国际货币发行经济体两个子样本,采用固定效应面板数据回归发现,与外汇储备的进口交易需求相比,当前金融稳定动机更能解释处于动态转变过程中的外汇储备规模需求;一国货币国际化程度越高,则出于金融稳定动机的外汇储备规模需求越小。同时通过经济结构变动检验发现,非国际货币发行经济体储备规模在1994—2001年经历了从进口交易需求到金融稳定需求的转型,国际货币发行经济体储备规模则主要由金融稳定因素驱动。金融危机前后,外汇储备规模变动的金融稳定驱动因素更加明显。因此,适度规模储备需求有助于金融稳定,金融稳定促进实体经济发展,经济实力最终有助于促进货币国际化进程。而货币高度国际化后,将会逐步减少外汇储备的金融稳定需求。外汇储备通过维持对外币的相对利率从而缓解本国加息压力,有助于维持国内适度稳定的货币金融环境。

最后,本书基于随着一国货币国际化程度不断提高,外汇储备的金融稳定需求规模向最优规模不断收敛的事实,研究了当前人民币国际化中两个关键问题,即中国如何通过签订双边货币互换协议选择货币国际化合作伙伴和人民币储备需求影响因素的实证检验。有关双边货币互换协议签订的驱动因素方面:首先,双边贸易投资依存度及贸易投资一体化协议能够增加双边货币互换协议签约概率。基于事实上的贸易依赖能够有效促进我国与样本国家之间双边货币互换协议的签订,基于事实上的直接投资依赖对双边货币协议的签订也获得了部分实证支持。进一步的,通过自由贸易协定或者双边投资协议,以协议的形式将双边贸易投资关系固定下来形成的贸易投资一体化协议,能够有效增加双边货币互换协议签约的可能性。其次,样本国家对中国倡导的国际秩序偏好能够增加双边货币互换协议签约概率。通过使用联合国投票记录计算的样本国家与我国之间的理想点距离作为样本国家的对中国倡导的国际新秩序的偏好程度的代理变量实证发现,样本国家出于对我国倡导的国际新秩序的追随,也能提升两国之间双边货币互换协议签订的概率。最后,政府层面的政治和外交合作推动能够增加双边货币互换协议签约概率。通过使用上海合作组织身份作为双边政治合作的代理变量实证发现,政治合作能够提升双边货币互换协议签约可能;通过使用外交伙伴关系作为外交关系的代理变量实证发现,样本国家与我国通过外交合作确立的各种伙伴关系身份,也能有效提升双边货币互换协议的签约概率。总体而言,双边货币互换协议签约既是贸易投资联系和贸易投资一体化在货币合作方面的自然延伸,也是样本国家与我国政治外交合作的成果之一。

本书进一步对人民币储备需求的驱动因素进行了实证分析。研究发现,"一带一路"倡议前,对中国倡导的国际秩序的偏好、双边货币互换协议的签订以及美元汇率贬值构成了境外央行或货币当局人民币储备需求的主要驱动因素;自2013年我国提出"一带一路"倡议以来,对中国海外直接投资流入的依赖成为人民币储备需求的主要驱动因素,同时境外央行或货币当局的人民币储备需求也与其资本市场开放程度有关。此外,一国经济规模、对中国进口依存度及中国经济基本面等驱动因素也得到了实证数据的部分支持。中国应适应人民币储备需求驱动因素的转变,动态调整并优化人民币国际化战略。

基于以上研究结论,本书提出如下政策建议。

第一,顺应全球货币政策正常化周期,通过动用外汇储备适度干预外汇市场,吸收加息冲击、缓解被动加息压力。面对当前以美联储加息周期为标志的发达经济体货币政策的外溢效应,短期内可使用外汇市场干预的稳定汇率政策配合利率规则等货币政策,稳定汇率预期;中长期内需要逐步放宽汇率浮动区间,提高货币政策有效性,促进实体经济稳定增长。

第二,灵活采用宏观审慎措施,配合货币政策的动态权衡达到维持金融稳定的目标。短期内采取宏观审慎措施缓解资本外流,稳定和满足外汇储备的规模需求;长期则需要稳妥推进资本账户开放,进一步完善人民币汇率形成机制,增强我国金融体系和实体经济应对金融冲击的稳健性和弹性,缓解外汇储备的金融稳定需求。

第三,总结美元等货币的国际化进程经验和教训,稳步推进人民币国际化进程,逐步提升人民币储备需求。根据我国实体经济发展和金融环境稳定需求,维持人民币汇率基本稳定,助推人民币国际化进程;人民币国际化进程需要在维持金融稳定的前提下促进经济结构转型升级,保持我国经济发展后劲,一国货币的高度国际化最终是本国经济力量在货币领域的投影。通过逐步提升人民币储备需求,不断优化外汇储备规模需求管理。

第四,根据我国资本市场开放程度和具体经济形势,动态调整外汇储备需求规模。从短期来看,应对主要发达经济体货币政策正常化引发的临时性加息冲击,适度充足规模外汇储备有利于通过外汇市场干预稳定汇率,从而促进金融稳定;从中期来看,面对加息周期,采取逆经济风向行事原则,通过动用外汇储备适度稳定汇率浮动区间,避免经济金融环境的剧烈波动;从长期来看,随着资本市场的逐步开放、人民币汇率形成机制的不断完善以及人民币国际化进程的稳步推进,人民币国际化带来的货币政策外溢效应逐步显现,我国的外汇储备规模也会面临不断波动收敛至最优规模的动态优化过程。

参 考 文 献

[1] OBSTFELD M, SHAMBAUGH J C, TAYLOR A M. Financial stability, the trilemma, and international reserves[J]. American Economic Journal: Macroeconomics, 2010, 2(2): 57-94.

[2] KEYNES J M. Indian currency and finance[M]. London: Macmillan & Company, 1913.

[3] KEYNES J M. A treatise on money: in 2 volumes[M]. London: Macmillan & Company, 1930.

[4] FERGUSON R W. Should financial stability be an explicit central bank objective [R]. in Challenges to Central Banking from Globalized Financial Systems[A]. Washington D C: International Monetary Fund, 2003: 208-223.

[5] DUISENBERG W F. The contribution of the euro to financial stability[R]. in Globalization of Financial Markets and Financial Stability—Challenges for Europe [A]. 2001:37-51.

[6] PADOA-SCHIOPPA T. Central banks and financial stability: exploring the land in between[R]. in The transformation of the European financial system[A]. 2003(25): 269-310.

[7] FOOT M. What is financial stability and how do we get it?[R]. in The Roy Bridge Memorial Lecture[A]. 2003, 3(3).

[8] CROCKETT A. The theory and practice of financial stability[J]. De Economist, 1996, 144(4): 531-568.

[9] MISHKIN F S. Financial stability and the Macroeconomy[R]. https://rafhladan.is/bitstream/handle/10802/4745/wp9.pdf?sequence=1, 2000.

[10] SCHINASI M G. Defining financial stability[R/OL]. https://www.imf.org/external/pubs/ft/wp/2004/wp04187.pdf, 2004.

[11] HOUBEN A C, KAKES J, SCHINASI G J. Toward a framework for safeguarding

financial stability[R]. https：//www. imf. org/~/media/Websites/IMF/imported-full-text-pdf/external/pubs/ft/wp/2004/_wp04101. ashx，2004.

[12] 段小茜. 金融稳定界说：定义、内涵及制度演进[J]. 财经科学，2007(1)：1-9.

[13] Masson MPR. Multiple equilibria，contagion，and the emerging market crises[R/OL]. https：//www. researchgate. net/profile/Paul_Masson2/publication/5033919_Multiple_Equilibria_Contagion_and_the_Emerging_Market_Crises/links/00b4951ca0092616c1000000/Multiple-Equilibria-Contagion-and-the-Emerging-Market-Crises. pdf，1999.

[14] DOMINGUEZ K M，HASHIMOTO Y，ITO T. International reserves and the global financial crisis[R]. National Bureau of Economic Research working paper No. w17362，2011.

[15] IMF. A decade after the global financial crisis：Are we safer?[R/OL]. https：//www. imf. org/en/Publications/GFSR/Issues/2018/09/25/Global-Financial-Stability-Report-October-2018，2018.

[16] 张元萍，孙刚. 金融危机预警系统的理论透析与实证分析[J]. 国际金融研究，2003(10)：32-38.

[17] 唐旭，张伟. 论建立中国金融危机预警系统[J]. 经济学动态，2002(6)：7-12.

[18] REINHART C M，ROGOFF K S. From financial crash to debt crisis[J]. American Economic Review，2011，101(5)：1676-1706.

[19] KRUGMAN P. A model of balance-of-payments crises[J]. Journal of Money，Credit and Banking，1979，11(3)：311-325.

[20] OBSTFELD M. Models of currency crises with self-fulfilling features[J]. European Economic Review，1996，40(3-5)：1037-1047.

[21] KRUGMAN P. Japan's trap[R/OL]. http：//www. princeton. edu/~pkrugman/japans_trap. pdf，1998.

[22] KRUGMAN P. Thinking about the liquidity trap[J]. Journal of the Japanese and International Economies，2000，14(4)：221-237.

[23] CORSETTI G. Interpreting the Asian financial crisis：open issues in theory and policy[J]. Asian Development Review，1998，16(2)：18-63.

[24] CHANG R，VELASCO A. Financial crises in emerging markets[R]. National Bureau of Economic Research，1998.

[25] AIZENMAN J，MARION N. International reserve holdings with sovereign risk

and costly tax collection[J]. The Economic Journal, 2004,114(497): 569-591.

[26] RANCIERE R, JEANNE M O. The optimal level of international reserves for emerging market countries: formulas and applications [R]. International Monetary Fund, 2006.

[27] EGGERTSSON G B, KRUGMAN P. Debt, deleveraging, and the liquidity trap: A Fisher-Minsky-Koo approach[J]. The Quarterly Journal of Economics, 2012, 127(3): 1469-1513.

[28] KRUGMAN P. Currency regimes, capital flows, and crises[J]. IMF Economic Review, 2014, 62(4): 470-493.

[29] AGHION P, BACCHETTA P, BANERJEE A. A simple model of monetary policy and currency crises[J]. European Economic Review, 2000, 44(4-6): 728-738.

[30] AGHION P, BACCHETTA P, BANERJEE A. Currency crises and monetary policy in an economy with credit constraints[J]. European Economic Review, 2001, 45(7): 1121-1150.

[31] AGHION P, BACCHETTA P, BANERJEE A. A corporate balance-sheet approach to currency crises[J]. Journal of Economic Theory, 2004,119(1): 6-30.

[32] KATO M, PROAÑO C R, SEMMLER W. Does international reserves targeting decrease the vulnerability to capital flights[J]. Research in International Business and Finance, 2018(44): 64-75.

[33] STEINER A. How central banks prepare for financial crises-An empirical analysis of the effects of crises and globalisation on international reserves[J]. Journal of International Money and Finance, 2013(33):208-234.

[34] SACHS J, TORNELL A, VELASCO A. The Mexican peso crisis: Sudden death or death foretold? [J]. Journal of International Economics, 1996, 41(3-4): 265-283.

[35] KAMINSKY G, LIZONDO S, REINHART C M. Leading indicators of currency crises[R/OL]. https://mpra.ub.uni-muenchen.de/6981/1/MPRA_paper_6981.pdf, 1998.

[36] FRANKEL J, SARAVELOS G. Can leading indicators assess country vulnerability? Evidence from the 2008-09 global financial crisis[J]. Journal of International Economics, 2012, 87(2): 216-231.

[37] LEE J W, DE GREGORIO R J. Growth and adjustment in East Asia and Latin America[R]. Documentos de Trabajo (Banco Central de Chile), 2003: 1-66.

[38] AIZENMAN J, EDWARDS S, RIERA-CRICHTON D. Adjustment patterns to commodity terms of trade shocks: the role of exchange rate and international reserves policies[J]. Journal of International Money and Finance, 2012, 31(8): 1990-2016.

[39] HUTCHISON M M, NOY I. Output costs of currency and balance of payments crises in emerging markets[J]. Comparative Economic Studies, 2002, 44(2-3): 27-44.

[40] GUPTA P, MISHRA D, SAHAY R. Behavior of output during currency crises[J]. Journal of International Economics, 2007, 72(2): 428-450.

[41] FRATZSCHER M. What explains global exchange rate movements during the financial crisis? [J]. Journal of International Money and Finance, 2009, 28(8): 1390-1407.

[42] OBSTFELD M, SHAMBAUGH J C, TAYLOR A M. Financial instability, reserves, and central bank swap lines in the panic of 2008[J]. American Economic Review, 2009, 99(2): 480-486.

[43] BUSSIÈRE M, MULDER C. External vulnerability in emerging market economies: How high liquidity can offset weak fundamentals and the effects of contagion[R/OL]. https://papers.ssrn.com/sol3/papers.cfm?abstract_id=217072,1999.

[44] FRANKEL J, PARSLEY D, WEI S J. Slow pass-through around the world: a new import for developing countries? [J]. Open Economies Review, 2012, 23(2): 213-251.

[45] BORDO M D, MEISSNER C M, STUCKLER D. Foreign currency debt, financial crises and economic growth: A long-run view[J]. Journal of International Money and Finance, 2010, 29(4): 642-665.

[46] 李杰. 外汇储备与人民币货币危机的防范[J]. 财经智库, 2016, 1(3): 67-77+135.

[47] KAMINSKY G L, REINHART C M. The twin crises: the causes of banking and balance-of-payments problems[J]. American Economic Review, 1999, 89(3): 473-500.

[48] DOMINGUEZ V. White by definition: Social classification in Creole Louisiana[M]. New Brunswick Rutgers University Press, 1993.

[49] LI J. A monetary approach to the exchange market pressure index under capital control[J]. Applied Economics Letters, 2012, 19(13): 1305-1309.

[50] HELLER H R. International reserves and world-wide inflation[J]. IMF Staff Papers, 1976, 23(1): 61-87.

[51] KHAN M S. Inflation and international reserves: a time-series analysis[J]. IMF Staff Papers, 1979, 26(4): 699-724.

[52] KEHOE P J. Policy cooperation among benevolent governments may be undesirable[J]. The Review of Economic Studies, 1989, 56(2): 289-296.

[53] CALVO G A. The unforgiving 'market' and the tequilazo[A]. in Financial reform in developing countries. London: Palgrave Macmillan, 1998: 220-244.

[54] KUMHOF M. Sterilization of short-term capital inflows—through lower interest rates? [J]. Journal of International Money and Finance, 2004, 23(7-8): 1209-1221.

[55] 李杨. 追求数量与质量的统一——中国外汇储备现状及其发展趋势[J]. 国际贸易, 1997(9): 4-7.

[56] 裘骏峰. 国际储备积累、实物与资产价格通胀及货币政策独立性[J]. 经济学(季刊), 2015(2): 677-702.

[57] 李超, 周诚君. 中国流动性过多与外汇储备累积[J]. 金融研究, 2008(12): 37-46.

[58] 曲强, 张良, 扬仁眉. 外汇储备增长、货币冲销的有效性及对物价波动的动态影响——基于货币数量论和SVAR的实证研究[J]. 金融研究, 2009(5): 47-60.

[59] FURCERI D, ZDZIENICKA A. The consequences of banking crises for public debt[J]. International Finance, 2012, 15(3): 289-307.

[60] SCHULARICK M. Public debt and financial crises in the twentieth century[J]. European Review of History, 2012, 19(6): 881-897.

[61] OBSTFELD M. Evaluating risky consumption paths: the role of intertemporal substitutability[J]. European Economic Review, 1994, 38(7): 1471-1486.

[62] CALVO G. Argentina's experience after the Mexican crisis[A] in Guillermo P. Currency Boards and External Shocks: How Much Gain, How Much Pain[M]. Washington D C: The World Bank, 1997.

[63] DOMINGUEZ K M, Fatum R, Vacek P. Do sales of foreign exchange reserves

lead to currency appreciation? [J]. Journal of Money, Credit and Banking, 2013, 45(5): 867-890.

[64] DREHER A, VAUBEL R. Foreign exchange intervention and the political business cycle: A panel data analysis[J]. Journal of International Money and Finance, 2009, 28(5): 755-775.

[65] SHRESTHA P K. Banking Ssystems, central banks and international reserve accumulation in East Asian economies[J]. Economics: The Open-Access, Open-Assessment E-Journal, 2013, 7(14): 1-29.

[66] NIER E, OSINSKI J, JÁCOME L, MADRID P. Towards effective macroprudential policy frameworks: an assessment of stylized institutional models[R]. Washington D C: International Monetary Fund, 2011.

[67] REINHART C M. Default, currency crises, and sovereign credit ratings[J]. The World Bank Economic Review, 2002, 16(2): 151-170.

[68] DREHER A. Does globalization affect growth? Evidence from a new index of globalization[J]. Applied Economics, 2006, 38(10): 1091-1110.

[69] GLICK R, HUTCHISON M M. Capital controls and exchange rate stability in developing countries[R]. FRBSF Economic Letter, 2001.

[70] RODRIK D. The social cost of foreign exchange reserves[J]. International Economic Journal, 2006, 20(3): 253-266.

[71] AIZENMAN J. Hoarding international reserves versus a Pigovian tax-cum-subsidy scheme: Reflections on the deleveraging crisis of 2008-2009, and a cost benefit analysis[J]. Journal of Economic Dynamics and Control, 2011, 35(9): 1502-1513.

[72] BEN-BASSAT A, GOTTLIEB D. Optimal international reserves and sovereign risk[J]. Journal of International Economics, 1992, 33(3-4): 345-362.

[73] AIZENMAN J, MARION N. The high demand for international reserves in the Far East: What is going on? [J]. Journal of the Japanese and International Economies, 2003, 17(3): 370-400.

[74] LI J, RAJAN R S. Can high reserves offset weak fundamentals? A simple model of precautionary demand for reserves[R]. Centre for International Economic Studies, University of Adelaide, 2005.

[75] SUMMERS L H. Reflections on global account imbalances and emerging markets

reserve accumulation[R/OL]. https://ideas.repec.org/p/ess/wpaper/id1042.html, 2007.

[76] MENDOZA E G. Sudden stops, financial crises, and leverage[J]. American Economic Review, 2010, 100(5): 1941-1966.

[77] HERZ B, TONG H. Debt and Currency Crises—Complements or Substitutes? [J]. Review of International Economics, 2008, 16(5): 955-970.

[78] MANASSE P, ROUBINI N. 'Rules of thumb' for sovereign debt crises[J]. Journal of International Economics, 2009, 78(2): 192-205.

[79] YEYATI E L. The cost of reserves[J]. Economics Letters, 2008, 100(1): 39-42.

[80] ALFARO L, KANCZUK F. Optimal reserve management and sovereign debt [J]. Journal of International Economics, 2009, 77(1): 23-36.

[81] 卞咏梅. 我国外汇储备的影响因素分析[J]. 科技与管理, 2009, 11(4): 126-127+139.

[82] 周艳. 我国外汇储备规模影响因素实证分析[J]. 企业导报, 2012(24): 9-9.

[83] 王静. 我国外汇储备影响因素实证分析[J]. 中国证券期货, 2013(1X): 32-32.

[84] DURDU C B, MENDOZA E G, TERRONES M E. Precautionary demand for foreign assets in Sudden Stop economies: An assessment of the New Mercantilism[J]. Journal of Development Economics, 2009, 89(2): 194-209.

[85] BAR-ILAN A, LEDERMAN D. International reserves and monetary policy[J]. Economics Letters, 2007, 97(2): 170-178.

[86] AIZENMAN J, HUTCHISON M M. Exchange market pressure and absorption by international reserves: Emerging markets and fear of reserve loss during the 2008-2009 crisis[J]. Journal of International Money and Finance, 2012, 31(5): 1076-1091.

[87] AIZENMAN J, SUN Y. The financial crisis and sizable international reserves depletion: From 'fear of floating' to the 'fear of losing international reserves'? [J]. International Review of Economics & Finance, 2012, 24: 250-269.

[88] ROSE A K, SPIEGEL M M. Cross-country causes and consequences of the crisis: an update[J]. European Economic Review, 2011, 55(3): 309-324.

[89] 李巍, 张志超. 一个基于金融稳定的外汇储备分析框架——兼论中国外汇储备的适度规模[J]. 经济研究, 2009(8): 27-36.

[90] KIM Y J. Sudden stops, limited enforcement, and optimal reserves [J]. International Review of Economics & Finance, 2017(51): 273-282.

[91] AIZENMAN J, LEE J. International reserves: precautionary versus mercantilist views, theory and evidence [J]. Open Economies Review, 2007, 18 (2): 191-214.

[92] KAMINSKY G, REINHART C. Banking and balance of payments crises: models and evidence[R]. Board of Governors of the Federal Reserve Working Paper (Washington: Board of Governor of the Federal Reserve). 1996.

[93] PATTILLO C A, BERG A. The challenge of predicting economic crises[R]. International Monetary Fund, 2000.

[94] WIJNHOLDS J O, KAPTEYN A. Reserve adequacy in emerging market economies[R]. https://papers.ssrn.com/sol3/papers.cfm?abstract_id=879941,2001

[95] ZETTELMEYER M J, OSTRY M J, JEANNE M O. A theory of international crisis lending and IMF conditionality[R]. International Monetary Fund, 2008.

[96] AIZENMAN J, CHEUNG Y W, ITO H. International reserves before and after the global crisis: is there no end to hoarding? [J]. Journal of International Money and Finance, 2015(52): 102-126.

[97] DOMINGUEZ K M. Foreign reserve management during the global financial crisis [J]. Journal of International Money and Finance, 2012, 31 (8): 2017-2037.

[98] GHOSH A R, OSTRY J D, Tsangarides C G. Accounting for emerging market countries' international reserves: Are Pacific Rim countries different? [J]. Journal of International Money and Finance, 2014(49): 52-82.

[99] STEINER A. The accumulation of foreign exchange by central banks: fear of capital mobility? [J]. Journal of Macroeconomics, 2013(38): 409-427.

[100] ALBEROLA E, ERCE A, SERENA J M. International reserves and gross capital flows dynamics[J]. Journal of International Money and Finance, 2016 (60): 151-171.

[101] TRIFFIN R. Gold and the dollar crisis. New Haven: Yale University. 1960.

[102] HELLER H R. Optimal international reserves[J]. The Economic Journal, 1966, 76(302): 296-311.

[103] FRENKEL J A, Jovanovich B. Optimal international reserves: a stochastic framework[J]. The Economic Journal, 1981, 91(362): 507-514.

[104] DOOLEY M, FOLKERTS-LANDAU D, GARBER P. International financial stability: Asia, interest rates, and the dollar[R]. Deutsche Bank AG, 2005.

[105] AIZENMAN J, RIERA-CRICHTON D. Real exchange rate and international reserves in an era of growing financial and trade integration[J]. The Review of Economics and Statistics, 2008, 90(4): 812-815.

[106] AIZENMAN J, LEE J. Financial versus monetary mercantilism: long-run view of large international reserves hoarding[J]. World Economy, 2008, 31(5): 593-611.

[107] DELATTE A L, FOUQUAU J. What drove the massive hoarding of international reserves in emerging economies? a time-varying approach[J]. Review of International Economics, 2012, 20(1): 164-176.

[108] BONATTI L, FRACASSO A. Hoarding of international reserves in China: Mercantilism, domestic consumption and US monetary policy[J]. Journal of International Money and Finance, 2013(32): 1044-1078.

[109] AIZENMAN J, JINJARAK Y, MARION N P. China's growth, stability, and use of international reserves[J]. Open Economies Review, 2014, 25(3): 407-428.

[110] 童锦治,赵川,孙健. 出口退税、贸易盈余和外汇储备的一般均衡分析与中国的实证[J]. 经济研究, 2012,47(4):124-136.

[111] 刘澜飚,张靖佳. 中国外汇储备投资组合选择——基于外汇储备循环路径的内生性分析[J]. 经济研究,2012,47(4):137-148.

[112] DOMINGUEZ K M. International reserves and underdeveloped capital markets[A]. In NBER International Seminar on Macroeconomics, The University of Chicago Press, The National Bureau of Economic Research, 2009, 6(1): 193-221.

[113] AIZENMAN J, JINJARAK Y, PARK D. International reserves and swap lines: Substitutes or complements?[J]. International Review of Economics & Finance, 2011, 20(1): 5-18.

[114] PONTINES V, LI Y Q. Regime dependence, Mrs. Machlup's wardrobe and the accumulation of international reserves in Asia[J]. Economics Letters, 2011,

110(3): 231-234.

[115] CHEUNG Y W, SENGUPTA R. Accumulation of reserves and keeping up with the Joneses: The case of LATAM economies[J]. International Review of Economics & Finance, 2011, 20(1): 19-31.

[116] SULA O. Demand for international reserves in developing nations: a quantile regression approach[J]. Journal of International Money and Finance, 2011, 30(5): 764-777.

[117] QIAN X, STEINER A. International reserves and the composition of foreign equity investment[J]. Review of International Economics, 2014, 22(2): 379-409.

[118] JUNG K M, PYUN J H. International reserves for emerging economies: A liquidity approach[J]. Journal of International Money and Finance, 2016(68): 230-257.

[119] 姜波克,任飞.最优外汇储备规模理论的一个新探索[J].复旦学报(社会科学版),2013,55(4):10-16+25+165.

[120] 王永茂.基于金融稳定功能视角的中国外汇储备规模探讨[J].统计与决策,2012,20:165-168.

[121] MUNDELL R A. Capital mobility and stabilization policy under fixed and flexible exchange rates[J]. Canadian Journal of Economics and Political Science, 1963, 29(4): 475-485.

[122] PADOA-SCHIOPPA T. Capital mobility: why is the treaty not implemented? [A]. in The Road to Monetary Union in Europe[M]. Oxford: Clarendon Press, 1982: 26-43.

[123] REY H. Dilemma not trilemma: the global financial cycle and monetary policy independence[R]. National Bureau of Economic Research, 2015.

[124] OBSTFELD M, TAYLOR A M. Global capital markets: integration, crisis, and growth[M]. Cambridge: Cambridge University Press, 2004.

[125] OBSTFELD M, SHAMBAUGH J C, TAYLOR A M. The trilemma in history: tradeoffs among exchange rates, monetary policies, and capital mobility[J]. Review of Economics and Statistics, 2005, 87(3): 423-438.

[126] CHANG C, LIU Z, SPIEGEL M M. Capital controls and optimal Chinese monetary policy[J]. Journal of Monetary Economics, 2015(74): 1-5.

[127] BENES J, BERG A, PORTILLO R A, VAVRA D. Modeling sterilized interventions and balance sheet effects of monetary policy in a New-Keynesian framework[J]. Open Economies Review, 2015, 26(1): 81-108.

[128] OBSTFELD M. Trilemmas and trade-offs: living with financial globalization[R/OL]. http://www.reinventingbrettonwoods.org/sites/default/files/Maurice%20Obstfeld%20(June%2028,%202014).pdf, 2014.

[129] 梅冬州,龚六堂.新兴市场经济国家的汇率制度选择[J].经济研究,2011(11):73-88.

[130] BERNANKE B S, GERTLER M, GILCHRIST S. The financial accelerator in a quantitative business cycle framework[A]. in Handbook of macroeconomics, 1999(1): 1341-1393.

[131] 张勇.热钱流入、外汇冲销与汇率干预——基于资本管制和央行资产负债表的DSGE分析[J].经济研究,2015,50(7):116-130.

[132] 王爱俭,邓黎桥.中央银行外汇干预:操作方式与效用评价[J].金融研究,2016(11):15-31.

[133] 李力,王博,刘潇潇,等.短期资本、货币政策和金融稳定[J].金融研究,2016(9):18-32.

[134] 陆磊,杨骏.流动性、一般均衡与金融稳定的"不可能三角"[J].金融研究,2016(1):1-13.

[135] 唐琳,王云清,胡海鸥.开放经济下中国汇率政策的选择——基于Bayesian DSGE模型的分析[J].数量经济技术经济研究,2016,33(2):113-129.

[136] 傅广敏.美联储加息、人民币汇率与价格波动[J].国际贸易问题,2017(3):131-142.

[137] 袁申国,陈平,刘兰凤.汇率制度、金融加速器和经济波动[J].经济研究,2011,46(1):57-70+139.

[138] AIZENMAN J, CHINN M D, ITO H. Financial spillovers and macroprudential policies[R]. National Bureau of Economic Research, 2017.

[139] 李少昆.美国货币政策是全球发展中经济体外汇储备影响因素吗?[J].金融研究,2017,448(10):68-82.

[140] MCKINNON R, LIU Z. Zero interest rates in the United States provoke world monetary instability and constrict the US economy[J]. Review of International Economics, 2013, 21(1): 49-56.

[141] TAYLOR J B. International monetary coordination and the great deviation[J]. Journal of Policy Modeling, 2013, 35(3): 463-472.

[142] CHEUNG Y W, WONG C. Are all measures of international reserves created equal? an empirical comparison of international reserve ratios[R/OL]. https://www.econstor.eu/bitstream/10419/18028/1/economics_2008-15.pdf, 2008.

[143] QIAN X, STEINER A. International reserves and the maturity of external debt[J]. Journal of International Money and Finance, 2017(73):399-418.

[144] GUMUS I. The relationship between sovereign spreads and international reserves: does the exchange rate regime matter?[J]. Emerging Markets Finance and Trade, 2016, 52(3): 658-673.

[145] HERNANDEZ J. How international reserves reduce the probability of debt crises[R]. University of Pennsylvania, 2017.

[146] 龚刚, 高坚, 李炳念. 储备型汇率制度:发行非国际货币的发展中国家(地区)之选择[J]. 经济研究, 2012(9): 4-17.

[147] 祝国平, 刘力臻, 张伟伟. 货币国际化进程中的最优国际储备规模[J]. 国际金融研究, 2014(3):21-31.

[148] ZHANG Z. The size of foreign exchange reserves and local currency internationalization: Cross-Country Evidence[J]. The Singapore Economic Review, 2016, 61(5): 1550081.

[149] ZHANG Z, MAKIN A J, BAI Q. Yen Internationalization and Japan's International Reserves[J]. Economic Modelling, 2016(52): 452-466.

[150] 白钦先, 张志文. 外汇储备规模与本币国际化:日元的经验研究[J]. 经济研究, 2011(10): 137-149.

[151] STRANGE S. Sterling and British policy: a political study of an international currency in decline[M]. Oxford: Oxford University Press, 1971.

[152] CHINN M, FRANKEL J A. Will the euro eventually surpass the dollar as leading international reserve currency? [A] in G7 Current account imbalances: sustainability and adjustment[M]. Chicago: University of Chicago Press, 2007: 283-338.

[153] CHEY H K. Theories of international currencies and the future of the world monetary order[J]. International Studies Review, 2012, 14(1): 51-77.

[154] EICHENGREEN B, MEHL A J, CHITU L. Mars or Mercury? The

geopolitics of international currency choice[R]. National Bureau of Economic Research, 2017.

[155] CHEY H K. The political economy of currency internationalization[A] in Handbook of the International Political Economy of Monetary Relations[M]. 2014:39-53.

[156] MCNALLY C A. The political economic logic of RMB internationalization: a study in sino-capitalism[J]. International politics, 2015,52(6):704-723.

[157] LIAO S,MCDOWELL D. No reservations: international order and demand for the renminbi as a reserve currency[J]. International Studies Quarterly, 2016, 60(2):272-293.

[158] CHITU L, EICHENGREEN B, MEHL A. When did the dollar overtake sterling as the leading international currency? Evidence from the bond markets [J]. Journal of Development Economics, 2014, 111: 225-245.

[159] EICHENGREEN B, CHITU L, MEHL A. Stability or upheaval? the currency composition of international reserves in the long run[J]. IMF Economic Review, 2016, 64(2): 354-380.

[160] DOBSON W, MASSON P R. Will the renminbi become a world currency? [J]. China Economic Review, 2009, 20(1):124-35.

[161] EICHENGREEN B, KAWAI M. Issues for renminbi internationalization: an overview[R/OL]. https://www.econstor.eu/bitstream/10419/101261/1/77656370X.pdf, 2014.

[162] CHEN W. Lost in internationalization: rise of the renminbi, macroprudential policy, and global impacts[J]. Journal of International Economic Law, 2018, 21(1):31-66.

[163] 李巍. 伙伴、制度与国际货币——人民币崛起的国际政治基础[J]. 中国社会科学, 2016, (5): 79-100.

[164] 陈雨露. "一带一路"与人民币国际化[J]. 中国金融. 2015(19):40-42.

[165] 潘功胜. 外汇管理助力"一带一路"建设[J]. 中国金融, 2017(9):9-11.

[166] 姜晶晶, 孙科. 基于动态面板数据的国际储备币种结构影响因素分析——兼论人民币成为国际储备货币的前景[J]. 金融研究, 2015(2):57-75.

[167] 陆磊, 李宏瑾. 纳入 SDR 后的人民币国际化与国际货币体系改革:基于货币功能和储备货币供求的视角[J]. 国际经济评论, 2016(3):41-53+5.

[168] CUI Y. The internationalization of the RMB: where does the RMB currently stand in the process of internationalization [J]. Asian-Pacific Economic Literature, 2013, 27(2): 68-85.

[169] EICHENGREEN B. Exorbitant privilege: The rise and fall of the dollar and the future of the international monetary system[M]. Oxford: Oxford University Press, 2011.

[170] HELLEINER E, MALKIN A. Sectoral interests and global money: renminbi, dollars and the domestic foundations of international currency policy[J]. Open Economies Review, 2012, 23(1): 33-55.

[171] LEE J W. Will the renminbi emerge as an international reserve currency? [J]. The World Economy, 2014, 37(1): 42-62.

[172] KWON E. China's monetary power: Internationalization of the Renminbi[J]. Pacific Focus, 2015, 30(1), 78-102.

[173] SPANTIG K. International monetary policy spillovers—can the RMB and the euro challenge the hegemony of the US dollar? [J]. Asia Europe Journal, 2015, 13(4): 459-478.

[174] AIZENMAN J. Internationalization of the RMB, capital market openness and financial reforms in China [J]. Pacific Economic Review, 2015, 20 (3), 444-460.

[175] BATTEN J A, SZILAGYI P G. The internationalisation of the RMB: New starts, jumps and tipping points[J]. Emerging Markets Review, 2016(28): 221-238.

[176] CHEUNG Y W, YIU M S. Offshore renminbi trading: Findings from the 2013 Triennial Central Bank Survey[J]. International Economics, 2017(152): 9-20.

[177] KAWAI M, PONTINES V. Is there really a renminbi bloc in Asia?: a modified Frankel-Wei approach[J]. Journal of International Money and Finance, 2016(62):72-97.

[178] ITO T. A new financial order in Asia: will a RMB bloc emerge? [J]. Journal of International Money and Finance, 2017(74):232-57.

[179] DEVEREUX M B, SHI S. Vehicle currency[J]. International Economic Review, 2013, 54(1): 97-133.

[180] GERMAIN R, SCHWARTZ H M. The political economy of currency

internationalisation: the case of the RMB[J]. Review of International Studies, 2017,43(4): 765-787.

[181] GUPTA S K, GOYAL A. multiple reserve currencies and Renminbi use[J]. Journal of International Commerce, Economics and Policy, 2017,8(2).

[182] FRANKEL J. Internationalization of the RMB and historical precedents[J]. Journal of Economic Integration, 2012,27(3).

[183] HENTOV E, HOGUET G. After RMB inclusion in the SDR: Why does China want the RMB to be a reserve currency [R]. State Street Global Advisors, 2015.

[184] AIZENMAN J, PASRICHA G K. Selective swap arrangements and the global financial crisis: Analysis and interpretation [J]. International Review of Economics and Finance, 2010,19(3): 353-365.

[185] GARCIA-HERRERO A, XIA L. RMB bilateral swap agreements: How China chooses its partners[J]. Asia-Pacific Journal of Accounting and Economics, 2015,22(4): 368-383.

[186] LIAO S, MCDOWELL D. Redback rising: China's bilateral swap agreements and Renminbi internationalization[J]. International Studies Quarterly, 2015,59(3): 401-422.

[187] EICHENGREEN B, LOMBARDI D. RMBI or RMBR? Is the renminbi destined to become a global or regional currency? [J]. Asian Economic Papers, 2017, 16(1): 35-59.

[188] LIN Z, ZHAN W, CHEUNG Y W. China's bilateral currency swap lines[J]. China & World Economy. 2016, 4(6): 19-42.

[189] 中国人民银行.2018年中国金融稳定报告[R/OL]. http://www.pbc.gov.cn/jinrongwendingju/146766/146772/index.html, 2018.

[190] IMF. Assessing reserve adequacy — specific proposals[R/OL]. https://www.imf.org/external/np/pp/eng/2014/121914.pdf, 2015.

[191] SCHMITT-GROHÉ S, URIBE M. Closing small open economy models[J]. Journal of International Economics, 2003, 61(1): 163-185.

[192] CALVO G A. Staggered prices in a utility-maximizing framework[J]. Journal of Monetary Economics, 1983, 12(3): 383-398.

[193] GERTLER M, GILCHRIST S, NATALUCCI F M. External constraints on

monetary policy and the financial accelerator[J]. Journal of Money, Credit and Banking, 2007, 39(2-3): 295-330.

[194] GALI J, MONACELLI T. Monetary policy and exchange rate volatility in a small open economy[J]. The Review of Economic Studies, 2005, 72(3): 707-734.

[195] PFEIFER J. A guide to specifying observation equations for the estimation of dsge models[R]. Dynare Research series. 2014: 1-50.

[196] ILZETZKI E, REINHART C M, ROGOFF K S. Exchange arrangements entering the 21st century: Which anchor will hold? [R]. National Bureau of Economic Research, 2017.

[197] DE BEAUFORT W, ONNO J, KAPTEYN A. International Reserve Adequacy in Emerging Market Economies[R]. IMF Working Paper 01/43, International Monetary Fund, 2001.

[198] 王伟,杨娇辉,王凯立.风险敞口、国家异质性与合意外汇储备规则[J].世界经济,2018(3):101-126.

[199] 姚昕,潘是英,孙传旺.城市规模、空间集聚与电力强度[J].经济研究,2017,52(11):165-177.

[200] 韩乾,袁宇菲,吴博强.短期国际资本流动与我国上市企业融资成本[J].经济研究,2017,52(6):77-89.

[201] 陈创练,姚树洁,郑挺国,等.利率市场化、汇率改制与国际资本流动的关系研究[J].经济研究,2017,52(4):64-77.

[202] CHINN M D, ITO H. What matters for financial development? Capital controls, institutions, and interactions[J]. Journal of development economics. 2006, 81(1): 163-92.

[203] EDISON H. Are foreign exchange reserves in Asia too high? [R]. World Economic Outlook. 2003, (9): 78-92.

[204] LANE P R, BURKE D. The empirics of foreign reserves[J]. Open Economies Review, 2001, 12(4): 423-434.

[205] KUTTNER K N. Monetary policy surprises and interest rates: Evidence from the Fed funds futures market[J]. Journal of Monetary Economics. 2001, 47(3): 523-544.

[206] 陶雄华,罗瀛,解宇.货币政策预期与商业银行风险承担行为关联性研究[J].统

计与决策,2014(12):158-160.

[207] 杨荣海.当前货币国际化进程中的资本账户开放路径效应分析[J].国际金融研究,2014(4):50-61.

[208] 罗素梅,周光友,曾瑶.金融安全、国家利益与外汇储备优化管理[J].管理科学学报,2017,20(12):1-18.

[209] CHEUNG Y W, ITO H. A cross-country empirical analysis of international reserves[J]. International Economic Journal. 2009,23(4):447-481.

[210] FRENKEL J A. Openness and the Demand for International Reserves[A]. in Aliber RZ. National Monetary Policies and the International Financial System [M]. Chicago: University of Chicago Press,1974.

[211] EICHENGREEN B. The renminbi as an international currency[J]. Journal of Policy Modeling. 2011,33(5).

[212] PRASAD E, YE L S. The renminbi's role in the global monetary system[R]. 2012.

[213] ROUBINI N. The almighty renminbi[J]. New York Times, 2009.

[214] SOHN I. China's monetary ambitions: RMB internationalization in comparative perspective[J]. The Korean Journal of International Studies, 2015(13):181-206.

[215] ZHANG M, ZHANG B. The boom and bust of the RMB's internationalization: A perspective from cross-border arbitrage[J]. Asian Economic Policy Review. 2017,12(2):237-253.

[216] MANSFIELD E D, MILNER H V. Votes, vetoes, and the political economy of international trade agreements[M]. Princeton: Princeton University Press, 2012.

[217] ALLEE T, PEINHARDT C. Delegating differences: Bilateral investment treaties and bargaining over dispute resolution provisions[J]. International Studies Quarterly. 2010,54(1):1-26.

[218] BAILEY M A, STREZHNEV A, VOETEN E. Estimating dynamic state preferences from United Nations voting data[J]. Journal of Conflict Resolution, 2017,61(2):430-456.

[219] SHIH V, STEINBERG D A. The domestic politics of the international dollar standard: A statistical analysis of support for the reserve currency, 2000-2008 [J]. Canadian Journal of Political Science/Revue canadienne de science politique, 2012(1):855-780.

[220] COHEN B J. The future of money[M]. Princeton: Princeton University Press,

2006.

[221] COHEN B J. The benefits and costs of an international currency: Getting the calculus right[J]. Open Economies Review, 2012, 23(1):13-31.

[222] COHEN B J. Currency and state powerin Back to basics: state power in a contemporary world[M]. Oxford: Oxford University Press,2013:159-176.

[223] COHEN B J. Currency power: Understanding monetary rivalry [M]. Princeton: Princeton University Press, 2018.

[224] EICHENGREEN B. Number one country, number one currency[J]. The World Economy, 2013.36(4): 363-374.

[225] NORRLOF C. America's global advantage: US hegemony and international cooperation[M]. Cambridge: Cambridge University Press, 2010.

[226] SUBRAMANIAN A. Renminbi rules: the conditional imminence of the reserve currency transition[R]. Peterson Institute for International Economics Working Paper, 2011:11-14.

[227] KIRSHNER J, Helleiner E. Future of the dollar [M]. Cornell: Cornell University Press, 2009.

[228] ZIMMERMANN H. Money and security: troops, monetary policy, and West Germany's relations with the United States and Britain, 1950 – 1971[M]. Cambridge: Cambridge University Press, 2002.

[229] MURPHY R T. East Asia's dollars[J]. New Left Review, 2006:40.

[230] POSEN, A S. Why the Euro will not rival the dollar[J]. International Finance, 2008,11(1):75-100.

[231] IKENBERRY, G J. After victory: Institutions, strategic restraint, and the rebuilding of order after major wars[M]. Princeton: Princeton University Press, 2009.

[232] DREHER A, STURM J E, DE HAAN J. Does high inflation cause central bankers to lose their job? Evidence based on a new data set[J]. European Journal of Political Economy, 2008, 24(4): 778-787.

[233] MARSHALL, M G, JAGGERS K, Gurr T R. Polity IV Annual Time-Series, 1800 – 2013 [R/OL]. Center for International Development and Conflict Management at the University of Maryland College Park. http://www.systemicpeace.org/polityproject.html, 2014.

后　　记

回顾4年求学生涯，每一步成长都离不开老师和亲友们的帮助与支持！

特别感谢我的导师——朱孟楠的指点和鞭策。他对我在研究中的想法一直给予支持和鼓励。感谢我的副导师周颖刚对我研究的启发。感谢我的副导师戴淑庚，他对我的文章给予了细致的修改建议和评点。我在研究中取得的微末成果离不开各位导师的支持和鼓励。

感谢所有辛苦授课的老师。感谢"八高"课程的授课老师王鹭航、张宇、范青亮、耿森、牛霖琳、王云、洪永淼、方颖、周颖刚和林娟，他们为我进一步的学习打好基础。特别荣幸能够参加洪永淼老师和方颖老师的课程。感谢专业课程的授课老师朱孟楠、蔡庆丰、吴丽华、陈海强、赵西亮、郑挺国、卢宝梅、郑振龙、金昊、郭其友、邵宜航、许璟睿、张雅惠、许盈盈、Wolfgang Härdle、王学新、林丽清、Andrew Pua、钟威和罗志超，为我进一步的研究拓宽视野。

感谢开题、学年论文答辩、预答辩和毕业答辩时王艺明、陈国进、元惠萍及田利辉等所有老师的宝贵建议，使得毕业论文质量能够进一步提升。特别感谢张括老师的建议，使得毕业论文的实证部分进一步完善。

感谢蔡淑昭、潘莉莉、陈启妍和蔡庆淞等各位教辅、行政、事务老师们的辛苦工作和全力支持。感谢柯洪昊、程欣等所有同班同学相伴一路走来。特别感谢我的学友何炜，我们一起走过了"八高"的艰辛岁月。

感恩厦大经济学科让我们相遇。

后 记

感谢我的家人给我的无条件支持。

再次感谢所有老师、同学、家人和朋友,你们是我继续前进的支撑、底气、信心和动力。

2019 年 5 月 21 日

主要科研成果

［1］朱孟楠,曹春玉. 加息周期、汇率安排与储备需求[J]. 金融研究,2018(1):1-17.

［2］朱孟楠,曹春玉. 货币国际化、金融稳定与储备需求[J]. 统计研究,2019,36(3):51-64.

［3］朱孟楠,曹春玉. 中美贸易战与汇率制度选择——基于动态随机一般均衡模型的政策模拟实验[J]. 财贸研究,2019,30(2):46-63.

［4］朱孟楠,曹春玉. 人民币储备需求的驱动因素——基于"一带一路"倡议的实证检验[J]. 国际金融研究,2019(6):77-87.